Paradigmen zu einer Metaphorologie

隐喻学范式

[德] 汉斯·布鲁门贝格 著

李贯峰 译

东方出版中心

图书在版编目（CIP）数据

隐喻学范式 /（德）汉斯·布鲁门贝格著；
李贯峰译. — 上海：东方出版中心，2023.3
　　ISBN 978-7-5473-2158-4

Ⅰ.①隐… Ⅱ.①汉… ②李… Ⅲ.①隐喻 - 语言哲
学 - 研究 Ⅳ.①H0

中国国家版本馆CIP数据核字（2023）第029344号

Hans Blumenberg: Paradigmen zu einer Metaphorologie

©Suhrkamp Verlag Frankfurt am Main 1997.

All rights reserved by and controlled through Suhrkamp Verlag Berlin.

Simplified Chinese Edition licensed through Flieder-Verlag GmbH, Germany.

Simplified Chinese Translation copyright ©2023 by Orient Publishing Center.

上海市版权局著作权合同登记：图字09-2023-0165

隐喻学范式

著　　者　[德]汉斯·布鲁门贝格
译　　者　李贯峰
责任编辑　陈哲泓
装帧设计　陈绿竞

出版发行　东方出版中心有限公司
地　　址　上海市仙霞路345号
邮政编码　200336
电　　话　021-62417400
印　刷　者　上海万卷印刷股份有限公司

开　　本　890mm×1240mm　1/32
印　　张　10
字　　数　159千字
版　　次　2023年4月第1版
印　　次　2023年4月第1次印刷
定　　价　59.80元

目　录

中译本导读

一、"隐匿的哲学家"

汉斯·布鲁门贝格（Hans Blumenberg，1920—1996）
是第二次世界大战后颇具影响力的德国思想家。1920 年 7
月 13 日，布鲁门贝格作为家中长子出生于德国吕贝克。
1939 年他从吕贝克的 Katharineum 高级中学毕业并进入神
学院学习，但在 1940 年秋天，由于母亲的犹太家庭背景被
迫离开学校。战争结束后，他在汉堡大学学习哲学、日耳
曼学和古典语文学。1947 年他在基尔大学获得博士学位，
论文题目为《论中世纪经院哲学本体论的起源问题》[①]；
1950 年以研究胡塞尔现象学的论文《本体论间距》[②] 获得

---

① *Beiträge zum Problem der Ursprünglichkeit der mittelalterlich-scholastischer Ontologie.*

② *Die ontologische Distanz. Eine Untersuchung über die Krisis der Phänomenologie Husserls.*

大学授课资格。1958 年，他开始在汉堡大学担任编外教授，于 1960 年成为吉森大学正式教授。1965 年，布鲁门贝格转入波鸿鲁尔大学，随后在 1970 年前往明斯特大学任教，在那里工作直到 1985 年退休。

1963 年，布鲁门贝格作为核心成员，与日耳曼学和古罗马学等领域的学者共同创建了名为"诗学和诠释学"的人文科学讨论班。在讨论班运行的 1963 至 1994 年间，众多德国知名学者云集，就美学、艺术理论和历史哲学等议题展开讨论，并在会后形成文集。历史学家、概念史研究巨擘科赛雷克（Reinhard Koselleck），社会思想家卢曼、哈贝马斯，诠释学家伽达默尔和哲学家奥多·马夸德（Odo Marquard）等德国学术界举足轻重的人物都曾参会。1974 年，海德堡大学给布鲁门贝格颁发了"库诺·费舍尔奖"，以表彰他在哲学史领域取得的成就。1980 年，他获得了"德国语言和诗歌学会"颁发的"弗洛伊德奖"，该奖对他在德语语言方面的贡献给予了极大的肯定。"弗洛伊德奖"作为德语世界人文领域的重要奖项，自 1976 年第一次颁发给汉娜·阿伦特后，获奖者还包括海森堡、布洛赫、哈贝马斯和伽达默尔等多位著名学者。

布鲁门贝格思想深刻、学识渊博，但在德国以"隐匿的哲学家"著称。在他逝世后，学界开始了其遗著的整理和出版工作，2010 年苏尔坎普出版社（Suhrkamp Verlag）以他生前与"狮子"有关的论述为主题，结集出版了《狮子》一书。德籍保加利亚裔作家西碧拉·莱维查洛夫由此得到灵感，以其人物形象为蓝本创作了哲学家小说《布鲁门贝格》（上海译文出版社在 2016 年出版了该书中译本），用文学形式对其思想进行了独特的评注。小说描写了哲学家布鲁门贝格从明斯特大学退休前后发生的故事。在书中，一头狮子某个夜晚忽然出现在哲学家的书房，并随后成为他生命最后阶段的亲密伴侣。但是，他却无法分辨狮子是真实的存在还是幻觉，因为除了哲学家本人，其他人都看不见它。在布鲁门贝格死后，他的房间里弥漫着狮子的气味，狮子的黄色鬃毛缠绕在他的衣物上。与哲学家的时空并行的另一条叙事是关于他的几个学生的故事。这两条叙事线索被认为分别映射了战后德国知识分子阶层和青年学生的精神样态。《布鲁门贝格》充斥着极为浓郁的哲学色彩，穿梭往来于历史上的诸多先哲中间。小说的最后一章"在洞穴深处"描绘了他的四个学生的幽灵在一个洞穴中重聚的场景，也呼应了柏拉图的"洞穴隐喻"和布鲁门贝格解读这个隐喻的巨著《走出洞穴》（*Höhlenausgänge*，1989）。

二、 布鲁门贝格的"隐喻学规划"

《隐喻学范式》与德国概念史学派的关系颇为微妙。德国概念史学派是生发于德国古典哲学、历史学和诠释学传统中的本土思想史研究范式，其基本诉求是通过鉴别概念主体在不同历史和文化语境中的意义，重构概念与社会结构的内在关联。概念史学派试图用庞大的系统规划将思想史中的重要核心概念悉数囊括进来，重要成果包括《哲学史大辞典》（1971—2007 年共出版 13 卷，汇集超过 1500 多位专业学者）、《历史基本概念》（1972—1997 年共出版 8 卷，主要集中在政治社会领域中的历史概念）和《概念史文库》（年刊）。本书 1960 年在《概念史文库》中发表，同时单行本由 Bouvier 出版社出版。此前，布鲁门贝格仅有几篇论文散见于各处，其中《光作为真理的隐喻》一文可以说是"隐喻学"的预备性研究。而《隐喻学范式》某种意义上是其整个学术生涯的预备性研究，其中涉及的多个主题在他随后陆续出版的著作中都以大部头的形式展开（其中三部著作奠定了他在德国思想界的地位：《现代的正当性》《哥白尼世界的起源》和《神话研究》）。《概念史大辞典》主编里特尔（Joachim Ritter）曾邀请布鲁门贝格为"隐喻"概念撰写词条，尽管布氏与概念史学派渊源深厚（据说他也是里特尔编撰概念史辞书的灵感来源）[1]，但粗读本书导论我们就可以发现，隐喻学实际上对概念史研究构成了相当大的挑战。

---

[1] Hans Ulrech Gumbrecht, *Dimension und Grenzen der Begriffsgeschichte*, Wilhem Fink, 2006, S. 13.

布鲁门贝格在书中围绕与真理有关的隐喻——光之真理、强力真理、赤裸真理、逼真性等——展开历史性分析，尝试以"范例"而非"体系化"的形式确立一门名为"隐喻学"的学说。他认为，自笛卡尔以来，主流哲学一直将清楚明白的"概念"作为哲学唯一合法的基本要素，排除并有意忽视了隐喻性思维和话语，并将隐喻视为概念的"临时状态"以及"从神话到逻各斯"演进过程中的残余存在物。但是，笛卡尔式的"概念"和"历史"存在明显张力，因为一旦哲学概念达成了清晰、明确的"终极状态"，也就不再需要考察它的历史了。概念是一个确定的"点"，而历史是一个尚在行进中的"过程"，既然我们已经掌握了确切的概念，为什么还要对其粗糙的、临时性的、过渡性的历史进行研究呢？在这种情况下，概念史就缺少积极的建构意义，"只能具有一种批判性和破坏性的价值"。本书出版后，如何处理隐喻问题在概念史学派内部也引发了争议，"隐喻"词条直到 1980 年才被收录到第五卷的《哲学史大辞典》中（由德国语言学家魏因里希〔Harald Weinrich〕撰写）。尽管布鲁门贝格基于这种千丝万缕的关联提出隐喻学是概念史的辅助学科，但显然，"诗/修辞与哲学之争"的传统问题在这里以"隐喻和概念之争"的形式再度浮出水面。

《隐喻学范式》对隐喻的界定和使用相当松散。按照亚里士多德的经典定义，隐喻是"借用别的词来转义另一个词"，转义的古希腊语μεταφέρω由μετα（转移）和φέρω（承载）组成，也就是现在西方语言中的 metaphor，德语直译为 Übertragung。使用隐喻的最基本目的是以相似性为基础，借用 A（喻体）的意涵和结构进行比拟或类比，以期更准确地理解 B（本体）。隐喻学作为对隐喻内涵的历史性研究，通过探查本体与喻体之转义的变化关系，来揭示思想的底层结构和这种转变的"元动力"。布鲁门贝格首先区分了两种类型的隐喻状态：第一种是在笛卡尔意义上处于哲学临时性状态的隐喻，它们是从神话到逻各斯演进过程中的残遗，最终会被清晰的概念取代；第二种是作为"转义"功能而处于思想底层结构之中，无法被概念取代（但能用其他隐喻替代）的基础存在状态，他称之为"绝对隐喻"。隐喻学更关注后一种："分析绝对隐喻当中概念无法替代的表达功能，是概念史的必要组成部分。"

布鲁门贝格继承并发扬了维柯和卡西尔对神话和隐喻人类学价值的判断，但他否认隐喻最终会朝向逻各斯的方向发展。神话和隐喻思维不会随着科学理性的发展而终结，原因在于，人类对于世界的理解，在根本上始终存在着"匮乏"之处需要用"意义"去填充，尽管这个被填充的意义内容会随着历史和时代的变化而变化。就此而言，隐喻学与其他隐喻理论的不同之处在于，它聚焦的不是隐喻的内容、形式或发生机制，而是隐喻在人类精神历史中所发挥的作用。他借此将隐喻和修辞提升到了相当基础的人类学维度。他认为，人类对修辞的需求是根本性的，匮乏性不会因为语言发展、概念还原或历史更替而被完全消除，绝对隐喻也就不会被消耗掉。

修辞的功能在于克服人类由于渴望实在性而产生的焦虑这种存在论困境。布鲁门贝格从康德的《判断力批判》中得到启示：按照后者的说法，类比、隐喻或象征的事物不是基于内容上的相似，其之所以能类比，是出于反思规则上的相似性。以国家为例，依内部公民立法而统治的国家如同一个被赋予了灵魂的身体，而如果由单一绝对意志统治就如同一个机械的手推磨。但是，这两个隐喻都只是间接或象征性的表现，因为专制国家和手推磨之间在内容上并没有类似之处，而是在"对二者及其原因性作反思的规则之间却的确有类似之处"。在布鲁门贝格看来，每一个时代都面临着将当下的新事态表达出来的问题，而且人类倾向于带有历史连贯性的语言表达。绝对隐喻的功能性变化意味着在人类思想史中遭遇的问题，尽管运用隐喻/神话所填充的内容不断更新，但它在功能上却带有连续性和一致性。

布鲁门贝格意义上的绝对隐喻范例比比皆是："光之真理"的隐喻表明，人类始终借助光的意象来理解真理。这在各种与真理活动有关的词语中都有所体现，中文如

"阐明""揭示""启迪"，外文如 enlightenment，erleuchten等，其意涵或词源都与光相关。隐喻思维作为人类认知的引导性思维，最初帮助人们理解自身及与世界的存在关系，却逐渐"实在化"，成为凝结在思想中，影响和塑造人类精神世界甚至社会生活的思维结构，这种现象被他称为"隐喻实在论"。

就整体内容而言，《隐喻学范式》主要涉及四个部分：一是直接与真理及其特征有关的隐喻，包括光之真理、强力真理、赤裸真理、逼真性；二是作为人类理解世界背景的隐喻，包括机械论与有机论的世界观、未知大陆和未完成宇宙的隐喻；三是神话和隐喻（与其他章节相比，"神话和隐喻"一章只有寥寥几页，并非这个领域不重要，恰恰相反，显然布鲁门贝格当时已经意识到神话问题极为关键，最终写就了巨著《神话研究》）；四是将"地球作为宇宙的中心"转义（隐喻）为"人作为宇宙中心"的绝对隐喻。接下来，我们将主要介绍《隐喻学范式》的第一、二和四部分。

三、真理的隐喻

光之真理的隐喻是与真理问题关联最密切的一个绝对隐喻。在这个隐喻中，不但统一性与多样性、绝对性与条件性、本源与来源之间的关系得到体现，而且追索光之真理的历史，能够揭示出哲学对世界理解和自我理解的变化历史。从基本特性来看，光的直接照耀能作为黑暗中的向导，驱散黑暗；最重要的是，光的照亮并不消耗自身，它是"自身不显现的'使显现'"。光与暗呈现出一种绝对的形而上学对抗性，这种对世界概念的二元理解可以追溯到巴门尼德对"真理与意见之路"的隐喻性阐释。在那里，光明与黑暗，真理与意见不是相互转化和依存的，二者带有根本上的异质性。真理（光）源于自身，它不依赖意见（暗），却能清除意见。柏拉图的太阳隐喻和洞穴隐喻都依据光之真理而展开。与巴门尼德和赫拉克利特不同的是，在柏拉图的思想中，暗不仅是光的对抗性力量，被黑暗克服的虚无，而且是光的包裹物和人认识光的"自然"背景。洞穴隐喻中的对立性不是自然的光与暗的差别，而是洞穴内的"拟造"（künstlich）世界与洞穴外自然世界的差别。这种"自然即真理"的思想在古代哲学中占据着统治地位，具有一种既定的本体论优先性。物理世界不但（像光一样）源于自身存在，它必然也源于自身为真。因此，所谓真就是像自然一样；同时，存在物在光之中作为可理解和可领会的宇宙秩序得以清晰显现：真理就是显明，哲学思考即是静观自然。正如阿伦特所言："每一种运动，无论身体和灵魂的运动还是演说和推理的活动，都必须在真理面前止步。而真理，无论是古代存在的真理还是基督教活生生的上帝的真理，都旨在人的彻底沉寂中显露自身。"①

　　相比何为真理的问题，布鲁门贝格试图引入的问题是：人在真理整体关系中处于何种位置，人在探求真理过程中是何种处境，以及存在者是对人自行敞开，抑或人的认知本质上是对事物进行严厉和粗暴的拷问。真理之光的"穿透力"和"辐射性"等喻象内涵表明，在思想史的理解中，真理具有一种"强力"属性，而探求真理的过程则带有"劳作"的特征。他援引拉克坦提乌斯："由于真理本身的力量如此强大，以至于没有人能逃避它的穿透力和光芒。"阿奎那在对亚里士多德《论灵魂》的注疏中也表达过："灵魂像受到真理本身的强力所驱动。"即便到了近代，开普勒也曾说："事物的真正本性正是通过不同时代的不同阐释将其自身揭示给人类的。"尽管在古代哲学中，真理概念与自然概念具有统一性（用自然代替实体化的真理），但随着近代主体性哲学的兴起，真理变成了需要努力去赢得的东西，而不是某种被给予的显现。因此，探索和钻研成为掌握真理的必要条件，与此同时，在柏拉图那里处于自然对立面的拟造（技艺）概念，成为人之创造力的体现。强力真理颠转为对真理施加的强力。根植于现代真理概念中的知识的"劳作"特征不仅经由培根和笛卡尔等，表现为实验性工具、方法论和制度的体系化，而且使

---

① 阿伦特，《人的境况》，王寅丽译，上海人民出版社 2009 年版，第 7 页。

人们对容易和直接得出的知识产生不信任感。

真理的劳作特征与近代财产观念紧密相关。拉克坦提乌斯在《神圣原理》中表示，在上帝创造一切之后，真理和智慧便是上帝的财产，只有他才有权将真理分配或给予人；劳作与财产神圣性的根本关联，在洛克、马克思等近现代思想家那里得了深刻论述。如果真理是上帝的所有物，那么人的智慧处于何种位置呢？拉克坦提乌斯认为，认识真理是神圣智慧的一部分，但错误的理解会限制人的智慧程度；即便哲学家达到了一定的智慧高度，能够理解什么不是真理，却无法说清楚什么是真正的真理，揭露错误已经是哲学家智慧的极限。他说："虽然真理或许可以不经由雄辩来辩护，正如许多人经常做的那样，但它仍然需要用清晰和优雅的言辞来解释和讨论，以便能以更大的力量流入人们的头脑，既具有真理本身的力量，又有语言装饰的光辉。"（参见本书第 72 页）这表明，当神学原则与理论旨趣处于张力当中时，拉克坦提乌斯要坚持真理属于上帝，却无法否认杰出思想家探求真理的努力；另一方面，修辞并不是扰乱真理的元凶，既然它有能力让人相信谬误，那么借助修辞的力量，人们也能更坚定地相信真理。

虽然借由修辞的装饰能够强化真理被接受的效果，但真理自身并不需要修辞，真理是简单和"赤裸"的。真理之真就在于褪去掩盖的衣着呈现在我们面前，因此，赤裸真理的隐喻将装扮与矫饰、揭露与欺骗，以及羞耻与神秘感等带有强烈文化色彩意涵的要素带入讨论中。从人类学角度来看，人本身是拒绝直接暴露的生物，而衣饰（修辞、神话和隐喻等）作为间接应对世界的手段，是人保存自身、克服实在性焦虑的方式；在西方文化中，裸露与人的原罪直接相关，"亚当身上的无花果叶是人类文化的第一件证据"。裸露的隐喻随即从身体过渡到心灵，在上帝面前坦露内心是信徒赎罪的方式之一，这种毫不隐藏的状态也会在基督教的"最后审判"中扮演重要的角色。但是，一旦将衣饰视为某种可以清除、褪去和看穿的东西，那么社会便开始丧失自我理解；赤身面对上帝的状态，人将自身完全交付给神，从而放弃了依靠自我理解来应对的努力。从宗教意义上来看，人类开端时的赤裸性与历史终结时设想的场景相对应，但在这期间，人类社会逐步发展出一套复杂的装扮系统。因此，社会革命理论必须挪用最终审判对人之赤裸性的要求：卢梭相信，人在褪去社会性的伪装之后，会暴露出真实和自然的状态；马克思在《共产党宣言》中提出，资本主义生产关系无情斩断了形形色色的封建羁绊，人与人之间只剩下赤裸裸的利害关系，它抹去了受人尊敬和令人敬畏的职业的神圣光环，把医生、律师、诗人和学者等都变成了雇佣劳动者。赤裸真理的隐喻属于"启蒙"理性自我意识及其统治要求的体现，而所谓启蒙的历史发现，即对赤裸真理的挖掘。在这种倾向之下，真理的隐喻性被废止，真理的伪装不再出于修辞的装饰和人的社会性想象，而是真理表现模式的要求。真理在褪去这一层外衣后，被包裹上了客观性和实在性的外衣。正如胡塞尔所言："在几何学和自然科学的数学化当中，我们测量这个处于可能经验之开放的无限性中的生活世界，以便为它制作一件非常合适的理念外衣，即所谓客观科学真理的外衣……这种理念的外衣（或称符号的外衣），符号—数学理论的外衣，包含所有那些在科学家和受过教育的人看来是作为'客观的现实和真正的'自然而代表生活世界，装饰生活世界的东西。理念的外衣是我们将只不过是方法的东西认作是真正的存在……这种理念的装饰使方法、公式、理论的真正意义成为无法理解的，而且在方法是朴素地形成的情况下从未被理解过。"①

四、 隐喻与逼真

布鲁门贝格将"逼真性"概念作为"从隐喻过渡到概念"的一个典型范例。随着传统形而上学和本体论的瓦解，对真理定义本身的理解也发生巨大变化；此外，知识论和真理理论也始终面对着怀疑论和不可知论的挑战。尽管持极端怀疑论立场的哲学家并不多见，但随着概率科学

---

① 胡塞尔，《欧洲科学危机和超越论的现象学》，王炳文译，商务印书馆 2001 年版，第 67 页。

的兴起,"逼真性"和"猜测性"知识也逐渐得到认可。波普尔就认为知识在本质上是猜测性的,虽然科学的任务是探究真理,但真理并不是科学唯一的目标。波普尔指出,如果真理指的是某种理论"符合事实",那么随着科学理论的进步,是否存在"更好的符合"?或者说,是否存在"真理程度"的差别?牛顿力学在现代被驳倒,但它仍然是优于开普勒和伽利略的宇宙理论,具有更强的解释力。在《客观知识》中,他将逼真性定义为"真理性内容的不断增加和虚假性内容的不断减少"[①]。

从词源来看,逼真性的德文 Wahrscheinlichkeit 属于已经被语言吸收为概念的"死隐喻"(又称规约隐喻)。这类隐喻已经很难察觉到其最初的隐喻来源,如汉语中的"生气""发火""山腰"等。德语 Wahrscheinlichkeit 通常直译为"可能性"或"概率",它由 wahr(真、真实,名词化后为真理 Wahrheit)和 scheinen(发光、显现)组成形容词 wahrscheinlich(可能的),进而名词化为 Wahrscheinlichkeit。相比于"vielleicht"(或许),它是次于"sicher"(百分之百确定性)的"极大可能性"。这个词不仅包含"逼近真实"或"可能为真"之意,其字面含义是"显现为真"或"看起来是真的"。在英语中,一般将作为术语的

① 参见:波普尔,《客观知识》,舒炜光等译,上海译文出版社 1986 年版,第 52—58 页。

Wahrscheinlichkeit 翻译为 verisimilitude（逼真性）和 truthlikeness（似真），在日常语言中多译为 probability（可能性、概然性、或然性）。Wahrscheinlichkeit 的两个常用词义与真理的关系并不相同：逼真性无论是指切近真理还是显得像真理，它与真理始终是异质的；而概率或可能性则意味着有"成为真理"的可能，最终要么是真理，要么不是。逼真性更接近这个词最初的使用，而概率是随着现代数学和概率科学发展而来的意思。另一方面，尽管二者都带有逐步趋向于真理的特征，但逼真性体现的是趋向于全面的真理观念，它能够把真理和内容结合起来，概然性则缺乏与内容的结合。

逼真性与概然性含义的混淆可以追溯到古希腊哲学。这个词来自希腊语ἔοικα，随后演化为拉丁语 verisimilis 和英语 seems、likely 以及德语 wahrscheinlich。前苏格拉底哲学家原本在"像是真理""类似真理"的意义上使用它，后来又被用于形容"似乎有道理"或"像是可能的"等，这实际上已经将这个词最初的"逼真性"含义含糊地用于"概然""或然"等"像是可能的"东西上。在柏拉图哲学中，经验世界是对理念（真理）世界的模仿，因而经验世界中的理论和神话充其量只是一种"近似真理"，它们不具备必然性和真实性。如此一来，通过柏拉图的模仿理论，似真性与或然性的混淆具备了哲学的基础。柏拉图在使用中或者用它指代"必然为真"的对立面（概然或谬误），或者指代"仅次于确定性"的东西，显然在我们的语境中这两者有着本质区别。这也意味着，作为隐喻的逼真性本身就具有切近真理和粉饰谬误两重特性。将逼真性和概然性混淆在一起的ἔοικα，在巴门尼德哲学中被放入了"意见"的行列，随后被柏拉图在《蒂迈欧篇》中阐述世界的生成时继承。柏拉图首先区分了"永恒真实没有变化的存在"和"永恒变化没有真实的存在"，前者是由思想通过推理来认识的东西，后者是通过非推理的感觉来把握的意见对象。变化的世界又是造物主创造的一种真实世界的类似物，即永恒不变的存在之摹本。这种从原型到摹本的转变，也就是从"真理之路"到"似真（意见）之路"的过渡（"从实在到被造物的过程也是从真理到意见的过程"，《蒂迈欧篇》，29c）。对巴门尼德和柏拉图来说，逼真性概念表达的是变化存在的"逼真性"，而不是概率性存在的"或然性""概然性"或"可能性"。但是，在此意义上，认识可以满足于认识似真性。我们从经验世界开始，借助理性达到某些不变的原则，也就是所能达到的最高知识，但这种知识相对造物主而言仍旧是有限的，因为造物主可能是选择任意一种模式来创造世界的，而我们只能认识到当下这个所见的世界。因此，柏拉图说："我这里不谈论什么第一原则或外物的原则……理由是，就目前我们使用的讨论问题方法而言，……千万不要奢望……即以为我在解决这样大且难的问题时我就是正确的。我开始时就说过，这是逼真的解释。我会尽我所能给出最具逼真性的解释；较之其他解释，它的逼真性只会更大而不是更小。"（此处将《蒂迈欧篇》原中译文中的"可能"改为了"逼真"，下同。）换言之，"一种学说是否为真理，先得有神的肯定才行。我们这里只能大胆地说，我们所说的是逼真性的解释"。而一旦将逼真性视为具有正当性的解释，它便成为一个重要的方法和理论构造性的指导原则。柏拉图在说明宇宙的生成时说，"（对于火、土、水、气而言）我们把正方体给它（土）"，土是四种元素中惰性和可塑性最大的，符合其本性的自然是最稳固的立体。在两种原始的三角形中，等腰三角形在平面上比不等腰三角形稳固；而正方形在平面上要比三角形更稳固，因此，把正方形分配给土，符合我们的"逼真性"解释。①

如果大多数情况下只能以逼真的方式把握世界，无从掌握实在真理，那么，人类的存在状态便是漫无目的地在不确定性当中漂浮。怀疑论在柏拉图之后成为与伊壁鸠鲁学派和斯多葛学派抗衡的希腊晚期哲学的主要流派之一，便是因为怀疑论者极大地发挥了这种不确定性。为了钳制

---

① 这部分对柏拉图逼真性和宇宙起源学说的讨论参见《蒂迈欧篇》，谢文郁译，上海人民出版社 2005 年版，第 19—51 页。

真理不确定性带来的扰乱，怀疑论采取"悬搁判断"（ἐποχή）的方法以达到"心灵的宁静"。柏拉图哲学中的不确定性阴影和怀疑论的盛行直接影响了古罗马哲学家对逼真性问题的理解。西塞罗将希腊文 ἔοικα 译为拉丁文 verisimilis，这个词由"真"（verus/veritas）的变形 veri 和"相似"similis，即希腊文 ὁμοιότης 组成。对西塞罗而言，逼真性最重要的特征在于实践上的可证明性和理论上的含混性之间的张力。他说："我们与那些认为自己掌握正面知识的人没有任何区别，除了他们毫不怀疑自己信条的真实性，而我们认为许多学说只是可能的（probabilia）。"（本书第 157 页）尽管西塞罗在这段怀疑论色彩浓重的言论中使用的是 probabilia 一词，但它与 verisimilis 的关系却颇为密切，这两个词都是他在表述"学园派"的 πιθανός（说服：überzeugend/persuasive，credible，plausible）概念时的对应翻译。这个词一方面展现说话者和雄辩家的说服力和个人语言魅力；另一方面，它又作为具有真理之显现特征的逼真性。在这二者之间，verisimilis 虽然可以借助说话者的修辞技术展现，但首要的是事物本身与认知能力的关系。而所谓的修辞说服力来自真理本身所给予的力量，"在真理与谬误之间，逼真性更靠近（prope）真理，它（逼真性）分有了（真理的）表象，那是因为它分有了真理的本质"（同上）。"逼真性"的双重意涵造就了它在概念运用上的含混和矛盾。从西塞罗对逼真性的论断可以发现，哲学家对待逼真性与对待修辞的态度是一致的："真之显像"能够从效果上强化人对真理的理解和认识，但其说服力来自它所映射出的真理强力，而非自身；这同时也意味着，逼真性可能作为谬误的伪装、诱导和欺骗。

针对谬误、或然性、逼真性、真理和绝对真理的递进光谱而在学园派、怀疑论和反怀疑论者之间展开了旷日持久的争执。相比西塞罗对怀疑论知识内容的关注，奥古斯丁更在意怀疑论对人心灵的扰乱。奥古斯丁的《驳学园派》（*Contra Academicosm*）显然与西塞罗的《论学园派》关系密切，虽然西塞罗后期在某种程度上也倾向于怀疑论，认为哲学必须接受无法获得绝对确定性的事实，但他拒绝承认怀疑论对客观道德性的消解。奥古斯丁则试图捍卫柏拉图—基督教传统中通过占有真理和智慧获得幸福的理念，坚决拒斥怀疑论。恩披里克将怀疑论定义为"一种能力或心态，它使用一切方式把呈现与判断对立起来，结果由于对立的对象和理性的同等有效性，我们首先产生心灵的悬而不决状态，接着产生'不被扰乱'或'宁静'的状态"[1]。在恩披里克看来，怀疑论是一种能力和就此能力而达成的心灵状态，但这种心灵的宁静状态对奥古斯丁而

---

[1] 参见恩披里克，《悬搁判断与心灵宁静——希腊怀疑论原典》，包利民等译，中国社会科学出版社 2004 年版，第一卷。

言不需要用怀疑论的方法，在虔诚面对上帝时，借助于"荣福直观"的超脱就能够获得。他用类似于神秘主义的灵魂状态取代了怀疑论悬搁判断的理论出发点。怀疑论认为"可能性""逼真性"和"直观确定性"等概念对于常规的真理探求而言已经足够了，并且将"可能性"混淆为"逼真性"。奥古斯丁举例说，如果一个人不认识你的父亲，却将视线投向你的兄弟说他们长得相似，而认定二人是一回事，这是否有些荒谬呢？因此，怀疑论经过悬搁判断而得到的宁静不过是一种虚假的自我满足，在真理完全不可获知的情况下，跟随"逼真性"毫无意义。"逼真性"的积极意义或许在于它所具有的指涉功能，即能够作为朝向真理的引导，但逼真性自身却不足以达到真理所要求的完满状态。对奥古斯丁驳斥怀疑论的意图而言，真理并不需要逼真性的指涉和引导就能够凭借自身直接显现。在这里，逼真性已然朝向非真理了。奥古斯丁就此将逼真性由知识问题转换为信念问题，逼真的事物之所以可信，不在于它们经由理性的推理和论证而得到的证明，而是因为信仰做出的担保。他说："我注意到有无数事物，我既未目睹，又未亲历，而我相信了：譬如各国历史上的许多事迹，有关某地某城的许多事件，我并未看见，我听信朋友们、医生们以及许多人的话，因为不如此，我们生活于世便不能有所作为。"[1] 与西塞罗所言"逼真性之所以为真在于它分有了真理"不同，对奥古斯丁来说，逼真性之所以为真，在于它分有了我们信以为真的信仰。

16 至 17 世纪，Wahrscheinlichkeit 概念通过数学和物理学中的"概率"，以及归纳等科学方法论的兴盛而在含义上得以更新。逼真性隐喻术语化的驱动因素既包括近代哲学面对的怀疑论挑战，亦包括神学、护教论和伦理实践层面的需要，而在理论策略上主要是诉诸数学和几何学中新兴的方法论。可能性概念就内涵而言包括两个方面：一是由证明或证据所担保的信念程度；二是关涉一种由某些偶然或随机事件展示的倾向性所创造出的稳定的相对频率。对于随机概率的规律的探寻被帕斯卡称为"机遇的艺术"，其研究方法是将数学的论证与偶然的不确定性相结合，否定表面上的不一致性，并且称之为"机遇的几何学"。这个术语来自帕斯卡应对怀疑论挑战的"护教论"。通过对概率计算的研究，帕斯卡试图回避笛卡尔运用几何模型来解释宗教、人性等实践领域的做法，通过直接面向偶然现象，在兼顾或然性的基础上证明对上帝的信仰不仅出于理性，而且是合乎理性的。按照克里斯蒂安·沃尔夫的定义，就狭义的逻辑而言，如果一个概然命题因为缺少充分的证明被放在次级确定性的位置，我们就说它具有或然

---

① 奥古斯丁，《忏悔录》，周士良译，商务印书馆 1963 年版，第 97 页。

性，是一个需要满足必要的条件进而为真的"真命题"预备阶段。概然性和逼真性意味着逻辑上的不充分性，可以称为"不完整的真理"。帕斯卡对概然性的关注始于笛卡尔几何学在解释人类命运面对偶然事件和几率性事件上的不足，而经过他的逻辑化和几何学化，与概然性紧密结合的"逼真性"隐喻在近代转变为哲学术语，从而完成了布鲁门贝格所谓的"隐喻之术语化"过程。

五、作为世界背景的隐喻

未知大陆和未完成宇宙、机械论与有机论的世界观是两对在探求真理过程中作为理解世界状态的背景而出现的绝对隐喻。未知大陆和未完成宇宙的隐喻以16、17世纪的具体历史经验为基础：未知大陆隐喻了地理大发现时代对新世界和未知区域探索的求知行为；未完成宇宙以"进化论的天体演化学说"为基础，将宇宙视为一个有待于人去组装和完成的"部件"。思想史中探索"未知大陆"的精神被布鲁门贝格在《现代的正当性》中称为"理论好奇心"。这个概念显然与亚里士多德的"惊异"一脉相承，但是，哲学式的决定论和神学目的论在思想史中并不鲜见。莱辛曾说，"除了好奇心本身，一切都是陈旧的"。圣经中亦有"日光之下，并无新事"的表述。布鲁门贝格认为，近代自然科学对新事物的探索，实际上包含可对"神迹"概念的自然化理解，因此"无所不能，没什么难以置信的原则如今已经从一个关于一切威胁人类的不确定性的终极神学公理，转变为对世界认识的先决条件，它所具有的挑战性和诱惑力，给人类精神施加了崭新的、浮想联翩的骚动"（本书第 104 页）。与古典时代相比，近代的理论好奇心主要有两点不同：首先，至少在奥古斯丁那里，好奇心是与美德对立的概念。他在《忏悔录》中说，"我背弃了你，听凭亵圣的好奇心引导我走向嫉妒的不忠不信"，"即使他们发现是你创造了他们，也不肯把自己贡献于你……他们不肯宰杀和'空中飞鸟'一样的好高骛远的意愿，和'海中鳞介'一样的'潜行深渊'的好奇心"。在奥古斯丁看来，好奇心和快感一样，都是欲望诱惑的形式，"肉体之欲在于一切官感的享受，……但我们的心灵中尚有另一种挂着知识学问的美名而实为玄虚的好奇欲，这种欲望虽则通过肉体的感觉，但以肉体为工具，目的不在肉体的快感。这种欲望本质上是追求知识，而求知的工具在器官中是眼睛，因此圣经上称之为'目欲'"[1]。求知欲本身带有强烈的基督教道德色彩，处于美德的对立面。因此，启蒙主义的历史价值之一在于将好奇心概念从中世纪神学的蒙昧和贬抑中解脱出来。其次，理论好奇心的转型也伴随着真理隐喻的变化。在古典理解中，真理本身便能使人获得幸福

---

[1] 这三段引文分别出自奥古斯丁，《忏悔录》，第 38、73 和 219 页。

和自由，而到了近代，真理通过科学方法论附加了劳作属性，知识成为通过求知便可掌握的东西。因此，从某种意义上说，好奇心与真理的劳作属性结合，取代了超验真理的职能。正如布鲁门贝格在讨论真理的劳作属性时引用莱辛和卢梭的观点：构成人类价值的不是借助于对真理的占有，而是人们朝向真理的"诚挚努力"。毕竟，谬误有无限种组合和变化形式，真理却只存在一种；就算找到了真理，又该如何很好地运用它呢？

未完成宇宙的观念虽然自亚里士多德就存在，但在古典哲学中，宇宙作为世界的整体已经一劳永逸地确定了，人类完成其未完成的部分，需要的只是按照自然已有的状态去模仿。一种具有不变本质持存状态的"世界"观念无可置疑地根植于传统形而上学当中。未完成宇宙的观念与历史进步论直接相关，而问题在于，这种进步状态是客观独立的，还需要人的参与。布鲁门贝格援引施莱格尔的观点来阐明这种整体性宇宙学理念的重要哲学意义：在施莱格尔看来，宇宙处于未完成状态实际上是作为一条基本原则发挥作用，因为一旦宇宙已经完成，那么我们的所有行动都是徒劳的；如果我们知道宇宙尚未完成，那么为完成世界而进行协作一致的努力，就是我们的使命所在，进而获得无限的经验空间和行动的目的论意义。倘若缺少这条原则，我们就只有关于宇宙的知识（如古代哲学理解的那样，人与宇宙的无限整体性仅仅是沉思性的关系），而不再有关于它的行动。未完成宇宙的隐喻与自由的理念直接相关，施莱格尔说："只有将世界看作正在形成，看作正处于接近其完成的上升发展时期时，自由才有可能。"（本书第 109 页）一旦宇宙被设想为一系列必然法则构成的整体，宿命论便是不可避免的。

在"人和宇宙的关系"这一命题中，将宇宙理解为机械抑或有机的统一体直接影响着如何定位人在宇宙中扮演的角色；此外，问题的关键并不在于机械或有机在构造世界的质料或形式上的差别，而是如何处理二者与宇宙构成中的精神性要素的关系。在现代理解中，机械隐喻和有机隐喻作为建构性与生成性的一对二元范畴而使用，但依照柏拉图的宇宙论，二者同时出现并彼此交织在一起。在《蒂迈欧篇》中，世界的构造来自天体轨道机械模型的衍生，最终生成的却是一个具有生命整体性的有机统一体。但是，有机性作为在世界之内产生的东西，在古代目的论中不可能具有整体世界状态的那种尊严，正如布鲁门贝格所言："阿基米德著名的'球仪'并不是为了设想天体运动的机械性，而是为了引出这样一个推论：如果这种对宇宙的模仿已经完美契合理性，那么范本本身就更加确定和可靠。"（本书第 122 页）基督教神学借鉴了这一点，拉克坦提乌斯认为，如果阿基米德在没有像创世赋灵那样制作出运行良好的模型，那么神也就不会放弃自发运动。机械创造具有完全不同于生育（有机）的完美性，因为它受制并依赖于创造者，是创造者意志的执行。可见，为了让世界仅在最低限度上具有"出于自身而存在"的特性，古典哲学试图清除宇宙中的有机要素，从而一方面保证规律的有效性，另一方面为上帝保留超验的位置。绝对隐喻的"转义"结构在于，近代机械论实际上将人类精神的产物置于上帝精神产物的位置上。"人们把'能'或者'可以'做的事放在了未知之事的位置上，并以此作为不可知的神圣'绝对潜能'猜想的产品。"（本书第 128 页）尤其在笛卡尔那里，人之潜能的最高体现就是机器，因为机器是完全由洞察力构成的合目的性结构（这显然是"我思"的延伸）。笛卡尔认为，机械构造并不比有机物生长出的果实更缺乏自然性；机械体与有机体之间只是一种量上的差别。但与古代哲学不同，自然世界在笛卡尔看来并不必然是一个一劳永逸地被设定好了的目的论结构，他用另一个绝对隐喻"自然之书"表明，探究真理就好像"我们要读出某篇由于使用未知文字而无人能读懂的文章，当然它里面毫无秩序，但是，我们将铸造出一种秩序，既可审核关于每个符号、每个字词、每个句子人们可能原来做出的一切判断，又可把它们加以排列"①。

---

① 笛卡尔，《探求真理的指导原则》，管震湖译，商务印书馆 1991 年版，第 47 页。

六、 隐喻与地球

布鲁门贝格对"隐喻化的宇宙论"和"几何象征/符号与隐喻"的分析围绕近代天文学革命中的一系列科学和思想事件展开，并且提出，在宇宙观的转换过程中，我们有意识地将历史中连续的思维模式与绝对隐喻混淆在一起，并假定世界在目的论的意义上与我们的认知和现实需求带有一致性。与从地心宇宙观转变为日心宇宙观带来的物理学变革相比，哥白尼革命产生了两个更具冲击力的观念变化，一是"人被从宇宙的中心移开"，二是"地球星辰化"为太阳系中的行星之一。但是，移植自地心说的人类中心说目的论并不是通常所认为的那样，在古希腊宇宙论形而上学中就已生成。尽管柏拉图和亚里士多德的宇宙论以地球为中心，但并不是人类中心说。这个传统也只在异教哲学和斯多葛学派中保存。"古代宇宙，主要是经由亚里士多德所刻画的以地球为中心的宇宙在斯多葛学派那里首先变成了隐喻。"（本书第193页）在前者看来，将中心的位置赋予某种高贵属性是毕达哥拉斯学派的观点（这显然是对隐喻结构的挪用），即"最高贵的地方应该属于最高贵的东西"（参见《论天》，293a—297b前后）。在亚里士多德看来，高贵与否的价值和宇宙结构并无必然关联，中心的一致只是出于偶然。因此，这个宇宙并不是一个朝向中心的居中结构，人更不是宇宙的中心，也不会因为中心而获得优越性。倘若亚里士多德确用宇宙秩序来隐喻存在者的秩序的话，这个结构也应当是自上而下的等级结构，即最高的存在者处于宇宙的边缘而非中心。斯多葛学派将宇宙结构与其运动方式结合起来，颠倒了亚里士多德的宇宙观。他们为了维持一种循环论的动态宇宙观，目的论地以向心运动作为宇宙运动的基本方式。通过这种方式，中心作为离外部虚空最远的世界点，保证了存在最大的安全性，如此一来，最高和最具尊严的存在就不再处于宇宙的边缘，而是中心。"因而，对斯多葛学派来说，人类在世界中处于形而上学意义上的优越位置，而且人可以顺理成章地将整个宇宙的活动与自己关联在一起。"（本书第199页）这种做法在教父哲学中得到了一定程度的延续。因而，哥白尼革命所产生的意见分歧就在于，一方面，随着地心说的覆灭，人类在宇宙中备受敬畏的地位被剥夺；另一方面，在这个过程中，人类中心的目的论再度得到了解放。"哥白尼牺牲了只在隐喻上有效的宇宙论的稳定因素，以维护人类作为能够掌握真理，并且在理性上与宇宙平等的天空沉思者的理论命运。"（本书第200页）

与隐喻相比，象征（Symbol，兼有象征与符号的含义）与内容的关联更疏远，甚至具有某种"虚构"的特点。例如，人们常说鸽子和橄榄枝象征"和平"，但鸽子与和平无论内容还是形式上都没有直接的相似性（值得注意的是，康德将手推磨视为专制国家的象征，布鲁门贝格在本书导论中就已经指出，虽然在象征这个标题下，但康德讨论的显然是隐喻）。因此，在人类中心论和地心说的一致性缺少科学宇宙论辩护的情况下，前者对后者隐喻式的挪用更像是一种象征关系，是人类过高估计自身在宇宙中的重要性的某种投射。自柏拉图和亚里士多德以来，圆形轨道和球体形式成为宇宙的基本构成模式，同时，球体形式在古典哲学中也作为不可分割的统一性、不可损坏的同质性以及原子性的隐喻发挥作用。这种隐喻关系随后经由普罗提诺简化为象征关系，即代表了造物主及与其原型相匹配的完满性、无限性和可理解性。在《蒂迈欧篇》中，宇宙是一个在自身中自我旋转的球体，这种自转达成了运动与静止的完美统一；星体的圆周运动是神性的标志，并且对人的理性具有规范意义；而存在于理念中的规范性特征，反过来也开始转移到宇宙中，这首先就体现在天体的运行上。古典宇宙论最终完成了将天体圆周运动以几何象征为表象模式，应用到一切物理现象和形而上学内部的隐喻化过程。柏拉图将灵魂的运动与天体的运动等同起来，而亚里士多德至多用天体的循环运动来解释诸如天气和水的循环等自然现象，因为在后者看来，灵魂并不具有广延，无法作循环运动。为了调和柏拉图和亚里士多德的分歧，普罗提诺指出，天体作圆周运动是因为它们在模仿理智；灵魂的运动并非空间意义上的位置变化，而是具有专注自我意识的活动。灵魂与天的结合是，它将天引向自己，但天体不是在作直线运动，而是圆周运动，因为只有这种运动方式才能让运动过程的每个阶段都拥有灵魂。普罗提诺对隐喻学的特殊意义在于，"从宇宙灵魂对纯粹理智的模仿中推导出天空圆周运动的起源，'隐喻的结构本身就已经被形而上学地预设了'"（本书第 228 页）。宇宙灵魂之所以作圆周运动，是因为它一方面必须模仿理性，另一方面又无法达成这一点（围绕着神，却又无法抵达神），这显然就是绝对隐喻的结构。

　　由新柏拉图主义塑造的绝对隐喻延伸而来的另一个论题是古代晚期和基督教时期的"否定神学"。如果说隐喻在概念无法言明之处为填充意义提供了人类学价值，那么否定神学意思即是，在人无法真正认识到绝对真理和上帝的前提下，尽管我们不知道神或真理到底是什么，却知道它们不是什么。无法抵达绝对的同一性并不代表要放弃对这一理想性的追求，这也就是布鲁门贝格说的，哑与沉默并不相同。这种思想倾向可以从对隐喻学极为重要的著作——库萨的尼古拉的《论有学识的无知》的题目中管窥一二。他在这本著作中指出，理智与真理的关系就像一个内接的多边形与圆的关系，多边形的角越多，与圆就越相似，但无论它的角如何增加，也不会等同于圆。

　　库萨的尼古拉借用了 12 世纪伪赫尔墨斯主义一个颇具影响力的隐喻：上帝是一个可理解的球体，其中心无处不在，圆周无处不在。对无限球体隐喻的使用，"预设了一种对上帝和人的理解，这种理解使反思超越了中世纪的宇宙观，进而一种深刻的历史和系统关联将中世纪的神秘主义与新的宇宙论联系在了一起"[1]。这个隐喻含有一种爆炸性的价值，将会突破原有的宇宙论等级结构（布鲁门贝格将爆炸隐喻理解为：使长时间约束我们理智的东西超出其爆破点，试图突破这些约束的隐喻）。早在哥白尼之前，库萨的尼古拉就用这个隐喻挑战了日心说和地心说两种不同的立场，宣称宇宙并没有一个固定不变的中心。他的"对立统一"学说认为，内在性与超越性、绝对的极大与极小、圆周与中心都是相互一致的：世界并没有一个固定的圆周，如果它有一个固定的圆心，就会有一个固定的圆周，也就意味着它自身中包含着自己的开端和终结；这说明它会被另外的东西限制着，在世界之外还有其他空间和存在。库萨的尼古拉按照圆的形象来思考事物的真理，并按照内接多边形的形象来思考人关于事物的真理。在上帝创世的道中，理智与事物是一致的，但是，有限的理智却无法通过相似性获得关于事物的真理，因为真理并不是某种或多或少的东西，而是不可分的。除了真理本身以外没有任何事物能够精确度量真理（同样，内接多边形也不能度量不可分的圆）。借助数学思辨，他把空间的无限性理

---

① 卡斯滕·哈里斯，《视角与无限》，张卜天译，商务印书馆 2020 年版，第 45 页。

解为上帝的无限性，随后又将无限球体的隐喻从上帝转移到宇宙。与地心说和人类中心论对隐喻结构的挪用类似，无限球体的隐喻错误地将视角性的显现当成了实在。对宇宙既无圆心亦无圆周的想象，挑战了统治中世纪思想的等级宇宙观，进而，将宇宙分为可朽的月下区域和完美圆周运动的月上区域变得不再具有说服力。但是，从某种意义上说，无限宇宙的想法是基于几何空间与实际空间的混淆。几何空间源于思维脱离了世界实际的约束，但当我们思考现实空间时，必然需要通过所处的位置来思考，这个位置对应的也就是我们生活于其中的容器一样的空间。库萨的尼古拉之所以主张用数学符号研究上帝，并不是像笛卡尔或伽利略那样，认为上帝用数学语言写就了自然之书，而是因为无限超越于我们，我们只能在理智尽其所能的程度上通过数学的重构来理解事物。

尼采对哥白尼革命和近代宇宙论给出了完全相反的评断：这是人类"自我贬低"的开始，是对人的尊严、独特性和人在生物序列中的不可替代性丧失了信仰。从隐喻学的角度来看，对现代精神的反对和抵抗必然会诉诸圆形隐喻，使其重新发挥效用，这在尼采的永恒轮回学说中表现得最明显。他不禁感叹，自哥白尼之后，人似乎被置于一个斜坡，越来越快地滑离中心，滑向虚无主义。在太阳系一颗遥远的星体上，一些聪明的野兽发明了认知，这是整个世界历史最傲慢和虚假的时刻；但在自然呼吸了几下后，这颗星随即冷却和凝结了，聪明的野兽不得不死去。尼采遵循对真理的传统理解，将纯粹真理视为物自体，他在表述隐喻时说，对语词来说，从来就没有什么真理或者恰当表述的问题，否则就不会有如此之多的语言了。对语言创造者而言，作为纯粹真理定义的物自体是完全不可理解的。"语言的创造者只是指明了事物与人的关系，为了表达这些关系，他运用了最大胆的隐喻。……数量不定的隐喻、转喻和拟人，简而言之就是已经被诗歌和修辞所强化、转移和修饰的人类关系的总和，经过长时间使用，它们已经成为对一个民族有约束力的固定准则。真理是我们已经忘记其为幻觉的幻觉，是已经用旧的、耗尽了感觉力量的隐喻，是已经抹去了浮饰、现在已经不被当作硬币而被视为金属的硬币。"[1]

* * *

此译本据苏尔坎普出版社 2013 年德文注疏版译出（*Paradigmen zu einer Metaphorologie*，Kommentar von Anselm Haverkamp unter Mitarbeit von Dirk Mende und Mariele Nientied）。为研究者参考方便，译文保留了正文中

---

[1] 参见 Friedrich Nietzsche, "Über Wahrheit und Lüge im aussermoralischen Sinne" 一文，转引自卡斯滕·哈里斯，《视角与无限》，第 423—424 页。

的古希腊和拉丁引文，注释中引用的外文文献也皆按原样保留，这些文献中的著作、人名多为缩写，完整书目可参看书后文献。翻译过程中参考了 Robert Savage 的英译本（*Paradigms for a Metaphorology*，Cornell University press，2010），尤其是其中对古希腊文、拉丁文和法文的处理（英译者大多沿用了这些文献现有的英译本）。尽管对内容的理解或有不同，但译者从英译本中获益良多。对于书中援引的柏拉图、亚里士多德、库萨的尼古拉、笛卡尔、康德、海德格尔、施莱格尔等哲学家的经典著作，如已有现成中译，译者都尽量查找到相应段落参考，许多概念表述也使用了通行译法，限于注释篇幅未能一一标注，在此对诸位中译、英译同仁表示感谢。

最后，感谢本书编辑陈哲泓的信任与支持，布鲁门贝格隐喻学是译者博士论文选题方向，接到这个翻译任务自然义不容辞。尽管曾做过一些粗浅的研究，但读者稍加翻阅不难发现，这本小书内容极为复杂、思想深邃，且大多只是隐微概言而未清晰论述，其中还涉及颇多古典学、神学知识，限于学术水平和外语能力，这个译本必然存在许多不足和错误，恳请读者批评指正。

李贯峰

2022 年 8 月于中国计量大学

导 言

让我们试着想象一下：近代哲学已然按照笛卡尔设置 11
的方法论方案向前发展，并且已经得出了笛卡尔自认为极
有可能达成的那种最终结论。这种从我们的历史经验来看
尚属于假设的哲学"终极状态"（Endzustand），将会按照
笛卡尔在《谈谈方法》（*Discours de la méthode*）中设置的
四条原则作为标准来定义，尤其是按照第一条原则的要
求，即纳入判断中的一切给定事物（Gegebenheit）都要有
清晰性和明确性。与这种完备的客观性理想相对应的是术
语的完美无缺，此类术语旨在以定义明确的概念来领会事
物的存在与精确性。[①] 在哲学的终极状态中，哲学语言将

---

① 笛卡尔将清晰性和明确性特征定义如下：当一个对象对于能注意它的心灵来说是
明显呈现的，我就说它具有清晰性（Claram voco illam（sc. ideam）quae menti
attendenti praesens et aparta est ...）（*Oeuvres* éd. Charles Adam-Tannery，VIII，
13）；至于所谓明确的对象，是指它界限分明地与其他一切对象截然有别，且自
身中只包含明白内容的一个对象（Distinctam autem illam, quae, cum clara sit, ab
omnibus aliis ita seiuncta est et praecisa, ut nihil plane aliud, quam quod clarum ist, in
se contineat（同上，VIII, 22）。尽管尚未被充分阐明，但笛卡尔的观点显然受益
于斯多葛学派的知识学说及其理解性表象（或把握表象，kataleptische（转下页）

是纯粹和严格"概念性的"（begrifflich）：一切"能够"被定义，因此一切也"必须"被定义；不再有任何逻辑上"暂时的"（vorläufig）东西，就像不再有任何"暂时的道德规范"（morale provisoire）。这证明了，从广义上来说，任何譬喻性（übertragen）言说方式的形式和内容都是暂时的，而且会合乎逻辑地发生转变；它们在功能上只具有过渡意义；在这些譬喻性言说方式中，人类心灵急匆匆地赶在了应该担负的责任之前，从而成为一种"鲁莽"（précipitation）的表达，这正是笛卡尔在其第一条原则中要规避的。

12　　然而，当哲学到达最终的概念状态时，它也就不得不放弃那种对其概念的历史进行考察的有理有据的旨趣。从最终术语的完备性来看，概念史（Begriffsgeschichte）只能具有一种批判性和破坏性的价值，而一旦目标达成，连这一角色都不再发挥作用：摧毁多样和不透明的传统负担，即"先入之见"（prévention）的负担，正是笛卡尔在第二条原则中总结出的批判性基础概念（它对应的是培根的四种"假相"［Idols］）。如此一来，历史只不过是鲁莽和先

（接上页）Vorstellung）的构想。（［译按］斯多葛学派认为，信念是对一个表象/印象［phantasia］的认可［synkatathesis］，知识的确定性通过理解性表象［phantasia kataleptike］而获得，理解性表象是对外在事实的一种自明的感性表象，而这个外在的事实一般又被称为常识。基于这些表象的组合，我们就能够获得一般性的概念［eptsteme］，从而变得理性。）

人之见，是对确切存在的错误把握，按照一定的方法来恢复确切的存在便会将历史性消除。维柯最先认识到第一条原则摧毁了历史，他提出了"想象的逻辑"（Logik der Phantasie）与之对抗。维柯从这样一个前提出发，即笛卡尔所要求的清晰性和明确性只保留在造物主的洞见与其创造物的关系之中：真理即是创造。[①] 凡人还剩下什么？留给凡人的并非给定事物的"清晰性"，而是只剩下他自己创造出的东西：图像和形象的世界，猜测与估计的世界，即人类"想象"的世界，这个全新的、具有创造性意义的世界对我们的先贤而言尚属未知。

在"想象的逻辑"这一使命的语境中（亦是以一种典型的方式），对"譬喻性"话语，即隐喻（Metapher）的讨论得以浮现；隐喻问题此前一直局限在修辞术（Rhetorik）中关于比喻性修辞的章节里。隐喻在传统分类中作为公共演讲的装饰被研究，这绝非偶然：因为在古代，逻各斯（Logos）在根本上与存在者（Seienden）的整体性相关联。宇宙与逻各斯相呼应。隐喻在这里不具备丰富表达方式的能力，它只是达成陈述"效果"（Wirkung）的手段，即增强这段陈述传达给政治或法律受众时的力度和受欢迎程

[①] verum ipsum factum（［译按］维柯曾在《论意大利最古老的智慧》中说："人的真理则意味着，人在认知事物的同时，也就结合了它们，亦即创造了它们。据此，可以说知识就是对事物生成变易的属或方式的认识。根据这种知识，当心灵结合了事物的元素时，它也就认识了事物的方式；与此同时，它就创造了事物。"）

度。宇宙与逻各斯的完美一致排除了这样一种可能性：譬喻性话语同样可以承担"公共话语"（κύριον ὄνομα）无法完成的任务。原则上来说，演说家和诗人不能说出无法用理论或概念形式呈现的话；对他们而言，根本不是说什么的问题，而是如何说出特定的内容。说服性言论的可能性与力量是古代城邦生活的基本经验，它们是如此基本，以至于柏拉图在《蒂迈欧篇》（*Timaeus*）中实际上以一种修辞行为来呈现其神话式的宇宙起源学说（Kosmogonie）的关键性阶段，即必然（ανάγκη）就是被说服的。① 如今我们很难以足够的高度评估修辞的意义，这说明将说服力作为真理自身的一种"特性"，以及将修辞术及其论辩方法仅仅解释为真理某种特性的施行和强化，对哲学而言是多么重要。围绕修辞之功能归属的争执，亦即对修辞术的说服技巧这一自主要求（Automonieanspruch）的拒斥是古典哲学史的基本过程，而我们几乎还未在整个精神史中将其影响揭露出来。柏拉图哲学对修辞学的压制，经由基督教教父哲学的巩固，无疑将传统学术上分属于修辞的对象，最终击退到"能言善辩"的技术手法这一位置上——尽管我们现在已经知道它们出自真理本身。在传播真理的过程

---

① [译注] 柏拉图在《蒂迈欧篇》中提出："这个世界是必然和理智的共同产物。理智是通过说服来驾驭必然的。理智是统治力量，它说服了必然而把大多数被造物引向完善。因为它的说服，理性带领着必然而把宇宙按着模式制造了出来。"

中，"转义"（translatio）[1] 这种修辞技术手法，除了满足"消遣"（Gefallen）[2] 之外是否还能承担其他功能，这一问题完全没得到讨论。不过，这一问题没有被追问，也不能被追问，却并未排除此类语言表达效果的增强实际上始终是由隐喻带来的。否则隐喻学（Metaphorologie）的任务从一开始就要失败了，因为我们会看到，颇为奇怪的是，对隐喻真实力量的反思式"发现"，使得作为一种历史隐喻学对象而出现的隐喻失去了价值。我们的分析必须弄清楚其中的逻辑"困境"，由于隐喻的介入，诸如此类的困境便直接在理论上完全无法"认可"的地方得到了最清晰的呈现。

14

　　这种"遮蔽"隐喻的历史观念将我们引向了一个基础性的问题：隐喻在何种前提下才能在哲学话语中具有合法性？首先，隐喻可以作为"从神话到逻各斯"（vom Mythos zum Logos）演进过程中的残遗，以"剩余存在物"（Restbestände）的形式存在；此类状态指它们在笛卡尔哲学意义上的临时性，即诸种隐喻处于哲学各自的历史状况

---

① ［译注］"隐喻"的古希腊语词源为μεταφέρω，原意为"转移"，由 μετα-meta（über/trans）和φέρω-phérö（tragen/bear）组成，也就是德语的 Metapher，直译为 übertragen。"μεταφέρω"在拉丁化后，被翻译和理解为 translatio 等。所以 Übertragung 在德语中兼有比喻、转义、转移等多种含义。

② ［译注］西塞罗曾在《论辩家》中说，正如衣服的发明最初是为了遮体御寒，随后也开始用作装饰和彰显品位，隐喻的使用，起始于语言的匮乏，但逐渐被纳入消遣娱乐。

下，而且要依照纯粹逻各斯的规定性理想对其进行衡量。如此一来，隐喻学可以作为一种批判性的反思，旨在揭露和触动隐喻表达的非真实性。其次，我们可以单纯假设，隐喻还能作为哲学语汇的"基础存在物"（Grundbestände），即"转义"（Übertragungen）而存在，在这种状态下，它们不能被还原到本真性和逻辑性。如果能够表明确实存在此类隐喻（我们要将其称作"绝对隐喻"［absolute Metaphern］），那么确定和分析它们当中概念无法替代的表达功能，就成为概念史（在其宽泛的意义上）的必要组成部分。更进一步来说：对绝对隐喻的确证也会使上文提到的残遗隐喻以不同的角度得到呈现，因为在笛卡尔的逻辑化目的论语境中，起初被标示为"剩余存在物"的隐喻状态，已经由于绝对隐喻的存在而打破了。在这里，将比喻性等同于非真实的说话方式是成问题的；维柯已经说明隐喻语言通常与一般认为的语言一样"真实"，[1] 不过当他将想象语言保留给早期历史阶段时，便再度陷入了笛卡尔模式。绝对隐喻的证实或许会迫使我们重新思考想象与逻各斯的关系，这意味着，想象领域不仅被当作向概念转变的基底（Substrat）来看待（也就是说，作为要素与要素之间能够不断更新和转换，直到其中的图像性储备耗尽），

---

① Giambattista Vico, *Opere*, hg. Giuseppe Ferrari, 6 Bde., Milano 1852 - 1854: V, 186.

而且属于一个催化的界域（katalysatorische Sphäre），尽管概念世界在其中得到不断丰富，但这种基础的图像性储备却并未被转换和损耗。

对此，熟悉康德的读者会想到《判断力批判》第59节，尽管"隐喻"一词并未在那一节中出现，但对该问题的讨论却是在"象征"（Symbols）的标题下，以"反思的转换"（Übertragung der Reflexion）这种处理方式进行的。康德从他的基本观点出发，即概念的实在性必须经由直观（Anschauung）才能得到证实。经验性概念经由实例（Beispiele）显现；纯粹知性概念经由图型（Schema）显现；对于理性概念（"理念"［Ideen］）而言，由于没有充分的直观与之对应，这种概念便通过配备一种表象（Vorstellung）而显现，不过它们与意指的对象在内容上并无任何类似，而只是在"反思形式"（Form der Reflexion）上有共同之处。康德有理由不向"近代逻辑学家们"就"象征"的表达让步；而我们却不再有这样的理由了，确切地说，我们以说服为理由放弃了这个负担过重的表达。康德将单纯作为"再生手段"（Mittel der Peproduktion）发挥作用的规定性表达称为"表征"（Charakterismen），而他的"象征"相当准确地对应着本文将会进一步使用的"隐喻"，正如康德的范例清晰表明了这一点，在其中，我们再度发现了昆体良（Quintilian）"草地也笑了"（*pratum ridet*）这个比喻。因此，"绝对隐喻"在此表现为："按照对一个直观对象的反思向一个完全另外的、也许根本没有一个直观能与之相应的概念的转换，而对概念所作的表达。"绝对隐喻被明确刻画为一种带有实用（pragmatisch）功能色彩的模型，借此可以从中提取出能够应用于理性理念的"反思规则，这并不是对于对象就它本身是什么作理论规定性的原则，而是对于有关对象的理念，对于我们和对于这个理念的合目的运用来说应当是什么作实践规定的原则"。在这种理解之下，"我们一切关于上帝的知识都只是象征的"（依照康德的术语），这便规避了人神同形同性论（Anthropomorphismus）和自然神论（Deismus）。或者我们可以再举一个康德的例子，他在阐述国家的含义时使用了一个机械隐喻："在专制国家与手推磨之间……尽管没有相似性，但对二者及其原因性作反思的规则之间却的确有类似之处。"紧接这个例子之后的一句话道出了本书的研究初衷："这一任务至今还很少被人分析过，尽管它也是值得作深入研究的。"

无疑，隐喻学范式研究的任务只是做前期准备，针对的正是那些有"更深入研究"必要的工作。它划定出若干领域，让人们可以在这些领域中思考绝对隐喻，并且探查绝对隐喻得以确证的标准。我们称此类隐喻为"绝对"，仅仅意味着：它们表明了自身抵制着术语化的要求，无法被消解为概念，但这并不是说，一个隐喻不能被其他隐喻替换，也就是说，绝对隐喻并非不可替代或者不能被更准确地修正。因此，甚至绝对隐喻也有"历史"。它们在一种比概念更基本的意义上具有历史性，因为一个隐喻的历史变迁显露出历史性意义视域的元动力（Metakinetik）及其自身的思维方式，而概念也在其中发生了转变。基于这种隐含关联，隐喻学在狭义的术语学意义上对概念史起到一种辅属作用（Dienstbarkeit）：隐喻学试图挖掘思想的底层结构（Substruktur），探寻在这个底层当中，使思想得以系统化凝结的营养基质；但隐喻学的任务还在于弄清楚，精神以何种"勇气"（Mut）在其图像中抢在了自身之前，以及它如何以这种"勇气"通过推测绘制出自己的历史。

17

一　"强力"真理的隐喻

　　任何想要从严格的术语学角度，即旨在定义明确地书写真理（Wahrheit）概念历史的人，都将收效甚微。最流行的真理定义据说来自经院哲学的定义书，作者是艾萨克·伊斯雷尔（Isaac Ben Solomon Israel）：真理是事物与理智的符合，① 在"与"字不偏不倚地处于中间的情况下，

18

---

① veritas est adaequatio rei et intellectus. 托马斯·阿奎那在引用这个定义时曾提到，"艾萨克在他的《定义之书》中说……"（Isaac dicit in *libro De definitionibus*），参见：Thomas von Aquino, *Summa theologica / Summe der Theologie* (dt.), 3 Bde., zusammengefaßt von Joseph Bernhart, Lepzig/Stuttgart 1934—1938; 1q. 16a 2 ad 2, 以及《论真理》（*De veritate*）q. 1a. 1. 不过在艾萨克《定义之书》对应的第 24 节中找不到这句话，转引自：A. Altmann-S. M. Stern, *Isaac Israel. A Neoplatonic philosopher of the early tenth century. His works translated with comments and an outline of his philosophy*, Oxford 1958, p. 58; *Definition of 'true'*（haqq）; *That which the thing is*. D. H. Pouillon（参见：*Revue Néoscolastique de Philosophie*, 1939, p. 57 及其后）考察了这一错误归属是如何形成的。他证实说，这句表达出自阿维森纳（Avicenna）（［译按］阿维森纳，980—1037 年，伊斯兰哲学家、内科医生，阿拉伯语名伊本西纳）。随后在未给出处的情况下被欧塞尔的威廉（Wilhelm von Auxerre）、巴黎大臣菲利普（Philip der Kanzler）、黑尔斯的亚历山大（Alexander v. Hales）及其他人引用。但菲利普引用的是艾萨克的话，尽管他转引自奥古斯丁的《独语录》（*Soliloquia*, II 8, 5; 何者是，则何者真［quidquid est, verum est］）; 他在引用过程中还错误地将《定义之书》归于奥古斯丁名下："同样，奥古斯丁在其《独语录》中说'何（转下页

这个定义仅在其最细微的组成部分上提供了变动的余地。尽管这个定义应该与其在亚里士多德那里的来源一致，理解为"理智对事物的符合"（*adaequatio intellectus ad rem*），但人们在中世纪发现了确定绝对真理在上帝精神中的可能性，即将真理作为"事物对理智的符合"（adaquatio rei ad intellectum）。真理概念的这个回旋余地基本上为一切哲学体系所用。但是，"何为真理？"这一古老问题的要求是否就此得到了满足？就这一问题的全部内容来说，我们从术语学的材料中获悉甚少。然而，如果我们追索与真理问题关联最为密切的一个隐喻，即"光（之真理）"（Lichtes）的隐喻，何为真理的问题便将自身以一种隐秘的、未被系统关注过的方式显露出来。[①] 光的隐喻无法被转义回去；研究它是为了开启这些需要探索和尝试的问题，而这些具有前系统性（präsystematischen）特征的问题，其含义的丰富性似乎"激发出了"隐喻。即便这些问题从未被明确阐述过，我们也不应回避提出这些基础性问题的天真想法。

（接上页）者是，则何者真'；而奥古斯丁在《定义之书》中也说了一样的话。"（Item Augustinus in Libro *soliloquiorum* 'verum es', inquit, 'id quod est'. Item Augustinus in *libro De definitionum* collection idem dicit.）随后，大阿尔伯特（Albertus Magnus）在引用该定义时提到了艾萨克："依照艾萨克和奥古斯丁的说法，何者是，则何者真。"（secundum Isaac et secundum Augustinum verum est id quod est）但是如今似乎很自然地将这句以前未具名的定义与错误的人联系在一起。

[①] 参见本人的论文：Licht als Metapher der Wahrheit. In: *Studiuan Generale X*（1957）432—447。

人在真理整体中占据何种位置？那些探求真理者在何种处境当中？他是否可以相信存在者会向其敞开，抑或知识本质上是对事物进行粗暴、诡诈、压迫性和严厉的审问？人类在真理整体中所占据的部分，是否被一种有意义的方式调整过？比如，通过满足人类需求的经济学，抑或依照荣福直观（visio beatifica）①之类的观念，借由人类朝向丰盈福祉的才能而达成？几乎没有一个哲学学派尝试通过系统的手段对所有这些问题给出理论回应；尽管如此，我们坚持认为，在哲学语言中到处都"有证据表明"，在思想的底层一直都存在着对这些问题的回答，虽然它们并未包含在程式化的体系当中，却一贯地、带着色彩与结构地在场和有效。理解和描绘此类证据的分类方法以及方法论准备远远没有得到发展。比如说，如果将哲学"态度"划分为 20 积极的或者消极的，那么我们基本上就只停留在一种面相学（Physiognomie）的恼怒抑或喜悦的层面上，而不会回到最初构成外在情绪标记设定（Vorzeichensetzungen）的"导向"上来，这些标记设定的方式是从非常基本的模式表象（Modellvorstellungen）中"提取"出来的，并以隐喻的形态推进到表达领域当中。

为了给这些标记着色，我们应该以范式的形式引入一

---

① ［译注］荣福直观指的是在基督教神学中人与神通过直接的自我沟通，而达到完全的救赎与恩典。荣福强调人的喜悦和幸福与上帝信仰的关联，直观强调救赎中的知识部分。

组真理隐喻，真理在其中被归于某种"态度/行为"（Verhalten）的确切方式，某种有力量的特质。尽管真理并不是一个合法的神学研究对象，但诸如此类的基本信念可能会带有神学的外表。可以对照两个例子。英国诗人弥尔顿（Milton）[①] 曾说："神本身就是真理……我们不能假定神嫉妒真理，或者不愿意将它自由地传达给人类。"歌德在《格言与感想集》（*Maximen und Reflexionen*）[②] 中说过类似的话："如果上帝希望人类在真理中生活和行动，那肯定会以别的方式安排我们了。"这两个例子至少表明，我们对上文提出的那个关于"真理"的天真问题究竟要作何理解：世界结构的一种确切的透明性；创世意志最终并不复杂的一种公共性；存在者传达自身的无条件性；本体论真理（*veritas ontologica*）的"强度"。诸如此类存在的公共性是否理所当然地证明了上帝的善，取决于如何看待人类幸福和占有真理之间的关系。如果获得一定数量的知识对人来说更为有益，那么上帝的仁慈就会正好出现在他以之为人类分配真理的经济学当中："……那部分他（光之父）放置在人类自然能力所及范围之内的真理。"[③] 这种

21

---

① *Second Defence*，转引自：B. Willey, *The Seventeenth Century Background. Studies in the Thought of the Age in Relation to Poetry and Religion*. London, 1953. S. 243。

② *Werke*. hrsg. v. E. Beutler IX, 611.

③ Locke. *Essay Concerning Human Understanding* IV 19. 4. Vgl. ebda. Introduction 6 (ed. Frazer 1, 31)："我们不是要通晓所有事物，而是了解那些关涉我们行为的东西。"

带有神学外观的前提也可以作为神性的拟人化真理自身属性的显现，它可以保存与隐藏自己，也可以达成自我实现与征服，它以强力或非强力为特征，要么强迫人类接受其意志，要么人类反过来将其征服，等等。

　　亚里士多德在先哲的历史中目的论地添加和注入了自己的洞见，他在这个方向和取向上看到了"事物本身"（Sache selbst）未曾言明的紧迫性："但学术进步，大家开拓了新境界，他们不得不对这些主题再做研究。"① 研究主题并不是在主体中寻找；似乎真理本身就发挥着作用，而且在很早之前就已经以一定的程式显示出来了，真理预先在洞见中显现，而不是被占有："他们是迫于真理本身才这样做的。"② 在斯多葛学派那里，作为先决条件的并非古典时代直觉和征兆式的认识状况，而是晚近时代令人厌烦的宗派观念和学说教条；为了催逼因应对怀疑而保持"悬置"（ἐποχή）基本状态的斯多葛式主体需要动用全部的证据力量，从而在这样的呈现中得到认可（συγκατάθεσις）；此类"催逼"以"把握表象"（ergreifenden Vorstellung，即καταληπτικὴ φαντασία）概念为特征；但是，是谁在催逼谁却无从知晓。芝诺最初的想法好像是说，καταληπτικὴ指的

---

① αὐτὸ τὸ πρᾶγμα ὡδοποίησεν αὐτοῖς καὶ συνηνάγκαζε ζητεῖν. *Metaph.* 984a18；b 8-11.

② ὥσπερ ὑπ' αὐτῆς τῆς ἀληθείας ἀναγκασθέντες. *Phys.* 188b29 sq. Cf. *De part. an.* 642a 18-20.

22

是把对象当作"自身"来把握，将其完全掌握，并在对象具体特征的丰富性中将其表象呈现出来。"把握表象"的双重含义似乎是在稍晚之后出现的：通过表象的明证性去把握和占有对象的理性是理解（κατάληψις）的对象。[①] 这种概念变化显然是在隐喻观念的主导下发生的，这对我们当前的主题很有启发性。在斯多葛学派的词源中，经典的光之隐喻，通过从"光"（φῶς）中推导出"表象"（φαντασία）[②] 而发挥作用，它对理解性所要求的"行动方向"毫不关心，而是更多指向古典时代享受心灵宁静、在静观中获得信任进而升华出的"理论"（θεωρία）一词："正如光在显示自身的同时，也使处于光线中的物体显现，表象显现自身，同时指明它要唤起的东西。"这种"显现"已经无法满足斯多葛学派对证据效力的要求；"压印隐喻"（Prägemetaphorik）取代了光之隐喻。"理解性表象"仅仅被解释为认知机能的一种模式，作为"灵魂上的印模"

---

① ［译注］κατάληψις原意为把握、占有，通常译为英语的 grasp、seize 或 master，德语的 greifen、begreifen、ergreifen（概念 Begriff 一词衍生于此）等。φαντασία原意为 to show, to make visible（彰显、使……可见）。按照斯多葛学派的观点，灵魂不断受到印象的刺激，这些印象有真有假，当印象得到灵魂的认可时即为真，反之则为假；被认可的对象在意识中呈现为一个真实存在的对象，并生成不能由其他对象产生的摹本，即"理解性表象"。意识原本的、真正的本性是理性，其天职是理解和形成统一的意识内容，但由于感情的激动，意识会放任自己仓促的认可，从而进入与理性抵触的激情状态，成为灵魂的疾病。这种状态对灵魂造成纷扰，与理性和自然相违背。

② *Stoicorum Veterum Fragmenta* ed. Arnim（= SVF）II, fr. 54. 另见 Sextum Emp., *adv. math.* VII, 442。

（τύπωσι ἐν ψυχῇ），就像印章的印记一样。① 更值得注意的是，恩披里克的文章以生动和激烈的方式将表象密度的效果最大限度地表达出来（VII，257），在他看来，"理解性表象"给予认可的方式是紧紧抓住我们的头发，将我们拽倒在地。此类隐喻不仅对斯多葛学派知识学说的基本观点有启发意义，而且同样适用于古希腊文化对理论的服从态度，这种态度相信，在准备接受某种真理之前，必须已经对它有极大的渴求。

亚里士多德关于真理自我铺陈（sich selbst bahnschaffenden Wahrheit）的隐喻成为教父哲学钟爱的表述方式，因为他们相信这是古人为基督教学说所做的准备和预见。以论证一神论（Monotheismus）为目的的允许引用古代诗人和哲学家，并不是因为这些人已经占有了作为知识的真理，而是由于真理本身的力量如此强大，以至于没有人能够逃避它的穿透力和光芒。② 这里的独特之处还在于，其中预设了主体与真理的对抗性，甚至比希腊时期的淡漠和克制还要强烈。普罗提诺（Plotin）在论证斯多葛学派唯物论方面的矛盾性时，无意中自我证明了（在真理的

23

---

① *SVF* 11, fr. 55. 塞克斯都·恩披里克（Sextus Empiricus）也在文章中就"理解性表象"强有力地给出了无可辩驳的证据，Sextus Emp., *adv. math.* VII, 248, 即：它是按照存在着的对象在主体中成像和压印的（ἐναπομαγμένη και ἐναπεσφραγισμένη）。

② Lactantius, *Divinae Institutiones* I 5, 2：... non quod illi habuerint cognitam veritatem, sed quod Veritatis ipsius tanta vis est, ut nemo possit esse tam caecus, qui non videat ingerentem se oculis divinam claritatem.）

驱使下），灵魂的本质必然在一定程度上高于物质。① 我们再一次看到了前文在论及典型解释而引用拉克坦提乌斯（Lactantius）时的"强迫自身"（se ingerere）特征，安瑟伦（Anselm von Canterbury）在其《宣讲》（*Proslogion*）"序言"中给出了上帝存在的证明，并随后将他的发现和上帝的名字联系在一起：安瑟伦以自己的"独白"为证，认为独白就好像"借由沉默与自己论理"（tacite secum ratiocinando），为"信仰的理由"（ratio fidei）而操劳；在费时费力探寻"一个论点的证明不需要其他东西"② 无果之后，他几乎已经不再努力了（最后，我差不多要在绝望中放弃了［tandem desperans volui cessare]）；当他不再殚精竭虑，甚至转向新的兴趣时，就遭遇到令人意外的洞见的冲击："然而，当我决定把这个想法完全放在一边，以免无用的东西占据我的头脑，阻碍其他会有所进展的想法，而后，虽然我不愿意，且心生抗拒，它却开始更紧迫地向我施加压力。"③ 此外，我们在阿奎那对《论灵魂》

24

---

① *Enneaden* IV 7, 4: "我们的对手自己被事实的压力驱使，才承认这种必然性……"（μαρτυρουσι δε και αυ'τοι υπο τῆς αληθείας α'γόμενοι, ω'ς δεῖ...）

② argumentum quod nullo alio ad se probandum quam se solo indigeret.

③ Sed cum illam cogitationem, ne mentem meam frustra occupando ab aliis in quibus proficere possem impediret, penitus a me vellem excludere: tunc magis ac magis nolenti et defendenti se coepit cum importunitate quadam ingerere. *Opera* ed. F. S. Schmitt I, 93. 他接着说："因此，有一天，当我由于抗拒它的逼迫而筋疲力尽时，在思想的冲突中我绝望地发现了一些东西，于是我急切地抓住了那个在我心不在焉时一直拒绝的想法。"（Cum igitur quadam die vehementer eius importunitati（转下页）

（*De Anima*）的评论中（I4，43）再次发现了亚里士多德的表达式，他在谈到恩培多克勒（Empedokles）和柏拉图时说，他们完成的灵魂学说"就好像被真理本身的力量驱动似的；像是梦见了真理"①。"真理"的双重意义在这里绝非文字游戏。当阿奎那在《论真理》（I，1）中说"认识是真理的结果"② 时，便是将真理作为知识的"动力因"（而不是形式因！）。这看起来像是没有图像参与，纯粹术语的表达，像"纯粹的教父哲学"那样，但仔细观察就会发现，它明显指向了一个隐喻式的背景，我们建议称之为"隐含模式"（implikatives Modell）。所谓隐含模式的意思是，这里所说的隐喻功能，完全不需要在语言表达领域出现；但是，如果人们能够有前提地阐明思想内容隐喻式的主旨，而且陈述借此得以"读取"出来，那么整个思想内容的语境关联会突然间结合为一个意义单元。

真理带有自我实现强力的隐喻一直延续到近代。开普勒在《世界的和谐》（*Weltharmonik*）一书第五卷的引言中描绘了自己的震惊之处，即托勒密（Ptolemaeus）早已经达成了开普勒在书中独立完成，并按照自己的方法偶然发现的和谐："事物的真正本性正是通过不同时代的不同阐

（接上页）resistendo fatigarer, in ipso cogitationum confilictu sic se obtulit, quod desperaveram, ut studiose cogitationem amplecterer, quam sollicitus repellebam.）

① quasi ab ipsa veritate coacti, somniabant quodammodo veritatem.

② Cognitio est quidam veritatis effectus.

— 023 —

释者将其自身揭示给人类的。两个把自己完全沉浸在对自然的思索当中的人，竟对世界的构形有同样的想法，这种观念上的一致来自神的点化（套用希伯来人的惯用语），因为他们并没有互为对方的向导。"除了用"自然"代替实体化的"真理"之外，我们还可以看到主观成分，即对自然的艰苦研究，等同于，甚至在某种意义上作为自然妥协和自我显现的条件。在维柯①那里，真理之强力这一隐喻颇具代表性地在一种错误的理论中建立起来了。人类理智在根本上与真理之强力相关联："因为人的心灵总是处于真理的强迫之中。"② 但意志（Wille）会与之对抗并消除它，使用的手段是空洞无意义的、不切实际且完全陷入"猜测"当中的语汇：但是，在谵妄者意志的支配下，言语常常会逃避真理的力量，背叛心灵。③ 真理的"命运"逐步被移交给主体能力的内在操弄，就连 1694 年的《法兰西学院词典》（*Dictionnaire de l'Académie Française*）也仍以完全"中世纪"的方式表述："真理的力量，也就是说真理对人之心灵的力量。"而"真理无可抵挡的力量"在启蒙运动的词典中占据了一席之地，这其实是一句表达谦逊的惯用语，在这种表达的背后隐藏着用自己的光芒启迪灵

---

① *Opere* ed. Ferrari² I, 96；III, 110.

② mens enim semper a vero urgetur.

③ verba autem saepissime veri vim voluntate mentientis eludunt ac mentem deserunt.

魂的自我意识。① 我们需要注意"真理"与"力量"之间的联系是如何在休谟之类的怀疑论者那里被转变甚至被歪曲的。依据传统的隐喻理解，"力量"作为真理的一种正当特征而呈现，强调其形而上学式原始权利（Urrecht）的自我施行，而在休谟那里，这种力量成为真理唯一的"实质"（Substanz）。"真理"不过是我们赋予事实的名称，这里的事实指特定的表象通过其固有的能量子（Energiequantum）超越其他表象，到达人类意识，进而获得"信念"的地位；因此，区分真实和虚假观念的标准便是真实的"优势力量"，更准确地说：是那一类由于其"优势力量"而被命名为"真"的观念。②"如果我对任何原则确信不易，那只是因为这个观念对我的冲击更大。"如此一来，真理不再"具有"力量，而是任何对我们来说具有力量的东西，我们都会从理论上将其合法化为真实。诚然，这并不像听起来那样实证，因为在这背后有一个隐藏的目的论含义作为保留条件：在我们诠释为"真理"的力量中，"自然"将其自身显露为我们甚为关心的代理机构（Instanz），一个我们"理论上"将其放置在"真理"

26

---

① 这里引用弗朗西斯·阿曼德·格瓦塞（Francois Armand Gervaise）在一本关于菲奥雷的约阿希姆（Joachim von Fiore）的著作中所写的序言为证："我将尽一切努力阐明他的天才、他的性格、他的爱好、他的观点、他的思想、他的著作和他的行为：我希望通过这种方式，约阿希姆将不再提出这个问题，而公众也能于长久的分歧中达成共识。这就是真理不可抗拒的力量：它从黑暗的最深处破晓而出。"（*Histoire de l'Abbé Joachim，surnommé le prophète*，Paris 1974，I，4）

② *Treatise on Human Nature*（1738）I 3，7-8.

名下的"实践"救助机构（Fürsorge）。这里的隐喻已经不再属于隐喻，它们"从字面上看"已经自然化，成为与物理命题无法区分的东西。

二　真理隐喻与认知实用主义

在与门德尔松（Mendelssohn）共同撰写的一篇关于亚 历山大·蒲柏（Alexander Pope）① 的文章中，莱辛
（Lassing）论述了隐喻的哲学用法，这里说的隐喻在修辞
学中所属的类别被称为"形象表达"（Figur）："隐喻的本
质是什么？——它们从不严守真理；它们一会儿滔滔不
绝，一会儿又语焉不详——只有一个形而上学家，像雅
各·波墨（Jakob Böhme）那种，才会原谅它们。"

这里提出的是隐喻真理本身的问题。不言而喻，诸如
真理之强力或无力之类的隐喻是无法验证的，在使用隐喻
的过程中要怎样做出明确的选择，从理论角度完全无法决
断。因此，如果"真理"是按照某种方法通过验证程序而

---

① "蒲柏是一个形而上学家！"——*Werke* hrsg. v. P. Rilla VII 233. 引用的这句话
无疑出自莱辛。可以将这句来自 1755 年的话与鲍赫斯（Bouhours）在 1687 年的
作品 *La manière de bien penser dans les ouvrages de l'esprit* 中对隐喻的论述作对比：
"譬喻性语言并非错误，而隐喻就像小说一样有其真理。"对鲍赫斯美学的讨论参
见：E. Cassirer, *Die Philosophie der Aufklärung*. Tübingen 1932. S. 400ff. 。

— 029 —

得出的结果，或者必须按照定义而存在，那么隐喻实际上无法满足这一要求，它不仅表达不了"严格的真理"，甚至根本表达不了真理。绝对隐喻"回答"了那些假定为朴素的、原则上无法回答的问题，这些问题之所以有关联性，完全只是在于隐喻无法被消除，因为并非我们造就了隐喻，而是我们发现隐喻已经被安置在存在的基底当中。

28　　这里需要牢记的是，隐喻学根本不是要构造某种关于隐喻使用的方法，或者处理其中显现的问题。相反，作为隐喻学的从业者，我们已经被剥夺了在隐喻中挖掘那些无法回答之问题"答案"的可能性。作为具有隐喻学研究意义的主题，这里的隐喻本质上是一个历史对象，其证据价值的先决条件是，陈述本身并非由隐喻学支配，也不可能由其支配。因此，我们的处境以一种实证主义式的规划为特征，即在语言对人类思维的"引导作用"（Leitfunktion）中对其进行坚决的批判，进而诸如"真"（wahr）之类的表达立即就多余了（在艾耶尔［Ayer］的意义上），或者（更确切地说，以及）借此将以前沉淀在隐喻中的成果"转交"（Überweisung）给艺术①（这些成果被认为是持续供给的、

---

① 顺便说一句——这并非无关紧要——这些考量揭示出艺术作为"人类此世真正的形而上学活动"（尼采语）在当代的含义，在这样一个时代，在它对历史理解和自我理解无所不包的意志中，不受约束的真实表达几乎完全被摧毁了，而且在这种艺术中创造了一个类似历史意识的非历史主义（Ahistorismus）居留地，它是经由普遍同意而释放出的明显的非历史性。这种现代人会立即在其审美体验中遭遇到的绝对性（至少如果有人相信艺术形而上学的话），在此表现为不（转下页）

非历史的直接生产力），从而证明对这些问题的坚持不可
回避。因而，通过凸显和阐释艺术的表达性元素，隐喻学
的任务和方法也可能会超越历史性的对象范围。

在这些限定之后，我们再次探问绝对隐喻的关联性，
探问其历史性真理。从颇为广泛的意义上来说，绝对隐喻
的真理性是实用的（pragmatisch）。作为一个导向的支点，
绝对隐喻的内容确定了一种态度／行为（Verhalten），它们
提供了一个世界结构，呈现了永远无法体验、无法忽视的
现实性整体。因此，对历史性理解的洞察揭示出，一个时
代的态度、期望、有为与无为、渴望与失望、兴趣与冷漠
都经由基本的、作为支撑的确定性、猜测、假设和评价来
调整。它到底给予了何种真正的导向？这个由实用主义所
设计的"真理问题"形式，在这里完全不是在生物学的意
义上发挥作用。诸如"世界是什么？"之类的问题，在其同
样不够确切以及过分的要求中，无法作为理论话语的出发
点；但是，这里隐含了一种对认识的需求，这种需求在关
于"如何"的态度当中，了解到了这个包罗万象以及具有
支撑性的整体"是什么"，并且通过在其中的自我安置寻

（接上页）受历史反思意识的干预而中断的东西。因此，人们一般不止在学院的
意义上偏爱"野兽派"，而且很少准确区分朴素和高雅。未来的"隐喻学"可能
会对我们这个时代的生产性想象力的证据价值给予多高的评价，将取决于我们如
何回答这样一个基本问题，即从历史性反思的情境来看，"迷狂"（Ekstasis）是
否已经达成，或者说它到底能否达成。

求导向。这些隐含问题总是在隐喻中"鲜活起来",并从隐喻的风格中诱发出现世态度(Weltverhalten)。隐喻的真理是"实践的真理"(vérité à faire)。虽然自康德的二律背反以来,对世界的整体性作出一种理论上的断言是徒劳的,但寻找"代表"这个无法实现对象性的整体的图像却并非无关紧要。让·保罗(Jean Paul)① 在《魔鬼之书选》中写道:"我永远不会后悔告诉这里的每一个人,尽可能用漂亮的类比描绘这个世界到底是什么有多好。这个世界可能是神创造的大都会中一个小小的死胡同,或者与其他星球相比,她只是个省城而已。她是人类的学步车,目的是为了教会我们行走。她是……另一个世界的舞台布景和更衣室,我们先要在掌声中扮演自己的角色。她是一个黑暗的房间(照片暗房),一条光线射入其中,生成和绘制出美丽的缩略图……对于尚不可见的分母来说,她是分子;说实话,我说她几乎什么都不是。"这是一篇充满奇思妙想的智慧之作,其中渗透着悠久的隐喻传统,似乎刚好站在了反讽式反思的边界上,在那里丧失了非历史的纯粹性。我们可以引用一段最新的哲学论述与之对照:"世界到底是什么——并非人们通常认为的世界,而是原本的、真实的、整全的、完好的世界,这样的世界绝不明摆在每个人眼前,而是高度隐蔽的,或许它当下并不存在,

① *Auswahl aus des Teufels Pappieren*,XII.

甚至根本就不存在，而是未来的某种东西——这就是海德格尔思想中真正动人的问题。他在晚期著作中回答了这些问题，将世界定义为'大地、天空、诸神和终有一死者之纯一性的生成的映射—游戏'[①]。纯粹诗人的诗句说出了这些问题的答案，即这四方（天地神人）是什么……"[②] 世界究竟是什么——这个最不能确定的问题，也是从未被确定，以及永远也无法被确定的问题。世界作为"宇宙"（Kosmos）是我们精神历史的构成性决断，这个隐喻尽管早已被"名词化"（Nominalisierung）[③]，但其原初的含义我们曾一再听到，它在世界—城邦、世界—生命体、世界—剧场和世界—钟表装置之间来回往复。只有在相互比较的情况下，人们才会有凭有据地（dokumentarisch）表明每种含义在实用的层面意味着什么——毕竟我们不能以当前的能力为标准来衡量明证性的要求，即从我们自身动机的底层来历史地给出"解释"。不可否认，证据的发现在这里是一个机会问题，虽然人们在最有可能获得证据的地方，

31

---

① das ereignende Spiegel-Spiel der Einfalt von Erde und Himmel, Göttlichen und Sterblichen.

② W. Bröcker, *Dialektik—Positivismus—Mythologie*. Frankfurt 1958. S. 35.

③ 如果被广泛讨论的赫拉克利特残篇第 124 节（Diels B）中的说法成立，即壮丽的宇宙是一堆随便丢弃的垃圾，那肯定是指人们遗忘了宇宙的意义。在伊壁鸠鲁那里很容易看到，机械论的原子随机性并不违反宇宙能够完全得以实现这一古希腊基本决断，的确，纯粹原素性（hyletisch）的原初过程这一论题只能达到其所臆想的治疗效果，也就是说，只是被认为如此，因为最终，不言而喻的是，它本质上是一个以不可测度的多种范例而一再"降临"的宇宙。因此，形象化的临时决定并不是依靠特定的系统进行解释的；它们的力量足以给具有非常不同特征的系统着色。

会在这方面发展出一种敏锐的感觉。因此，德尔图良（Tertullian）以新颖的方式将斯多葛学派的宇宙—城邦转换了功能，他通过将国家描绘成对基督教而言是无关紧要的，来为被宣布为"非法组织"的基督教辩护，以此避免使其受到政治阴谋和动乱的蛊惑："对我们来说，没有什么比国家更陌生了。我们知道的一个国家——宇宙，其中所有人都是公民。"[①] 如果对斯多葛学派来说，宇宙—城邦原本是古希腊国家体制崩溃后安慰性的替代品，那么在这里，它便是削弱了专制和敌对国家极端状态的中立化。有一句耶稣传世名言："世界是一座桥梁，你可以跨过它，但不要在上边驻留。"[②] 这便对实用性做出了详尽阐释。来自哈格利利的何塞（Jose des Galiläer）之子拉比·埃利泽（Rabbi Elieser）曾说过："世界就像一家正在营业的商店，里边有一张收拾停当的桌子，但一本打开的书正铺在上面，一只手记录着一切。店主借贷，而债主却过着威风凛凛的生活。"[③] 在亚历山大的寓言（Allegorese）中，大祭司

---

① at enim nobis ... nec ulla magis res aliena quam publica. unam omnium rem publicam agnoscimus, mundum. *Apologeticum* 38, 3.

② 在法塔赫布尔西格里（Fatehpur Sikri）的布兰·达瓦萨（Buland Darwasa），可以看到据说是明确归于耶稣的说法："世界是一座桥，可以跨越，但不要在上面建造寓所；这座寓所只会存在一小时。"（M. Lasky, Reise nach Indien. In: *Der Monat Heft* 118［1958］S. 65.）

③ M. J. bin Gorion, *Der Born Judas.* 2. Aufl. Lepyig o. J. II, 296.（［译按］哈格利利的何塞是犹太圣人，生活于公元1—2世纪，是犹太教坦拿［犹太教对口传律法集编注者的称呼］之一；拉比·埃利泽全名 Eleazar ben Shammua，是活跃于公元2世纪的第四代坦拿。）

的多彩长袍被解释为宇宙①，其本人则是神性的代表；这就使得拒绝将宇宙理解为上帝的衣饰，成为对世界景观的一种审美化的释放。寓言和隐喻尽管是异质的，用冯塔内（Theodor Fontane）的话来说，② 它们不是"同样在图像中产生的思想"，但在事后以及投射关系（Projektionsverhältnis）的颠倒中，寓言能够替代隐喻的功能。③ 对托马斯·布朗（Thomas Browne）而言，世界不是一家客栈，而是一间医院。④ 对沃维纳格侯爵（Vauvenargues）来说，它是一种既讳莫如深，又具有规则的社会活动："谁在舞会上看到面具……谁就能形成一种对世界本质的认识。"⑤

梅尔维尔（Melville）在小说《白色夹克》⑥ 的结尾，将世

33

---

① *Sapientia Salomonis* 18，24.（［译按］这个寓言《所罗门智训》，又称《智慧篇》，是在约公元前1世纪完成的著作，经书被收录在《圣经》的希腊文七十士译本中。）

② 鉴于其与本话题的相关度，将整段话列在这里："思想必然即刻在图像中产生，这样图像才能像简单的语句一样漂亮和精彩；如若先将图像缝制成特别的衣饰，再穿上它，那便不合身了，由此成为负担，而不是装饰。"（Theaterkritik vom 19, Februar 1881；Laube, *Die Karlschüler*）

③ 例如：E. Stein, *Die allegorische Exegese des Philo aus Alexandria*. Gießen 1929（Beih. z. Ztschri. f. atl. Wiss. 51）.对寓言的历史评价参见：H. G. Gadamer, Symbol und Allegorie. In: *Archivio di Filosofia* 1958，23－28："寓言中的概念和事物与宗教教义紧密联系在一起：与对神话的合理化（比如在对古希腊神话的解释中），或者与基督教对圣经文本在教义的同一性问题上的解读，最后与建立在新民族基础上的基督教—人文主义传统的艺术和诗歌（以巴洛克为终极世界形态）。因此，当艺术的本质被定义为天才无意识创作产物时，寓言的美学功能必然会受到质疑。"（上书第27页）

④ *Religio Medici*（1642）II sect. 11. 这个说法在 T. S. Eliot, *Four Quartets*. East Coker IV 中再度出现："整个地球是我们的医院／它由破产的富翁来资助……"

⑤ *Die französischen Moralisten*，hrsg. v. F. Schalk. Leipzig 1938，I, 122.

⑥ *White-Jacket or The World in a Man of War*.

界隐喻为一艘战舰，它带着密封的命令驶向船上所有人都不知道的目的地，永远离开了港口："海上之船"这个古老的命运隐喻与世事之熵（Entropie des Weltgeschehens）的新意识汇聚在一起，以"旅行隐喻"的形式出现，这个隐喻的永恒源头在荷马的奥德赛那里，但现在已经变成了无家可归、不可逆转、非循环的对应形式。如此看来，我们像是有了一个相当有诱惑力的特殊研究计划的大纲。这里所呈现的，无论如何都只是一个半成品（Halbzeug），在这个领域中，人们借此处理"存在"（das Sein）问题时，完全无法达到完满性和完整性。

在尝试阐明绝对隐喻的实用意义，以及对其方法进行说明之后，现在让我们回到强力真理的隐喻，以便在此检验这个隐喻的实用性解释过程。获取真理所需要的努力与真理的强力成反比。毫无疑问，强力真理隐喻的生动性在某种程度上与寂静主义（Quietismus）① 相关联。拉克坦提乌斯为"他的"真理所使用的"微热的温度"（die laue Temperatur）这个说法，可以对其真理隐喻做出解释："真理的力量如此之大，以至于即便在小事上，它也能以清晰性为自己辩护。"② 相比之下，德尔图良像是一个绝望地为

---

① ［译注］寂静主义是一种神秘的灵修神学，指信徒在灵修的过程中，能够体会到与神沟通的神秘经验，而这种神秘经验通常来自神的力量的主动恩赐，因此，寂静主义强调把自己的意志交给上帝。

② Div. Inst. III 1，5：Tanta est potential Veritatis, ut seipsam, quamvis in rebus exiguis, sua claritate defendat...

失败的案件拼命挣扎的律师，但这只是因为他坚持认为，案件首先应该建立在合理的诉讼程序基础上，这样才能使他的委托人，即真理，开口说话并为自己作证，因为那时："真理的简单性得到呈现；自身的价值在支撑着它；没有什么可怀疑的。"① 这里和其他地方一样，司法隐喻（Gerichtsmetaphorik）构成了真理借此取得胜利的框架和舞台；中世纪经院哲学论争以程序规则贯彻始终的真理为中介，事无巨细地展现了这样的背景观念。但这就必须创造一个正当的、不虚伪的、有益的境况；所以拉克坦提乌斯以此作为一神论的证明：在宣誓、祈愿和感恩的情感直接性中，罗马人既没有召唤朱庇特，也没有召唤诸神（Götter），而是直接诉诸"上帝"（Gott）："自然的力量，甚至即便来自不情愿的胸膛，也会完全自动地揭示真理。"② 科学实验（Experiment）的史前史同样指向了这一背景，虽然正如我们很快将要看到的那样，实际上实验恰恰成为刚好与真理观念相互对立的例子。但是，实验特有的精神创造出某种能够直接让知识"跳出来"的局面，这种精神最初根植于对真理的信心当中，并认为科学实验必须要做的就只是提供验证真理过程的机会。尽管我们或许

34

---

① *Apolog.* 23，7：simplicitas veritatis in medio est；virtus illi sua adsistit；nihil suspicari licebit.

② *Div. Inst.* II I，7：adeo ipsa veritas cogente natura，etiam ab invitis pectoribus erumpit.

不会把库萨的尼古拉（Nikolaus von Cues）设想成从事实验设计的技术人员（虽然他有关于天平实验的论著），但实际上他通过不断"测试"新的想法，不回避任何大胆的组合或过程，为实验思维铺平了道路。由他率先开创的"试验思维风格"（versuchenden Denken）已经非常接近狭义的实验。这种完全准备充分、向着崭新的领域探索的勇气，都建立在真理的力量能够让知识具有可用性（facilitas）① 的信念基础之上："真理越清晰，就越容易。我曾经以为，知识最好在混沌中挖掘，但真理的力量是巨大的……"②

　　在这种情况下，有一件事我们不得不考虑：真理之强力的隐喻，以及随之而来的知识可用性这一论题，主要以与救赎有关的神学和道德内容为特征而出现。古希腊哲学虽然认识到理论对象在人的存在完满性（Daseinserfüllung）方面的等级差异，但他们并不知道要排除不具有幸福价值甚或对幸福造成威胁的对象领域。从希腊化时代的思想中最先发展出的一种关于知识态度的经济学，其来源正是希腊化学派对于哲学治疗功能颇为广泛的共识。这也是希腊古典时期和希腊化时期极少被关注到的区别，在前者那里，

---

① *Idiota de sapiential* (ed. Baur) Ⅱ (p. 25, 26)；p. 37："哦！困难之事竟如此容易！"对库萨的尼古拉思想内在一致性的讨论，参见本人对其著作选集的导读：*Die Kunst der Vermutung* (Bremen, 1957)。

② *De apice theoriae* (1463/4)；Veritas quanto clarior, tanto facilior. Putabam ego aliquando ipsam in obscure Melius reperiri. Magnae potentiae veritas est.

真理是精神之隐德莱希（Entelechie）①的实现；而在后者那里，真理是一种具有治疗（救赎）性质的纠正剂，一种要配量服用的药物。如此一来，就要把理论领域中的多余之物、有争议之处、晦暗不明的东西作为混淆视听、制造困惑和造成教条的争执排除出去，以"悬置"的基本态度将其取消。确保存在的完满性，与其说是在与世界的互动中强化对真理的占有，不如说是通过隔离出经过筛选的主观性内在空间而获得的。另一方面，一系列特定的内容此时汇集成一个"治疗所必需的"真之基底，这最初是从斯多葛学派继承的道德洞见；目的论此时不再表示宇宙与逻各斯在幸福（εὐδαιμονία）的存在完满性上的和谐一致，而是担保了那些必然真理的明显性和说服力，与此相对的其他方面则后退到单纯逼真性（Wahrscheinlichkeit）的半明半暗，或者事物无从把握的含混状态（res obscurae）当中。36

西塞罗不仅是折中主义的（eklektisch），而且以其对希腊化学派基础性动机一致性的敏锐洞察，代表了前文概括的怀疑论与斯多葛学派基本观念的综合状况，这种理解，连同事物的含混性（res obscurae）与非必然性（non necessariae），可以算作对智慧（sapientia）理想的破坏。② 因此，实践理

---

① ［译注］隐德莱希来自希腊语ἐντελέχεια，原意为完美、圆满，指某种在其自身中实现的目的论过程。
② *De officiis* I 6, 19.

性规定了哪些真理是"必然的"，以及许多对象（尤其是那些物理对象）的模糊性和困难性是与治疗无关的事物的目的论标识："那或许就是大自然隐藏的秘密之一。上帝不想让我知道原因，只是让我使用他给的方法。"[①] 教父哲学继承了这一点，抓住了"知道"（scire）与"使用"（uti）的差别，而且强化了中世纪"享用"（frui）与"使用"的基本区分。[②]

尽管西塞罗在其所处之传统的认可下，将地理学和天文学等学科从晦暗多余之物中排除出去，但一种圣安波罗修斯式[③]的救赎绝对主义仍然在严苛的责难中更进一步：隐藏之物是那些"无法逃避隐藏之人"的保留财产。[④] 由此开启了崭新一幕：理论对象世界的整个研究领域都被宣布为人类的禁区（illgitim），好奇心（curiositas）被归入罪的分类态度当中，因为好奇心试图超越神的救护所给予的

---

① *De divination* I 35：Latet fortasse obscuritate involute naturae. Non enim me deus ista scire, sed his tantummodo uti voluit.

② 二元性的传统形态在伦巴第人彼得（Petrus Lombardus）的格言书中获得了最持久的稳定性，Petrus Lombardus I dist. I q. 2 - 3："那些应该享受或使用的东西。——享受或使用的意义。"（De rebus quibus fruendum est vel utendum. — Quid sit uti vel frui.）这句话于是被奉为具有规范性的格言，同时在对其局部进行非常微妙的修改中，成为近代概念前史最重要但仍旧未被书写的片段，而在近代，使用与享受属于最隐晦的预先决定（和问题）。我希望在这一点上能做更进一步的解读。在 *Studiuan Generale* iv（1951）464 f. 中，我曾提及过一些内容。

③ ［译注］安波罗修斯（Sanctus Ambrosius，约340—397年），是公元4世纪著名的拉丁教父之一，也是天主教会公认的四大教会圣师之一。

④ *De officiis ministrorum* I 26, 122 - 124.

37

福履。① 重点于是落在了那个边界之外的不充分之处，在逃避和对抗亵渎行为的过程中，惩迫（Sanktion）已经带有实质性：此时，知识形而上学的立场，已经深刻而持久地稳固下来，尤其是在天文学当中，所以与其说哥白尼与特定的传统天体理论有关，不如说更多地与此种理论带来的惩迫有关，只有在计算历法和节日的效用（utilitas）被证明是正确的情况下，对天空的研究才会在某种程度上被释放出来，此时，这样的理论可以规定任何假定的结构，只要它能满足这一功能。与历法改革相匹配的是理论兴趣这³⁸条隐秘的道路。如此一来，近代早期的研究、猜测和构划的类型是经由一种处于"禁区"的姿态完成的，而对真理

---

① 塞涅卡（Seneca）已经将这种态度归入"无节制"（intemperantia）的范畴：妄图知晓必要之外的东西，是一种无节制的表现（Plus scire velle quam sit satis, intemprerantiae genus est. ad Luc. 88, 36）。对于一个不再十分确信每一个真理——甚至真理是为了真理本身的缘故——对人类都有好处的时代来说，一种关于好奇心的概念史研究是非常紧迫的必需品。这是一条从奥古斯丁影响深远的定义而来（Conf. x, 35），漫长且多重因素交织在一起道路：以渴望知识为名（experiendi noscendique libidine），满足目欲（concupiscentia oculorum），将好奇心高估成了前科学的美德（vorwissenschaftlichen Tugend）（E. Rothacker in: Studium General XI, 1958, 144.）。至于僭越边界之后的"方向"是什么——作为导向模式——这里引用犹太法典警惕灵知主义（Gnosis）时的戒律："问四事者，不如不生：天上的事和地下的事，从前的事和以后的事"（Chagigah II, 1）。如此严厉的戒律，我不知道基督教中有什么可以与之比拟；而强度等级越是重要，某种程式化就越会成为作者认为不能省略掉的惯用语。客观依据的松懈，往往预示着新事物的到来，如奥卡姆的威廉（Wilhelm von Ockham, in Sent. Prol. III 9 CC）在该领域中对好奇心的消极性只提出了一种主体性的能力经济学："对于救赎所需要的东西而言，理智是远远不够的。"（intellectus vix sufficit ad illa quae sunt necessaria ad salutem.）随后，人们注意到，学术上对救赎之必要性的过分强调已经导向了荒谬的经济学原则。

来说，只要它不与古老的救赎必然性相联系，而是被归入人类的预定目的这种新的理想当中，就仍然带有诱惑的、离经叛道的、禁忌的印记。而在这里，真理之强力的整个隐喻被颠倒过来，变成了人为了让自己赢得真理而必须对真理施加强力的观念。此时，真理不再具有人们所说的"自然性"：始于近代的方法论意识和方法论反思，以一种强制的、小心翼翼的以及审慎的基本感觉作为立足点，从而确保与真理之间的关系。逼真（das Wahrscheinliche）颠覆了真之映现（Wahr-Scheinende）。所有的真都需要去赢得，而不再是馈赠；知识表现出工作特性。[1]

在赢得真理的过程中出现了诡计、技巧和压印等隐喻，而培根是这方面的大师。此时，世界作为剧场，人类作为观众这个古老的隐喻明显失效；世界成为法庭，人类成为对自然进行严苛审判的法官和组织者。在《学术的进展》（*Advancement of Learning*）第二卷对冥想诗的讨论中，培根敦促读者进入理智的法庭："在剧场待太久也不好。现在让我们把话题转移到司法领域或心灵的宫殿……"培根似乎很喜欢谈论大自然的"秘密"，在他看来，自然像是很喜欢隐藏自己的秘密，而我们必须用各种手段捕获它们。在《论科学的增进》（*De augmentis scientiarum*，

---

[1] 引自本人的文稿：Technik und Wahrheit, in: *Actes du xieme Congr. Int. de Philosophie.* Bruxelles 1953, II, 113—120。

II，2）中，对不正当好奇心的异议，很快被抛到了一边：
"如果目的是研究真理，那么人们就不需要对深入到自然
的洞穴和藏身之处有所顾虑。"预先给定的自然状态不再
享有任何惩迫效果；人类也不再像亚里士多德所理解的自
然与技艺的关系那样，仅仅作为自然实现的代理人，来模
仿、平衡和完善自然未完成的任务，却不能进行改变、改
造或从根本上进行重新创造。这就像自然与技艺的古典划
分一样，是一个古老的错误，正如培根明确指出，这导致
了"人类在这项事业上过于灰心"。人类不需要拘泥于自
然的本真状态，只需了解自然过程的构成规则和动力，以
便"无所不能"。就此而言，自然界对发现其真理的抗拒
就被认为是一种对人类技术改造意志的自我保护反应。对
知识的追求成为一场组织有序的远征战役。培根批判了对
机械知识的漠视，"那不是提供了最好、最可靠信息的最
高规定程序"。历史机械论对因果性的研究带来了新的曙
光："大自然在技艺的试验和烦扰之下，比留给自己的更
为清晰地展示了自己。"法律术语"极其严苛地审讯和起
诉"① 是一种隐喻的表述，在这个表述中，粗暴的机械力
量似乎获得了制度上的合法性：在这样的比喻中，人类不
用再怀疑他是否适合承担这一知识职能的使命，以及是否
有理由使用相应手段。这里行使的是主权，知识和力量统

---

① interrogare quam infestissime ac premere.

一在一只手里，这对培根来说极其重要，而且具有一定的政治隐喻背景："因此，人类知识和人类权力这两个孪生对象确实合二为一了。"[1] 正如培根在其隐喻中表明，知识诉求的合法性问题，是从中世纪"好奇心"问题的悬空中生发出来的，这对他来说很关键；这个话题在此无法全面展开，但是，僭取的主权正是通过装备来体现的：培根赋予理论工具以崇高性，甚至是一种悲怆感。"仅这只手，除了依靠自己的理智，其实并没有太多的能力；只有工具和辅助方法才能完成一些事情。"[2] 显微镜，尤其是望远镜的发明决定性地强化了培根的态度（在 17、18 世纪，望远镜对人类心灵的影响范围具有隐喻意义）。培根在《新工具》（*Novum Organum*）第二卷第 39 章中赞扬了伽利略的发明，通过这个发明的帮助，人们就像有了渡船或小艇可用一样，能发起和维持与天体之间更密切的交流。这个隐喻表明，望远镜已经实现了一次"飞跃"，具体来说它蕴含了星际空间的联通已经建立。培根总是更倾向于设计，而不是去执行，奇怪的是，他自己对于通过显微镜和望远镜看东西也不感兴趣。在这一章的末尾，他表示自己对望远镜提供的信息持怀疑态度，不过从特点上来看，这并不是因为它们开辟的新领域让人难以置信，"而是因为随着

① *Instauratio Magna* I, 144; Intentiones geminae illae, humanae scilicet scientiae et potentiae, in idem coincident.

② *Novum Organum* I, 2.

少量发现的出现，观察已经结束了，许多其他值得探索的东西并未以这种方法得到"。狄尔泰（Dilthey）[1] 在其"科学想象"中，准确捕捉到了培根观点中的历史意蕴，并在"充满现实性的头脑的设想中"，将一个培根式的隐喻运用到了培根自己身上："他就像一台巨大的机器一样，构建了自己的方法，目的是增进整个经验的分量。"

因此，当培根首次在《论说文集》[2] 的第一篇文章中，将"劳作"（labour）和"真理"概念放在"一句"话的上下文中呈现时，就毫不奇怪了。于是，真理与一切劳作属性长达两千多年的"光荣孤立"（splendid isolation）[3] 终于结束了。对于行为与真理的关系，奥古斯丁会说："对行动的热爱，源自骄傲，它会分散对真理的注意力，灵魂借此选择模仿上帝，而不是服务上帝。"[4] 这看起来完全符合古代将纯粹理论作为最高存在形式的理念，但也暗示出基督教对（来自亚里士多德的）作为纯粹实现（actio pura）方向上的纯粹行动（actus purus）的神圣规定性真正的误解，这种重新理解是由创造观念及其后果不可阻挡地推动的。如果说贯穿于整个经院哲学，不断表述纯粹行动的做

41

---

① *Weltanschauung und Analyse des Menschen seit Renaissance und Reformation.* (Ges. Schr. II) Leipzig 1921. S. 261.

② *Essays oder praktische und moralische Ratschläge.*

③ ［译注］光荣孤立原指 19 世纪晚期英国奉行的外交政策，其要义是不积极干预欧洲大陆的事务，以此保持欧洲大陆的势力均衡。

④ *De musica* VI, 40: ... amor actionis, quae avertit a vero, a superbia proficiscitur, quo vitio deum imitari quam deo servire anima maluit.

法仍然统治着理性神学的话，那么从纯粹实现（reiner Wirklichkeit）到纯粹行动（reiner Tätigkeit）的伪变型（Pseudomorphose）则是一个早已决定的过程，它表现在圣经中创世上帝由于在第七日休息，必须要竭力去辩护的事实上。在亚里士多德主义的自我沉思中作为不动的推动者的上帝，现在要通过自己的沉思，进而从无中创造，但他还不能创造自己的所思本身，而是要创造其他东西（否则他就要再一次规定自己，这个操作已经用来宣告三位一体的过程了），这是一个他通过生产真理而占有的世界。在这个所谓的亚里士多德模式中，行动与真理的结合是排练过的："鉴于它与它所依赖的理智之间的关联，每一件事都被说成绝对意义上的真理。"[1] 这一点始终适用于工匠人（homo faber）；一座房子"凭借自身而存在"依赖于其建造者（secundum suum esse），只有他能"从内部"洞察和评断构想与现实之间的关系："人造之物就我们的心灵而言可被称为真实。"[2] 这是一句大胆的宣言，尽管在当时没有引起注意，但其中包含了现代的缩影（in nuce）——但也并不完全坚定不移，因为还不敢将一般定理的"绝对性"与真理相提并论。但这恰恰是近代在技术（Technik）上所做的，还更强调人们在技艺/艺术（Kunst）上的作为，或

─────────

① Thomas von Aquino, *Summa theol*. I q, 16a, a.

② res artificiales dicuntur verae per ordinem ad intellectum nostrum.

者说，是二者所隐含的形而上学的作为！以中世纪为前提作进一步思考：一个存在者越有"人造性"，对人类来说含有的真理就"越多"。尽管波德莱尔（Baudelaire）可能最先对这一点有很多话要说，但它已经"生活在"现代的作品和艺术世界当中，因为当它具有越来越"纯粹"的人工性，越来越根本的合成性以及与自然的联系越来越坚决地被拆开时，就完全不会存在其他的理解趋势。从不接收，而是生产一切，并且把一切都归属于所生产之物！一旦我们将目光从关于数学接受性起源的传统理论中解脱出来（无论这个起源以何种方式存在），就会在自然研究和数学的现代关系中看到刚刚发展出的范式，也会理解这种关联向所有精神领域辐射的独特吸引力。① 归根结底，总是我们对真理固有的或者"占得先机"的概念，选择和规范了 43

---

① 现代知识态度的"经验性激情"（empirische Pathos）很容易掩盖一个结构性的事实："世界看起来是什么样的"这个单纯的问题，以及对问题变化的描述，只能构成研究活动的前奏，也就是培根说的"酿造葡萄酒的葡萄收获期"；那么，在研究过程中的调节性问题便是，世界是否看起来就如同它在探究理性的结构预期行为中所设计好的那样。将"现象"转化为"产品"是现代思维技术性的基本过程结构。作为经验者的人类，如果要与"世界"进行对话，就必须先拥有"他"世界。人真正的生产能力也构成了类似于"世界"的东西，因此也就存在着一个"人类的世界"，这是一个与现代的基础具有本质关联的规则，对于它的历史，我们必须有更多的了解。但这个规则绝不等同于人是微型宇宙这个命题，至多也就是将人类推向世界。库萨的尼古拉在此也是起到推动作用的规则制定者（De coniecturis I 3）："猜测应该从我们的精神中产生，就像现实世界从神的无限理性中产生一样。人的力量凭借其与上帝崇高的相似性，分享了——只要可能的话——神创自然的丰硕成果，并以全能的成形力量的形象，从其自身（转下页）

能让我们"着迷"的东西。

（接上页）产生出与物质存在相同化的精神存在。结果，人类心灵成为一种猜测的世界的形式，就像神（的心灵）是真实（世界）的形式那样。"（Coniecturalis itaque mundi humana mens forma existit, unti realis［sc. mundi］divina［sc. mens］.）一种"世界"概念的普遍性在于它的内在意义结构对其生产性本源的根本性依赖；相比之下，现实世界的物质性以及猜想世界的非现实性只是"差异性的具体表现"（differentia specifica）。库萨的尼古拉继续说道："现在，神为了自己的缘故而创造了万物，所以他既是万物的智慧开端，也是万物的终结。同样，一个理性世界，从我们复杂的心灵展开，是为了产生心灵而存在的。"（Deus autem omnia propter seipsum operatur, ut intellenctuale sit principium pariter et finis omnium, ita quidem rationalis mundi explication a nostra complicante mente progrediens propter ipsam est fabricatricem.）世界的意义结构以目的论为中心。库萨的尼古拉并置了两个普遍的目的论圆圈：上帝位于物理的关系中心，人位于理性-猜测的关系中心。人的"世界"以一种实体（Wesen）形式为特征，实体不再寻求绝对标记，而是设定自身，在"它的"世界中，并经由"它的"世界而现实化。在库萨的尼古拉那里，这恰好如此自然地关联到了"似神图像性"的"神灵化"（Theologumenon der Gottebenbildlichkeit）（［译按］Theologumenon指的是缺少教义的权威性，以及并非来自神圣启示的神学主张或命题，在古希腊语中，它的原意指被神灵化的事物）问题，即人必然要明确告诫，在他的世界中去认识"自己"，以便——通过他的生产性意识——在形成世界的过程中赢得收获："（心灵）越是在世界展现自身的过程中，以及通过这种展现敏锐地审视自己，就越能在自身中产生丰富的成果。"（Quanto enim ipsa［sc. mens］se in explicato a se mundo subtilius contemplator, tanto intra seipsam uberius fecundatur.）此时，作为观察—认知的主体屈从于自身作为积极—生产性的主体（生产性的心灵［mens fabricatrix］），并借此在其生产性的世界真实性中强化自身。经验主义者的天真之处在于，相信自己可以漫不经心地经由"他的世界"而直接到达现实世界（mundus realis），并打探到消息；但是，"在一切存在的被造之物中，没有一个有能力对扣问者（［译按］指寻求答案的人）显示他自己，并如其所是地展示他自己……"事物拒绝对它们的"直接"要求："我们什么也回答不出，除了无之外，我们没有答复可以给你……只有那位造我们的上帝知道我们是什么，我们是怎样的，以及我们是为什么目的的。如果你想知道有关我们的任何事情，就向我们的缘由和造因去探询，而不要向我们探询。"（De docta ignorantia II 13: nullam habent potestatem ex omnibus creatis se pulsanti aperire et se ostendere, quid sint ... Ex nobis nihil neque ex nobis tibi aliud quam nihil respondere possumus ... Qui fecit nos, solus scit, quid sumus, quomodo et quid. Si quid scire de nobis optas, hoc quidem in ratione et causa nostra, non in nobis quaere.）尽管这里的探问者仍然关涉上帝，但正如 De coniecturis 中已经表明，探问者可以以完全相同的方式指向自己的理性。

我们现在可以笼统地称之为根植于现代真理概念中的知识的"劳作特征"（Arbeitscharakter），它不仅在前摄（Protention）与准备的方式，以及方法完善和制度化（建立社群，以应对可预见的工作负担）等方面具有实用性的效果，还具有作为标准的反作用效果，使人们对"容易"和直接"得出"的东西产生不信任感。笛卡尔表达了对突然出现在自己身上的想法的不信任，他会说："我从来不重视首先出现在我脑海中的东西。"[1] 在他看来，战胜困难和错误的"斗争隐喻"（Schlachtenmetapher）就在于此，而哲学苦难和错误并不是知识道路上的"意外状况"，而是通往真理必经的前沿之路："这确实是一场战斗，因为要克服一切阻碍我们认识真理的困难和错误……"因此，笛卡尔会把知识在本质上刻画成克服阻力、清除障碍的过程："对我而言，如果我以前在科学中发现了一些真理……那可以说，这只是我在克服了五六个主要困难后得到的结果和收益，它们可以算作在诸多战斗中我这一方的胜利。""发现"（découvrir）一词——在拉丁语版的《谈谈方法》中表述为 in apertum protrahere——成为知识的关键词。现代历史性的自我理解，尤其是近代启蒙运动直接将真理的"自行显现"视为错误，中世纪对真理的草率处理作为真理自我遮蔽的基础便来自这种错误。对让·

---

[1] *Discours* VI (éd. Gilson P. 68).

达朗贝尔（d'Alembert）来说，中世纪之后"理念的再生"始于以人文主义教育的一般方式改革失落的真理，但它忽略了研究自然的基础阶段，人们把这件事变得太容易了："阅读比观察容易得多。"[①] 这是一个非常独特的表达方式！不过这种"太容易做"的说法从何而来？这仍然是一种顽固的中世纪性（Mittelalterli-chkeit），幻想着美与真会毫无保留地奉献给人类，[②] 然而一种新的人类观念和活动却是必不可少的："一种让地球焕然一新的革命。"[③]

孟德斯鸠在其 28 岁（1717 年）就任波尔多科学院院长的就职演说中，曾详细阐明现代知识"工作"的整个隐喻性："简而言之，我们攻击真理最强壮的点，在它能撤退的最黑暗的深处将它搜寻出来。"[④] 学术研究人员担负着其所献身的科学之重任，似乎"相比于教导，它更适合折磨我们"。他竭尽全力，不断去追寻逃离的真理，真理似乎很像希腊神话传说的海神普罗透斯（Proteus），他用千

<hr>

[①] *Discours Préliminaire de l'Encyclopédie* (hrsg. v. E. Köhler S. 110 bis 116).

[②] "对我们来说，艺术和科学的基本原则已经丧失了，因为美好与真实的东西，虽然对人类来说一目了然，却只有当它们被特别指出来时，人们才会意识到。"(*l. c.* S. 113)

[③] "地球的新面孔"作为人类超越和重塑活动中的自然事件的最全面表现，在这里已经成为一种对精神历史进程所作出的隐喻，在早期著作《古今地球物理史提纲》(*Projet d'une Histoire Physique de la Terre*, 1719) 中，孟德斯鸠在其他形成因素中，列举了经过人类的双手给地球带来的新面貌。进一步了解这一主题会很有意思。

[④] *Oeuvres complètes* (éd. Diodot, Paris 1846) p. 559.

变万化的伪装和无数的欺骗性容貌来隐藏自己。[①] 而探索者通过这样的努力，又要达到什么样的目的呢？一个他能够抵达并休息于终点？不，"经过劳作，我们得到的只是进一步去劳作的权利"。自从人类毅然决然投入劳作，众神再一次拥有了在帕纳塞斯山[②]上休息的特权；据说赫拉克勒斯（Herkules）在现实中曾是一位将心灵中的怪兽，即先入之见从哲学中净化出去的人。但是，对于这幅绝非意在使其晦暗的图景，现在又增加了一个历史自我解释的元素：在孟德斯鸠看来，知识进步的巨大推力似乎已经落后于他的时代，宝藏基本上已经耗尽。"可以说，大自然就像那些把最宝贵的东西珍藏许久的少女，然而就在一瞬间，自己费尽心思、坚定不移守护的宝藏就被抢走了。"这里再次出现了"自我显现"，但这次它与科学新纪元的英雄时代有着积极关联，并且作为当代艰苦奋斗精神的陪衬，即相信自己注定在枯竭的矿井中挣扎："在隐藏了多年之后，它（大自然）终于在上个世纪突然显露……"八年之后，孟德斯鸠在另一篇论文《鼓励我们进行科学研究的原因》中谈到了勉励我们从事科学工作的动机；[③] 此时，

---

① "这个神话传说似乎是在普罗透斯的象征之下向我们呈现的真理，普罗透斯隐藏在千变万化的外形和无数的欺骗性容貌之下。人们必须寻找它，即便是在其所隐藏的黑暗之中，人们必须俘获它，控制并占有它。"

② ［译注］希腊中部的帕纳塞斯山在古希腊神话中是太阳神阿波罗和文艺女神们的居住地，是缪斯的家乡。

③ Discours sur les motifs qui doivent nous encourager aux sciences (*Oeuvres* p. 579.).

筋疲力尽的追随模仿已经被可能会在人类精神道路上发现的不确定性所取代，不过对方法的激赏缓和了这种不确定性，因为这些方法能够确保整条道路的畅通，无论它有多长、多艰难。新的知识方法揭示的"真理"数量越多，工作本身所产生的收益与使目标得以实现的研究方法（Organon）[①] 相比所呈现的价值就越小，尽管人类尚未先行掌握这种方法，但它基本上已经"取得了"一个不确定的、或许也是无尽的知识王国。"这个时代的发现之所以如此惊人，并不是因为发现了这样那样的真理，而是由于发现真理的方法；重要的不是建筑物上的某一块石头，而是建造整个大厦所使用的手段和工具。一个人因为拥有黄金而自豪，另一个人能够制造黄金；真正的富翁必然是能制造黄金的人。"知识使命的视野越来越宽广，这迫使人类将目光投向可供自己利用的潜在资源上，对丰富性和可测度性的无限需求，逐渐走入核心当中。每种方法和标准所要求的非特定装备的积累，"纯粹的"潜能，可以任意转化和传递的能量，无所不能的仪器，将成为本世纪下半叶开始的机械化新阶段的标志。假定的历史因果性长期以来对我们掩盖了真正的驱动力；非特定的装备以某种方式赶在了真正的问题和需求之前，如果人们忽视所有"启

<hr>

[①] ［译注］Organon 原指亚里士多德的《工具论》，后演变和引申为思维工具与原则，推理方法和研究方法等。

蒙"背后对存在问题的不信任，那么，此前归之于自然或天命的东西，全部都会加在人类身上。人口过剩理论比人口真实的暴增要早出现得多。在很大程度上，技术化首先带来的困扰是它在理论上原本要进行修正的。

就此而言，根深蒂固的现代存在感（Daseinsgefühl）与真理的争执，分离出实用主义的后果，并沉淀在对真理的占有和把握的隐喻当中。我们只需要在文中添加另外三个著名的例证即可明了。第一个是康德在《纯粹理性批判》第二版序言中使用的"审判隐喻"（Verhörme-tapher）。对于现代的自然研究，他写道："他们理解到，理性只洞察它自己根据自己的规划产生的东西，它必须以自己按照不变的规律进行判断的原则走在前面，强迫自然回答自己的问题，必须不让自己仿佛是被自然独自用襻带牵着走……理性必须一手执其原则（唯有依照其原则，协调一致的显象才能被视为规律），另一手执它按照其原则设想出来的实验走向自然，虽然是为了受教于自然，但不是以一个学生的身份让自己背诵老师希望的一切，而是以一个受任命的法官的身份迫使证人回答自己向他们提出的问题。"第二个是乔治·居维叶（Georges Cuvier）被经常引用的名言："观察者倾听自然；实验者拷问自然，强迫它揭开自己的面纱。"最后一个是，对"情绪"、对"厌恶"、对"忙乱的活力"以及"可能的循环"最为敏感的是尼采在1867/1868年的一篇笔记中的说法："如今，不信任像过

48

— 053 —

去的信任一样无穷无尽，而就像以前的信仰一样，道德现在显得颇为可疑……通过怀疑，我们破坏了传统，而通过怀疑的后果，我们把隐藏的真理赶出了它的洞穴，我们会发现传统或许有其合理之处，尽管它站立的根基不稳。进而，一个黑格尔主义者会说，我们通过否定之否定来寻求真理。"①

但是，现代式真理关系也表现为抵抗、拒绝承认（Nicht-wahrhaben-wollen）等，尤其是歌德对牛顿物理学的奥林匹斯之怒式的反对（而且恰是以一种通常让人印象深刻的徒劳无益的形式）。歌德再一次尝试处理关于存在信仰（Seinsvertrauen）的存在问题；其中渗透了这样一种信

① *Historisch-kritische Gesamtausgabe der Werk* III，341 f. 拉尔夫（G. Ralf）在 Kritischen Bemerkungen zu Heideggers Lehre von der Wahrheit（in：*Kant-Studien* 48，525－549）一文中，曾将尼采的这一早期观点与海德格尔的说法联系起来："无蔽者必然是从一种遮蔽状态中被夺得的，在某种意义上讲，也就是从一种遮蔽状态中被掠夺来的。"值得注意的是，这一点在海德格尔对柏拉图洞穴隐喻的解读中也能找到，而且进一步造成了其与尼采的观点惊人的颠转式的平行关系：在尼采那里，洞穴是对人的囚禁，也是排斥真理的地方；而在海德格尔这里，真理已经将自己隐藏在洞穴之中，必须被揭示出来。但这也凸显出海德格尔关于争夺和抢夺的说法，与其说是由洞穴寓言引导，不如说是由αλήθεια（真理/无蔽）这一未经确定的词源引导，它将柏拉图式的真理概念"现代化"了，进而用它来说明前苏格拉底式的存在宁静生活（Seinsidylle）的丧失。这样一来就又离尼采不远了："柏拉图的思想跟随着真理之本质的转变，这种转变成了形而上学的历史，形而上学的历史在尼采的思想中开始了它无条件的完成。"（*Platons Lehre von der Wahrheit*．Bern 1947 S. 50）对洞穴隐喻的诠释，不仅要揭示立身实存的东西（was dastehet），还要拷问非立身实存的东西；新柏拉图主义真正的问题可以理解为，恰是对洞穴隐喻中仍然没有做出解释的东西的关注；洞穴的出口和囚禁的情况到底是如何发生的？这种被迫与真理的日光隔绝的状态，在其所有的不自然和不必要中都能感受到。因此，新柏拉图主义合乎逻辑地将走出洞穴解释为转变和回归，而不是第一次走到外面，所以这则寓言说的不是教化（Peideia）的终点，而是心灵的转变（Metanoia），即救赎。这就是首先强调真理理念的原因所在。

念：只要张大眼睛，迎接真理的自行显现（Sich-zeigen），总是足够的。在《论色彩》（Zur Fabenlehre）中可以找到对这种态度最微妙的实用性论调，而且这一论调借此同时创造出一份不合情理地"拒绝观看"（Nicht-sehen-wollen）的文献，这本身就证明了这里不愿承认的矛盾的极端性。正因为如此，此类证据不能简单与真理之强力的隐喻背景关联在一起：此时必须注意在通常固化了的纯粹个人陈述中表现出的整体形式以及与时代关联的功能，还必须看到氛围的模糊性，以便准确把握历史性的证据意义。看似与自然直接关联的东西，已经具有了针对时代意义流中的基本因素而产生的矛盾意味。在历史中已经不存在以宇宙为中心的无罪，甚至已经没有了"共通的人类理智"（常识）。他好像就是要做科学地拷问真理的上诉机关："现象必须被一次又一次地从阴森的经验—机械—教条的刑讯室，中带到在具有共通人类理智的陪审团面前。"① 为了坚持隐喻问题，这里涉及的究竟是一条修正判决之路，即应当让另一种纯粹的真理显露出来，还是可以将真理问题的根据纳入更高的动机之下？刑讯室所述的就是科学研究中的仪器："显微镜和望远镜实际上迷惑了单纯的人类感官。"② 不过歌德与帕多瓦

50

---

① Maximen und Reflexionen. Aus den Heften zur Naturwissenschaft. 430 (Gedenkausgabe, hrsg. v. E. Beutler IX, 551).
② Maximen und Reflexionen. Aus Wilhelm Meisters Wanderjahren. 502 (IX, 564).

（Padua）文理学院①里那些不愿意用伽利略的望远镜观察的哲学家不同，因为那些人相信自己已经凭借推测知晓了这些事；歌德对这个工具有所顾忌，是为了让现象自身"以其整体的纯一性显现出来，彰显其本源，进而指向最终的结论"②。假设和理论先行捕捉到了现象的自我表现；在这些科学成就中，理智以其构想代替了既定事物："理论通常是毫无耐心的理智的一种急躁心态，它想要摆脱现象，因此在现象的位置插入图像和概念，但往往只有文字。"③歌德式认知实用主义受到自我解释的影响，即人类并非闯入自然的侵入者，而是出于自然对人的偏爱始终在其中占有着与真理最丰富的交流。战胜与克服、设计与机械，它们破坏了一种近乎神学的主权："自然界为自己保留了如此多的自由，以至于我们凭借知识和科学无法彻底将其掌握，或者将它逼到墙角。"④技术的介入将我们带到了这样一个位置："仪器非但没有揭开自然的奥秘，反而使其成为一个无解之谜。"⑤真理是强大的，但只有对那些不相信其力量的人，它才会把这种力量显现为阻力。几乎没有人以如此普遍的目的论方式来思考以及依此安置存

① ［译注］Padua 是意大利东北部城市，1592—1601 年间，伽利略曾在该城大学执教。

② *Farbenlehre. Vollst. Ausg. d. theoretischen Schriften.* Tubingen 1953. S. 574.

③ *Aus den Heften zur Naturwissenschaft*, 428 (IX, 551).

④ 同上书，439 (IX, 553)。

⑤ *Farbenlehre. Zit. Ausg.* S. 576.

在。在哥白尼三个世纪、伽利略两个世纪、牛顿一个世纪之后，人们再一次敢于尝试宇宙中心式的存在方式："如果人的健康本性作为一个整体发挥作用，如果他觉得自己在世界之中作为一个伟大的、完善的、值得赞扬和有价值的整体存在，如果和谐的满足给予了他一种纯粹自由的狂喜，那么，若宇宙能够感知自己，就会欣喜自己实现了目标，并赞叹于自己的存在和成就所达成的至高荣耀。因为，如果一个幸福的人最终没有不自觉地为其存在而感到高兴，那么太阳、行星和月亮，星辰与银河，彗星与星云，已经创造以及正在被创造的世界，所有这些努力又是为了什么呢？"①

① *Winckelmann und sein Jahrhundert*（XIII, 417）。就我们在这里强调的特征而言，歌德有时会与蒙田（Montaigne）对比。此处如果仔细观察，尤其是涉及有关隐喻的格调方面，就能富有启发性地区分出二者的历史地位。对蒙田来说，对某种刚刚开始形成的、朝向存在的含义的否认，在歌德那里成了在最深的层面已经要去无可奈何地对抗的东西，而这指的正是他在牛顿处所"系统"遭遇的。歌德所看到的以科学技术装备中的杠杆和螺丝为代表的东西，在蒙田那里首先指的是古老的存在隐喻，即作为对一座山峰的征服，对抗它来捍卫自己。"世界……不想要任何无用的东西；便利性本身就令人生疑。"（III 13）

三　对真理观念进行术语学—隐喻学的横向考察

在前文对真理隐喻的考察中，我们主要以历史纵切面 （Längsschnitte）的形式进行，或者说——为了强调我们研究材料的不足（当然我们只能针对不够全面的历史材料来衡量）——我们提供了可以绘制出一条曲线的若干要点。无论所呈现的材料实际密度如何，该过程如同在构建隐喻学的过程中是无法省略的一样，它也具有一定的可反驳性（Anfechtbarkeit）。不过，我们希望，至少在我们纵切面的某一个位置上，能将始终发挥互补作用的方法论这一理想化需求体现出来，使其可反驳性变得更加明确。在选择相关隐喻材料的过程中凸现出来的东西，就其本身而言，在它能够而且确实固定在某一个位置上之前，需要在其所处和所发挥作用的思想语境中进行解释，并如其色彩那样接受它的轮廓。为了保持在我们首要的方法论图景中，我们必须设置若干横切面（Querschnitte），而且最好将其设置在与纵切面有关的部分当中，以便充分把握所涉及的隐喻相应的"含义"。这样的横切面本身已经不属于纯粹的隐喻学，它们必然是将概念和隐喻、定义和图像作为某个思想者或某个时代的表达范围的整体来看待了。由于可以得到的材料必须与其便利性协调一致（这是该工作内部的位置所要求的），我的选择落在了拉克坦提乌斯（Lactantius）身上，这个选择我不想与任何人争辩。坦白说，他不属于第一梯队的思想家，对于重视记录时代（而不是创造时代）历史结构的人而言，这使他成为一个合适的研究对象。第一梯队要求的标准是更独特的内在性，而且不能将其看作纯粹表达的对象化。像拉克坦提乌斯这类思想家具有足够的"吸引力"来吸收历史潮流中的养分，而且符合其所处时代背景的意义视域中的问题和需求所新凝结出的真实性，进而反过来在不干预的情况下主动参与到历史潮流当中。

拉克坦提乌斯酷爱"强力真理"（vis veritatis）的隐喻；这一点上文已经给出了两个例子（前文第 23 页和第 34 页[①]）。但是，诸如此类的真之"天然"特质并不直接导致其效力；它遵循一定的规则，这种规则在与律法隐喻（Rechts-Metaphorik）相叠加的力量隐喻（Kraft-Metaphorik）当中得到清晰表达。真理"属于"上帝，"他创造了万物"（qui fecit omnia），据此，在拉克坦提乌斯那

---

① ［译注］指德文原文页码，即本书页边码，全书同。

里，这也必然被理解为：因为他创造了万物。可见，这并不是我们在阿奎那和维柯那里认识到的思维路线，即创造者在对自己创造物内在结构的洞见中，确立了与真理的绝对关联（同上，第12页和第41页），而是来自"创造者身份"（Urheberschaft）的"所有权"（Eigentum）这种法律观念，进而对这种所有权的主宰式利用（souveräne Verfügung）占据了支配地位。① 《神圣原理》（*Divinae Institutiones*）开篇第一句话经过了充分的修辞编排，在这

54

---

① 所有权比喻显然在现代劳作与真理的基本秩序当中起到了重要推动作用。中世纪晚期的唯名论（Nominalismus）以其极端的神学主权观念，在现代精神基底深处置入了一个对"赦免"与"恩赐"观念强烈的反感要素。因此，严苛的方法论反思的起源，本质上在于这样一种需求：真理不需要设定和接受，而是需要建立在"全新的基础上"（funditus denuo），这里的"建立"不仅是在为某个论题提供基础的意义上，而且是在该论题自身从其根据中产生的意义上。因为，所产生的真理是合法属于自己的真理。在这里，我们还可以看到一种与现代目的论批判非常明确的关联，这种批判猛烈的攻击性与其纯粹理论意涵无关，比如在对亚里士多德"四因说"的争论当中。普遍的人类中心主义目的论原则使得一种私有财产式的形而上学奠基成为不可能之事；这一点在西塞罗《论义务》（I 7, 21 – 22）中所记载的斯多葛学派的"自然不受拘束"（privata nulla natura）概念中清楚呈现出来。如果说自然保障了所有人的真实需求，那么，所有权就只有主要通过占有才能实现，进而在自然状态上以一种非法的方式叠加了一层积极的规定性。但是，如果消解掉这种目的论概念，进而形成一种始源性的、构成性的、长期性的自然匮乏观念，那么劳作就会成为确立所有权的行为。洛克是第一个以此反对根植于新斯多葛主义（Neustoizismus）的所有权起源学说的人，而卢梭则是这一论题最有效的传播者，其决定性和产生革命性的特质就在于不断对该学说适用性的批评。（值得注意的是，共产主义状态中对私有财产的消灭，基本是建立在恢复斯多葛主义目的论基础上的，但此时不是作为自然目的论，而是社会目的论。）因此，建立在劳作基础上的所有权，在其获得法理正当性之前，就已经隐含式地在现代真理概念中形成了。但在此之前，它是一种"神灵化"，可以为上帝对人类的一切限制给出理由。按照这种观念，只有上帝才能拥有绝对意义上的所有权，原因在于：按照古代乃至中世纪的形而上学，人在严格意义上不能"创造"任何东西。对已经存在的事物而言，人类只不过是自然或上帝的代理人（Erfüllungsgehilfe）罢了。

句话当中，一个当前正走向终结的时代为真理所付出的巨大努力，与一个崭新的时代中这种真理属于轻而易举的馈赠形成了鲜明的对比。当时，历代杰出的思想家为真理献出了一切："当具有卓越和出众天赋的人全身心投入学习，对一切私人和公共活动置若罔闻，无论付出多大的辛苦，都致力于探索真理。"[1] 那么，这些人绝对值得认识到真理：斯多葛学派圣贤把将美德和幸福视为同一作为前提，为了让随之而来的"但是"在完全令人失望的徒劳努力中脱颖而出："但是他们没有得到想要的东西，与此同时，却又失去了劳力和勤勉；因为真理，也就是创造万物的至高神的秘密，无法经由我们自己的能力和感知而获得。"[2] 为了让真理新的恩赐特征显现，后来又在古代哲学的静观闲暇中附加了"工作"属性；可以说，与当下相比，过去被认为有神圣性的东西成了黑暗。为神的秘密（arcanum dei）做出更进一步的论证背离了罗马帝国后期东方化统治模式的方向：如果人类的理智可以达到永恒主宰的意图和指令，那么神和人就不再有任何距离。如果人能够凭借自己的能力得出此种真理，神的威严（Majestät）就会被损害。如此一来，神就不会让自己犯

---

[1] quicquid laboris poterat impendi, contemtis omnibus et privatis et publicis actionibus, ad inquirendae Veritatis studium contulerunt (I 1, 1).

[2] Sed neque adepti sunt id, quod volebant, et operam simul atque industriam perdiderunt: quia veritas, id est arcanum summi dei, qui fecit omnia, ingenio ac propiis sensibus non potest comprehendi (I 1, 5).

错，"在无法摆脱的黑暗中徘徊，劳作没有任何结果"。[1] 似乎就此而言，古代哲学的整体努力并未改变权利状况，却消解了神的恩赐行为和有限的怜悯："最后，他（即人类）睁开双眼，让探究真理成为自己的礼物。"[2] 因此，所谓的奖赏在于从合法的支配权中释放出真理的力量（vis veritatis）。

拉克坦提乌斯并未在其全部著作中贯彻这一对比；否则他就很难写出比这篇导论更多的内容了。神学原理和学术纲要并非协调一致。为了让工作继续进行，必须不断将来自"神的秘密"中的"进展"，纳入古代哲学中，因为神的秘密并未留有可争论的空间。不过，"信仰真理"（Glaubenswahrheiten）这样一个特有领域的特性，对拉克坦提乌斯而言是完全陌生的。在他那里，对基督教态度的核心概念不是"信"（fides），而是"义"（iustitia），其正当性来自使徒保罗（Paulus），而实质内容（Substanz）则来自斯多葛学派：使徒彼得（Petrus）建立了罗马教会，使人"皈依于义"（convertere ad iustitiam）。[3] 真理是同质的（homogen），如果说其中有任何一种真理必然会被给予"哲学家们"的话，那就基本上已经给了他们获得一切真

56

---

[1] ac sine ullo laboris effectu vagari per tenebra inextricabiles.

[2] aperuit oculos eius (sc. hominis) aliquando et notionem Veritatis munus suum fecit (I 1, 6).

[3] *De mort. persec.* II 5.

理的可能性；当拉克坦提乌斯后来惊讶地表示，哲学并未获得"更多的"真理时，相比于《神圣原理》第一章，这种矛盾性确是一贯的："因而，我惊叹于，没有哪怕一个哲学家发现首要善的居所与驻留之地。"[①] 非基督教哲学的"视向"是错误的：德谟克利特曾说，真理深埋，像在一口不见底的深井中，但这是一个背信弃义的错误隐喻："因为真理并不像是沉在一口深井中，这口井允许他下潜，甚至坠落到里边，而是像处在一座高山的最高峰上，抑或在天堂之中，这才是最真实的。"[②] 如若没有登山运动，也没有星际航行，就意味着真理是绝对不可企及的，而人却可以登高或下潜，"降落"在深居的真理上。古代哲学甚至没有一刻意识到，应该从哪个方向寻找真理；他们没注意到大自然在人类直立行走和抬起头的过程中给予的暗示，确切地说，是因为上帝以某种方式使自己的暗示对人类来说不可理解："他们被上帝的天命拒之门外，所以不可能知晓真理。"[③] 可见，找到威严隐喻和真理隐喻的共同点是多么困难。因为，毕达哥拉斯学派和斯多葛学派却以其"灵魂不朽学说"（Unsterblichkeitslehre）"感知到"了

---

① Miror itaque, nullum omnino philosophorum exstitisse, qui sedem ac domicilium summi boni reperiret (III 11, 5).

② non enim tanquam in puteo demersal est veritas, quo vel descendere vel etiam cadre illi licebat; sed tanquam in summon montis excelsi vertice vel potius in ceolo; quod est verissimum (III 28, 14).

③ aversos esse arbitror divina providentia, ne scire possent veritatem (IV 2, 5).

真（verum sentiunt），而这里的真理似乎被允许置于"底端"，因为："他们遭遇到真理不是由于知识，而是出于偶然。"① 我们必须仔细考察这里的词汇：感知（sentire）与获得（assequi）和发现（inventire）相比，是明显和确切的贬义表达。嗅觉和触觉同样作为与真理交汇时的低端形式出现，真理并不以这种方式"得到验证"：哲学家在许多领域中找寻着方向，"通过类似于嗅觉的东西触及真理"，并通过所有学派以微小的部分散播，"进而触及整个真理以及神圣宗教的每个秘密"②。如此一来，其实根本不会带来本质上全新的真理，它只是带来辨别真理的可靠性，从而带来了"系统化"整合各个零散微小部分的可能性。在这里，从古希腊哲学学派的学说差异中得出的学院式怀疑论结论，被拉克坦提乌斯拒绝了；为了捍卫真理之"强力"，他如今毫无疑问必须背离其最初的论题：没有一个教派会如此不合常理地无法觉察到一丁点真理，③ 而任何一个要把这一切聚拢起来的人，"一定都不会赞同我们"。④ 不过只有掌握了验证标准的人才能去整合，而这个标准来自神圣见证（göttlichen testi-

---

① sed casu inciderunt in veritatem（III 18，1）.
② quasi odore quodam Veritatis retenti（VI 12，26）；totam igitur veritatem et omne divinae religionis acanum ... attigerunt VII 7，14）.
③ ... particulatim veritas ab his tota comprehensa est（VII 7，7）.
④ is profecto non dissentiret a nobis（VII 7，4）.

monia)。^① 在比较柏拉图和基督教灵魂不朽学说的过程中，拉克坦提乌斯将这种形式，而非质料上的新颖性表述得很清楚："因而，我们能够通过更具确定性的迹象探查真理；因为我们不是用可疑的猜测搜集它，而是借助神圣的指引去获悉。"^② 因而，最初作为"神的秘密"而广泛引入的真理特征，现在被解释为与真理朝向光、投入光的本质性相一致：上帝并未向哲学家隐藏真理本身，而只是隐藏了辨识真理的标准以及整合它们的前提条件。

　　另一种公平对待哲学传统所谓的初步贡献，并确保其论证内容用于强化基督教教义的方式，在于对非真理概念进行实体化理解，这种理解构造出一个具备自身本质性的真理的反世界。这种二元论在拉克坦提乌斯的所有著作中

---

① 如果在没有神圣见证的情况下"获知"真理，那是因为"真理会用自己的光照亮自己"（se ipsam veritas illustraret suo lumine［VII 7，7］），但它在这里也被说成"偶然"（casu）。从结构上看，神圣见证在这里占据了"方法"在笛卡尔处相同的位置：不管通过启示的典范，还是理性建构的方法，只要没有经过"验证"，任何偶然发现的真理都没有价值。区别在于，对笛卡尔来说，将这种偶然性建立在真理真实的光芒基础的可能性已经不在了。在《神圣原理》"概要"的相应段落（64，6）中，这种平行关系或许表现得更为明确，在那里，柏拉图关于灵魂不朽的学说遭到了质疑："他没有按照次序下降到观点"（non per gradus ad eam sententiam descendit），而是省略了构成性的中间步骤（amputatis mediis），直接扑向真实，"他倒在了真理中，就像从陡峭的悬崖跌落"（incidit potius in veritatem quasi per abruptum aliquod praecipitium），结果便是，他偶然发现了真，而不是借由理性（casu, non ratione verum invenerat）。同样，从隐喻上来讲，真理对哲学家来说位于"下方"，但也正是在这个方向上，探求真理的行为必须采用适当的"方法"，必须"下潜"（descensus），而不是"堕入悬崖"（praecipitium），否则深度就会成为深渊：那时尽管人获得了真理，但已非"完整"。

② Nos igitur certioribus signis eligere possumus veritatem, qui eam non ancipiti suspicione collegimus, sed divina traditione cognovimus (VII 8, 3).

是如此普遍地生发着，以至于人们很难忽略其中强化为诺斯替/灵知主义—异教（gnostisch-häretisch）的部分，即所谓"升级的二元论"（additamenta dualistica），这一点可以从其著作中直接提取到。他在 VI 22，2 中写道："因此，上帝创造了一切让两类事物去争执。"① 这与 II 8 中据说是插入的部分读起来并没有什么不同，在那里，上帝规定了两类事物的来源（duos fontes rerum）和一个邪恶的创造者（malorum inventor）。尽管二元命题主要涉及伦理方面，但它们仍然侵入了真实与谬误的关系：错误的理解（falsum intelligere）限制了人类智慧（sapientia）的范围；而理解真实是神圣的智慧②。这也是哲学家之所以被视为哲学家的方面："因而，哲学家已经达到了人类智慧的高度，从而理解了何为虚假；但他们没能获得说出何为真实的力量。"③ 此处就像在《神的烈怒》（De ira dei，I 1，10）一文中一样，拉克坦提乌斯引用了西塞罗在《论神性》（De natura deorum，I 1，10）中的一句感叹词，他宣称："他想要像揭露虚假的东西那样（当然只是在一个对他来说非常明显的地方），也能轻而易举地找到真实的东西。在这样做的时候，他并未将自己伪装成一个学园派④，而是坦率

59

---

① itaque fecit omnia deus ad instruendum certamen rerum duarum.

② verum autem scire divinae est sapientiae, II 3，23.

③ Ita philosophi, quod summum fuit humanae sapientiae, assecuti sunt, ut intelligerent, quid non sit: illud assequi nequiverunt, ut dicerent, quid sit (II 3，24).

④ non dissimulanter ut Academicus.

说出了自己的看法，因为人类的远见所能达到的，他达到了，他可以揭露虚假的事物。"① 在这一点上，真实与虚假的称谓发生了非常典型的互换；"真"不再像在古代传统中那样以"显示自身"的形式出现，而是"假"获得了这种凸显模式："因而，他（西塞罗）自证说，虚假是显而易见的，而真实却隐而不现。"② 只有当上帝仿佛将真理从限制的管辖，即基督教的启示中释放出来，它们才会以其本质性的力量（vis）发挥作用。这一点可以通过基督徒的数量从崇拜神灵的行列中不断增加，而且即使在迫害中也没有减少的"实证"观察中得到证实，因为（拉克坦提乌斯是这样解释这种情况的），人类或许会犯罪，会由于强迫献祭玷污自己，"但他们不能背离上帝，因为真理凭借自己的力量服众：无人可与我们分离，因为真理凭自身将其羁留"③。真理践行着自己的力量，它自身却避开了所有侵犯，单凭这个原因，它便不能以任何方式与对神圣形象不被惩罚的破坏性联系在一起："那么，真理在何处？……

---

① quod adsequi valuit humana providentia, id adsecutus est, ut falsa detegeret. 对于试图将西塞罗的权威拉到自己一边的理解技巧而言，其独特之处在于，西塞罗的怀疑论似乎作为一种方法论的调节方式，甚至一个借口，西塞罗借此完成了批判性地驳倒旧宗教和伊壁鸠鲁主义学说的"历史"任务，而这一任务从基督教的角度而言是义不容辞的。"方法性怀疑"的观念是作为一种"事后"（ex eventu）的解释而产生的，这在根本上与笛卡尔没什么不同，怀疑者与解释者已经合并成了同一个人。

② adeo et ipse (sc. Cicero) testatus est falsum quidem apparere, veritatem, tamen latere.

③ averti autem non possunt a deo: valet enim vi sua veritas (Inst. Div. v 13, 1), nemo discedit, ipsa veritate retinente (v 19, 15).

看起来，是在没有什么会将其玷污之处。"①

在拉克坦提乌斯真理思想的整体中，还有最后一个元素值得我们在此关注，因为这个元素在根本上决定了其隐喻的功能，即真理和修辞的关系。拉克坦提乌斯自己的职业是修辞学教师，他发现自己此时处于一个困境；他很清楚修辞风格要求与圣经中的文本世界差异之间的不对称关系，这对于早期基督教来说非常严重。他认识到有人听到镇定自若的演讲（compositae orationes）和技巧性的辩论（argutae disputationes）就会忘乎所以（capi auditu），而且他知道基督教在这方面处于劣势。受过修辞训练之人的耳朵会对神圣文本（scripta coelestia）充耳不闻："他们不寻求真实之物，而是那些令人愉快的东西；不，对他们而言，这些取悦耳朵的才是最真实之物。"② 哲学家掌握了"难以置信的雄辩力"（incridibilis vis eloquentiae）；而这种力量同时也就在那些"恶劣地扰乱真理并且有分量"的人手里。③ 现在，我们一再看到拉克坦提乌斯真正面临的冲突，一方面，他被"真理之强力"的表象支配，想要相信真理有能力依凭自身达成一切；④ 另一方面，他自己所掌

---

① ubi ergo veritas est? … ubi nihil, quod violari possit, apparet（Ⅱ 4，7）.

② noc quaerunt vera sed dulcia；imo illis haec videntur esse verissima, quae auribus blandiuntur. *Epitome* 57，6 - 7.

③ ad perturbandam veritatem perniciosi et graves.（*De opif. dei* 20，2 - 3）

④ 因此，同样在前面引用的这段话中，即在提到"哲学家们难以置信的雄辩力"之后，他令人鼓舞地提到了"真理之强力"："为什么我们要绝望于真理（转下页）

握的修辞技巧，以及修辞实际效果的经验向他建议，自己
应该为真理提供一点，甚至更多一些的协助。他一次又一
次地寻找折中方案。在前文提到的《神学原理》第一卷提
纲性质的第一章中，他对照了演讲教导和生活教导："传
授演讲知识的人在人类事务中，没有必要像教导人们生活
在虔诚和纯真中的人一样出色。"① 他引用希腊人作为依
据，因为希腊哲学家的声望超过了修辞学家；也就是说：
拉克坦提乌斯回到了柏拉图在针对诡辩术（Sophistik）时
对哲学与修辞做出的区分，进而暂时忘却了他对二者综合
性的依赖，这种依赖性是由西塞罗建立的，而且这实际上
决定了他自己对问题的"解决方案"。他给出的理由（善
于言说 [bene dicere] 只涉及少数人，而良善的生活 [bene
vivere] 关涉所有人）远远不能令人信服。基本上，他只是
想要表明，"他的"新真理实际上"根本不需要"这一切，
这是说给那位"陛下"（Majestät）听的，就像一句来自朝
臣的奉承，他借此争取到了能以自己的方式发挥作用的特
权："虽然真理或许可以不经由雄辩来辩护，正如许多人
经常做的那样，但它仍然需要用清晰和优雅的言辞来解释

（接上页）自身会凭借其特有的力量和清晰性，来对抗欺骗和诡辩的雄辩术？"
（cur desperemus, veritatem ipsam contra fallacem captiosamque facundiam sua propria
vi et claritate valituram? [De opif, dei 20, 5]）毫无疑问，在这种强力的对抗中，
潜藏着作者特有的二元论。

① Nec tam de rebus humanis bene meretur, qui scientiam bene dicendi affert, quam que
pie atque innocenter docet vivere（I 1, 9）.

和讨论，以便它能以更大的力量流入人们的头脑，既具有真理本身的力量，又有语言装饰的光辉。"① 在第三卷第一章中，这个问题再次被大量讨论，并在"增强器"的意义上得到了解决，不但能用自己的武器击败对手，而且"当真理被修饰美化时，人们或许更乐意相信真理，因为当他们被语言的装饰和文字的诱惑所吸引，甚至会相信虚假的东西"②。这是拉克坦提乌斯的一个修辞学主题，为了将其演讲的所有辉煌归功于所维护的事物，他贬低了自己所具有的雄辩力："我从不具备什么雄辩力，因为我从未从事过公共演讲；但是，出于善的原因，我不得不雄辩，善的清晰性和丰富性捍卫了神圣的知识，而真理本身就是充足的。"③ 这是一个完美的联合形式：真理并不借用修辞，修辞也不是工具，而是表达；辞藻的光辉是真理自身的光芒，是"事物"在语言中直接的自我转化和说服力。

对于那些认为在诸如此类的论述中真理和修辞问题已经过时的人而言，可以在"真理与风格"这个现代标题下去探索。除了西塞罗对该问题形态的影响之外，拉克坦提

---

① Quae licet possit sine eloquentia defendi, ut est a multis saepe defensa; tamen claritate ac nitore sermonis illustranda et quoda modo disserenda est, ut potentius in animos influat, et vi sua instructa, et luce orationis ornata (I 1, 10).

② quod magis possent credere homines ornatae veritati, qui etiam mendacio credunt, capti orationis ornatu ... (III 1, 2).

③ ... eloquens nunquam fui, quippe qui forum ne attigerim quidem. Sed necesse est, ipsa me faciat causae bonitas eloquentem; ad quam diserte copioseque defendendam scientia devinitatis et ipsa veritas sufficit (III 13, 12).

乌斯是彼特拉克（Petrarca）重读的作者之一（作为典律化的延续而接受），也不应忘记伊拉斯谟（Erasmus）将其作为典范的版本之一。这里的问题不在于值得引用的"影响"；但在跨越一千五百年之后，莱辛的第二份《反葛茨》（Anti-Goeze）读起来不也是完全一样吗："多么荒唐啊……把真理赋予对手的优势归结为一种令人眼花缭乱的风格！据我所知，没有一种耀眼的风格不是或多或少地从真理中借取光彩。唯有真理才具有真正的光辉；它也必然是嘲弄和胡闹的基础，至少是一层背景。"修辞学也可以给出一种更全面的格言模型，如沃维纳格侯爵所说："……谎言本身是软弱的，它必须小心翼翼地掩饰自己，用迷人的演讲来蒙骗别人需要付出很大的努力。但如果有人认为雄辩的艺术仅止于此，那就错了，正相反，我们从真理之表象的这种强力中认识到，真理本身是多么雄辩，这难道不比我们的艺术优越得多！只有善于娴熟运用真理，并且知晓其力量的人，才是有大智慧者。"[1] 此类聪慧的规则是一种形而上学公理的残余；隐喻耗尽了作为所有行为基础的、用于猜测存在的、鲜活的表达功能，从此只能扮演一个实用性的支撑物（Anhalt）。

---

[1] *Die Französischen Moralisten*，hrsg. v. F. Schalk I, 112.

四　"赤裸"真理的隐喻

在上一节引用《神圣原理》第三卷第一章的段落中，拉克坦提乌斯讨论了真理与修辞的关系，他评论了在上帝意愿中真理"自然的"裸露性（Nacktheit der Wahrheit），这种赤裸性只是被修辞的装饰掩盖，而修辞所使用的方式正是谎言表现方式所特有的："但是，既然上帝希望事物的本性如此，简单和赤裸的真理就应该更清晰，因为它本身就是完美的装饰，出于这个原因，当它被来自外部的装饰点缀时，就是一种腐坏；但虚假应该是通过异于自己的东西进行取悦的，虚假由于自身的腐坏而消失和溶解了，除非它从另一个地方寻求装饰来涂抹和洗练……"① 这让我们进入一个新的隐喻领域，在这个领域中，历史性的真理观念中的一个非常明确的方面

---

① Sed quoniam deus hanc voluit rei esse naturam, ut simplex et nuda veritas esset luculentior, quia satis ornata per se est, ideoque ornamentis extrinsecus additis fucata corrumpitur; mendacium vero specie placeret aliena, quia per se coprruptum vanescit ac diffluit, nisi aluunde ornatu quaesito circumlitum fuerit ac polictum ... (III, 1, 3).

得到了体现。

当然，人们也必然会赞同，说"赤裸的真理"，这本身就是一种同义反复，因为所谓的真总是指"某一事物暴露在我们面前"①。但这个隐喻并不是要在真理的概念中引入任何东西；而是将非常复杂的猜想和评价投射到这个概念上。这个隐喻毕竟与服装（Kleidung）的阐释和内涵密切相关，而相对于服装作为覆盖和装扮而言，赤裸同样根据不同的情况区分为对骗局和掩盖的洞察，或者作为对神秘之物带有羞耻和侵害性的揭露与破坏。真理在其装扮中可以拥有自己的文化，就像人的文化史本质上与其服装的文化史等同，因为人是一种会去穿衣打扮的存在，他拒绝直接在其"自然性"中暴露自己。倘若在每一种"考量"中，真理都被认为是对人而言的真理，那么，它在其"自然的"开放性和侵入性当中，是否也会与"衣着"的存在方式互不相容？在弗兰茨·韦尔弗（Franz Werfel）的《神学绪论》（*Theologumena*）中有一句咄咄逼人的警句，或许会更清楚地表明这里的意图："赤裸的真理，即 nuda veritas，是野蛮人的淫妇。文化恰是从有东西要隐藏开始的，也就是说，从意识到原罪开始（亚当的无花果叶是人类文化的第一件证据）。但是，重新陷入野蛮状态恰恰是

64

---

① Ortega y Gasset, Über das Denken. In: *Vergangenheit und Zukunft im heutigen Menschen*. Stuttgart 1955. S. 126.

从人们再次发现隐藏之物开始的，也就是说，从心理学开始。"克尔凯郭尔在1838年10月的日记中对这一点作出了更精细的诠释："在狂热的派别中，它总是以一股特别讽刺的一惯性表现出强烈的倾向，他们甚至在外表显露出身上穿的褒衣，思想就以此种方式呈现：亚当一派认为，要完全自救，就必须裸体，他们可能认为这就是天堂般的状态所独特区别于后来的人类之处；无套裤汉（Sanskulotten）① 正是以此闻名于世；为了恢复北欧精神光着脖子的人，在此刻着实相当多。"② 我们将在这一节中继续关注，在从1835年8月1日开始的长篇日记记录中，克尔凯郭尔在一种更彻底的意义上把握到了"赤裸真理"的问题。

65

最初，赤裸性似乎只是向上帝显露自己本性的模式，唯有神可以"忍受"：对奥古斯丁而言，为了接受这种已经属于基本存在状态的赤裸性，只能以《忏悔录》（*Confessio*）的方式去接受、去养成，他感叹道，"主啊，

---

① [译注] 无套裤汉（法语：sans-culotte），又称长裤汉，是18世纪末法国大革命时期对广大革命群众流行的称呼。由于激进的大革命群众主要是城市劳动者，通常认为这个名称来自工人阶级多穿长度到足部的长裤（pantalon），而资产阶级多穿到膝盖的裤子（culotte）。无套裤汉常用来形容大革命的激进分子。

② 我发现在埃里克·沃格林（E. Voeglin）的一篇评论中提到了对这派人士关于赤裸性的阐释略有不同的说法（in: *Philosophische Rundschau* 1（1953/54，S. 34）："当自己的良知告诉亚当一派的人，人们不穿衣服就在大街上四处走动，是对上帝的赤裸真理最好的象征时，甚至连罗杰·威廉姆斯（Roger Williams）都不得不把真理的赤裸象征关进监狱。"

人心的底蕴在你眼前袒露无遗",^① 但这部著作也是他向上帝忏悔的文学作品。^② 他在《〈圣咏集〉讲论》（*Psalmenerklärung*）（134，16）中说："善良之心是隐藏的，邪恶之心亦是如此；善良之心和邪恶之心都有深渊，但在上帝眼中，二者都袒露无遗……"这也正是卢梭在其《忏悔录》（*Confessions*）开头表现出的风格：他想在同类人面前展现真理的自然性，这种真理在最后审判的超验情境面前，仍然得以坚守，因为他相信这可与永恒精神对人裸露的内心的注视相比较。同类人再次以这样一种方式被称为见证人，自我责备提供了一种模式，他们都要以这种模式将自己置于最后审判的情境当中："他们中的每一个人，在您的宝座之下，以同样的真实性坦露自己的内心，而后，他们中谁敢于照此来做，就可以从容地站出来说：'我比那个人更好。'"想象中赤裸的人类真理的审判场景是一种修辞手段，社会弃儿可以借此在一丝不挂中呼吁团结。在卢梭的重构当中，人类历史在终结时设想的赤裸性，与开端时假设的赤裸性相对应，"通过去除诸如此类

66

---

① *Confessiones* X 2，2.

② *Confessiones* X 1，1："我愿意在你面前，用我的忏悔，在我的心中履行真理，同时在许多（读者）见证下，用文字来履行真理。（Volo eam［sc. veritatem］facere in corde meo coram te in confessione, in stilo autem meo coram multis testibus.）参与这种坦露的读者，其功能是作为见证人，同时，还要把好奇心（curositas）抛开。只有这样，人与其他人的赤裸性之间的关系才不仅作为"心理趣味"而成为可能。

以这种方式构成的存在，他可以得到所有超自然的礼物，以及他只有通过长期的进步、通过他的考量才能获取的所有人为的能力，总之，他必然出自自然之手"①。人类社会从个体性的源初状态逐步产生，成为一个复杂的装扮系统，但对其真实状态的批评者也接踵而至，仿佛审判已经到来，所有人都必须再一次赤裸地站在它的面前。把服饰理解为人可以脱掉、扔掉或看穿的伪装，是社会"去自我理解"（Entselbstverstaändlichung）的开始。在大革命一百年前，第三等级的主席米隆（Miron）曾在等级代表大会上宣称："如果陛下不去纠正（贵族对人民的压迫），那么，穷人就会恍然大悟，意识到士兵与手拿武器的农民并无二致……"② 到了现代，"赤裸真理"的说法主要针对贵族和教士服饰圈子的平民，但每一个认为自己赤条条，想把别人作为伪装的衣物扯下来的新阶层，同样也可以复述它。《共产党宣言》明确表达了市民阶层的这一最初成就："资产阶级在它已经取得了统治的地方把一切封建的、宗法的和田园诗般的关系都破坏了。它无情地斩断了把人们束缚于天然尊长的形形色色的封建羁绊，它使人和人之间除了赤裸裸的利害关系，除了冷酷无情的'现金交易'，就再也没有任何别的联系了……资产阶级抹去了一切向来受人

---

① *Discours sur l'inégalité* I (Phil. Bibl. Bd. 243, S. 84).
② 转引自 Carl J. Burckhard, *Richelieu*. 12. Aufl. München 1947. S. 65。

67

尊崇和令人敬畏的职业的神圣光环。它把医生、律师、教士、诗人和学者变成了它出钱招雇的雇佣劳动者。"卢梭曾相信，只要撕掉包裹在身上的社会性装扮的外衣，真实和自然的人就会呈现；而马克思发现，伴随这种暴露而来的，只会剩下商品和对商品的需求，这是对人的一种新的功能性遮蔽，也就是说，为了最终在其赤裸真理的状态中揭示出人本身，只需要再一次将这些遮蔽撕掉。这是现代人在不断更新的背景下，对"自然性的自然"（natürlichen Natur）永无止境的探索。

帕斯卡已经洞穿了社会性伪装与"赤裸"真理之间的辩证关系。对他而言，装束是人们彼此自我规定（Selbstordnung）的真实表现，具有一种其规定性仅仅作为游戏规则的空洞性（Wesenlosigkeit）。[①] 他曾在蒙田《随笔集》（Essais）第一卷第 42 章中读到，作者惊讶于我们在评价一个人时并未使用像购买一匹马那样的方式："不遮不盖地去审视。"相反，我们依据一个人本身之外的一切来评价他，他的随从、房产、信誉和收入等——"依据他周围的一切，但不是他自身的品质"。看待人的视线被图像、衣物、标识和背景所遮蔽；他被卷入字面意义上的非真实性当中。"那么评价人时，你为什么要让他裹得严严实实？

---

① 参见拙作 "Das Recht des Scheins in den menschlichen Ordnungen bei Pascal," In: *Philosophisches Jahrbuch* 57（1947）413 - 430。

我们所能看到的，只是他的外在部分，唯一真正可以作为依据对他做出评价的部分却给遮住了。"蒙田敦促读者，即便此前极少关注这一方面，也要坚持人之毫无遮掩的真理性："让他（丢下财富、头衔）穿着衬衣来。"帕斯卡再次激烈地反驳了这种看法，重申道："值得赞美的是：我不应该向一个穿着华服，身后跟着七八个随从的人弯腰低头！……衣服是他的势力象征。"① 对帕斯卡来说，蒙田在这种情况下渴望保持距离的理由，即呼唤理性（d'en demander la raison）似乎是可笑的。想象力帮助人们在无法发现基本等级秩序时，忘却实际上并不可能的平等：服从——来自想象力②。帕斯卡指出，依据外表来区分人，在平民健全的观念中是唯一合理的方式——吃人的生番才会嘲笑一切年幼的国王呢③。帕斯卡《思想录》中较长的第82篇片段以"想象力"为关键词，这部分描绘了人类世界的实际情况，描绘了我们发现自己顺从地安置于其中的社会形象的亲切画面。启蒙运动中将做出的尝试，在这个片段中被认为徒劳无益："理性从未完全战胜过想象，而想象往往会干脆把理性从它的宝座上赶走。"大法官的大红袍、身上穿的貂皮氅，他们进行审判的厅堂，那些百合花的旗帜，"所有这些堂皇的仪表"，都暴露出他们对此类

68

① *Pensées*, éd. Brunschvicg 315.
② Obéissance—de fantaisie, 310.
③ cannibales se rient d'un enfant roi, 324.

伪装的奥秘了如指掌。如果医生真正有治病的本领，他们就不用戴着方帽子，穿着臃肿的四件套长袍。统治者运用其他手段，用号手、鼓手和卫队来践行这种模式。"想象力安排好了一切；它造就了美、正义和幸福，而这就是世上的一切。"正义和真理是两个颇为微妙的尖端，我们无法用粗糙的工具接触到它们。但是，人很幸运地被构造成"不具备任何有关真理的正确原则，或者某些有关谬误的优秀原则"。从这一立场出发，帕斯卡带着怀疑的目光看待毫无顾忌地应用理性，固守着"赤裸的真理性"："当一个普通士兵摘下大法官的方帽子，并把它扔到窗子外面去的时候……"(310)

在我们的传统中，以隐喻为媒介会发现真理关系中存在着诸多矛盾之处，对它们进行术语学—系统化的分析就会显现出来。在怀疑论的脉络中，所有让我们对于掌握真理或仅仅来自真理之物而产生怀疑和失望的东西都汇集到了一起，而在逆来顺受中获得理论上所要求的存在幸福，似乎比费力争取不可能之事更可取。不过，所谓假设中可以达到的真理性，如今是否真的可以构成或完成人的幸福，这又是一个理论上无法确定、引向徒劳的问题，只有沿着隐喻的方向推进才能对其做出回答。自我给予的真理可能会像裸体一样让人无法忍受，就这一点来说，以神圣文本为表现方式，基督教时代已经给出了若干线索：在那些文本中，图像被用来爱护人类。托马斯·阿奎那明确提出了譬喻性话语在《圣经》中的必要性问题,[①] 他首先指出:"在圣经中,用有形事物的隐喻传授给我们它们之下的神性事物。"[②] 这里的"其下"有两重含义:它首先意指启示的"喻体"(Vehikel);其次指启示的"遮护"(Schutz)("因为这样的比喻,可以使不堪当的人看不见天主的事物。"[③])这个隐喻的传授方法得到了亚里士多德知识学说的支持:"经由可感之物进而到达可以领悟或理解领域,这宜于或合乎人之本性。"[④] 似乎喻体可有可无,也就是说,对阿奎那来说,圣经中的隐喻并非绝对:"……天主启示的光芒,并不因隐藏在可感象征中而消减……它仍然保持自己的真理;因此它不容许蒙受启示的心智停滞在比喻中,反而提升这些心智。"[⑤] 这就是为什么,在圣经某处可以用隐喻(sub metaphoris)来说,而在另一处可以去表现(expressius),所以首先能处理的就只是实用性的、隐喻式的隐藏之物(occultatio figurarum utilis)。但阿奎那也谈到了一种超越诗学用法而使用隐喻(来展现表象[propter repreaesentationem])的必要性(necessitas, ad

70

---

① *Summa Theol*. 1q. 1a. 9:《圣经是否应该使用隐喻》(Utrum sacra scriptura debeat uti metaphoris)。

② in sacra scriptura traduntur nobis spiritualia sub metaphoris corporalium.

③ per huiusmodi divina magis occultantur indignis [ad 3].

④ est autem naturale homini ut per sensibilia ad intelligibilia verniat ...

⑤ ... radius divinae revelationis non destruitur propter figuras sensibiles, quibus circumvelatur ... sed remanet in sua veritate, ut mentes, quibus fit revelatio, non permittat in similitudinibus permanere, sed elevet eas ad cognitionem intelligibilium (ad 2).

1)：“是为了满足需要和效用。”① 不过这仍然缺少更进一步的理由和深入思考；以亚里士多德为前提并未给穿透神圣启示的“语言”问题留有多少空间。因此，严守阿威罗伊主义（Averroismus）戒律的亚里士多德主义者，也就是我们在早期人文主义的语言应用中遭遇到的“唯爱赤裸真理者”②。从这个意义上来看，在争论不休的真理外壳（Verhüllungen）和装扮方面，古典作家的诗学图像与圣经的神圣图像，以平等地捍卫全新的、严苛的真理意志的方式，进入同一个同质的领域当中。人文主义的“智慧”（sapientia）概念指的正是这个领域与“科学”（scientia）的对立，而这种对立性直到笛卡尔才被克服。但是，在这种“智慧”（Weisheit）与“科学”（Wis-senschaft）——后者绝不是指现代意义上的科学——人文主义与亚里士多德主义的分离中，“赤裸真理”的悲怆实际上是作为一种新式样

---

① propter necessitatem et utilitatem.

② solius nudae veritatis amatores. Richard d'Angerville von Bury（1265 - 1345），*Philobiblion*，zit. b. G. Toffanin，*Geschichte des Humanismus*. 1941. S. 437：“赤裸真理爱好者与诗人对抗的所有方案（machinarum）都遭到了两种辩护的驳斥：因为（a）即使通过令人憎恶的材料，也能学到典范的话语艺术；以及（b）无论是使用人为设计的还是诚挚的智慧之词，一种自然或历史的真理在虚构作品的华丽辞藻之下仍然是可以辨识的。”（Omnia genera machinarum, quibus contra poetas solius nudae veritatis amatores obiciunt, duplici refelluntur umbone：quia vel in obscena materia gratus cultus sermonis addiscitur，vel，ubi ficta vel honesta sententia tractatur，naturalis vel historialis veritas indagatur sub eloquio typicae fictionis.）请注意这里的机械暴力隐喻，它用来形容反对用诗学掩盖真理的人；另外，不要忽略，与那些除了赤裸性不想看到其他的“真理爱好者”的模棱两可相比，诗人“令人憎恶”的表达对象显得多么无害。

的、严苛的知识意志准备着的。这一点在彼特拉克的《驳斥医学术师》(*Invective contra medicum*) 中表现得颇为明显；皮科·米兰多拉 (Giovanni Picos della Mirandola) 在1485年写给埃尔莫劳·巴尔巴罗 (Ermolao Barbaro) 的著名信件中，通过清算他在亚里士多德主义—阿威罗伊主义的研究中浪费的六年时间，明确解释了这两种立场的关系。① 他让收信人面对一个正在演讲的虚构的经院哲学家，这段演讲用一种有意的"粗野"和不加修饰的语言（尽管辩护的人并不蔑视形象表达）为"赤裸真理"辩护："一个正派的年轻女士会在脸上涂抹化妆品吗？"哲学家可以与修辞家有什么相似之处吗？修辞家的神奇技艺在于"能让每样东西以不同的面目出现，还会知道如何给虚假的东西以真实的外表，并迷惑听众相信虚构即是真实？"就这一点而言，我们可以诉诸《圣经》修辞上的缺陷，这些缺陷让教父们感到颇为苦恼。"所以我们更喜欢带着蓬乱的头发……"② 现代人深深的怀疑首先在这里指向了语言，认为语言与其说是真理的工具，不如说是真理的装扮：如果毕达哥拉斯可以用语言之外的手段来表达思想，比如通过

---

① Giovanni Pico della Mirandola. *Ausgewählte Schriften*. Über. v. A. Liebert. Jana 1905, S. 96 - 110. Vgl. dazu G. Toffanin, a. a. O. 308ff.

② ［译注］这句话加上前一句是："一段演讲若像带着一缕长发，总归是肆意的，所以我们更喜欢自己蓬乱的头发。"转引自本书英译本 Hans Blumenberg, *Paradigms for a Metaphorology*, translated by Rober Savage, Cornell University press, 2010, p. 46。

眼神，那么从他的口中就不会说出任何话；"因此，对我们的文章进行修饰，为思想披上优雅的外衣，这并不是我们的任务……相反，我们的任务是要诚恳而直接地诉说真理"。但这个任务不针对所有人，而是对那些眼睛能够承受"事物内部"暴露在面前的人："我们的话语令人不快的外壳阻止了乌合之众对我们思想的玷污。要掩藏宝藏的人，就会匆忙用破布和垃圾遮盖，以免路人察觉，将它抢走，他只会将宝藏展示给认为配得上的人看。哲学家们也在他们的研究和思想上蒙了一层纱，因为既不想得到平民的认可，也不愿让这些人参与他们的认识。"即便在这里，赤裸的真理也只保留给知情人士。这种保留已经从神手中转向了"专业人士"；科学开始行使曾一度属神的主权。但他们是否能维护得住呢？

现代性在"客观性"的规范概念下，原则上放弃了对真理的所有保留：一旦在对象中获得了真理，它们就会成为人类的公共财产，原则上成为每个人都可以获得的东西；对于现代的专业研究人士而言，认识和"公开"是同一回事，而野蛮的裸露，仍然是这种"公开"的风格特征。培根在《论说文集》的第一篇文章中已经说过："真理是一种无掩无饰的白昼之光，世间的那些假面、哑剧和庆典，在这种光之下显露。"与早期时代相比，新知识的获取被理解为祛蔽（enthüllend）："亚里士多德不是无缘无故地得到赞许/自然从未对他在面纱下显现自己吗？"年轻的莱辛带着韵律说道。① 只要"启蒙"精神的警觉迫使真理赤裸相见，并且洞穿其新的掩藏技巧，真理就是赤裸的：莱辛在《古人如何表现死神》②的前言中写道，观点的争论必须怀有审慎的精神，这样才能防止捏造的不实之词在真理的位置上生根（v. 672）。在这一段中，关于现代的真理概念还有一些非常值得讨论的说法：重要的是启示真理在形式上的性质，而不是它在材料内容上的某种"重要"程度，因为"作为我们知识的品质（Beschaffenheit），一种真理和其他任何真理一样重要"。知识不是从被认知的事物获得合理性，而是本质上来自人类精神的自我确证；因此，理性坚持"无条件放弃"赤裸的真理。宗教也由这种"类型"的真理所规范。约翰·托兰（John Toland）在1702年的著作《基督教并不神秘》（*Christianity not mysterious*）中，将耶稣的历史功绩刻画为"剥光了真理"，从而使真理对"能力最低微的人来说变得轻松和明显"。

73

"赤裸真理"的隐喻属于启蒙理性的自我意识及其统治要求；③ 在揭去掩饰的过程中，更为微妙的审美差异被

---

① Aus einem Gedichte an den Herrn M**，（*Werke* hrsg. v. Rilla I, 189）.

② *Wie die Alten den Tod gebildet*.

③ 请允许我用现代诗歌的例子来说明这种关联：托马斯·曼（Thomas Mann）在《约瑟夫和他的兄弟》中让雅各布（Jacob）对埃利泽（Eliezer）说："我本纯洁，但上帝却一次次将我浸入污泥，那些人觉得这合情合理，因为他们不知（转下页）

忽略了，或者说，在它们被创造出来的地方，另一种历史性理解的意义暴露了出来，正如温克尔曼（Winckelmann）在 1766 年的《试论寓意》（*Versuch einer Allegorie*）中对"掩饰"和"装扮"的区分："……最终，当智慧在希腊人中开始变得人性化，并愿意将自己传达给更多人时，她揭去了让自己难以辨认的遮盖，但智慧仍旧在没有掩饰的情况下乔装打扮着，以便那些探寻和沉思她的人能够辨识，她以这样的姿态出现在著名诗人的作品中……"处于启蒙运动的历史发现以及对其语义潮流的反对当中的，是对"赤裸真理"幻觉的发现，或者说是对作为幻觉的赤裸性的发现，这种发现消解了"赤裸真理"的隐喻及其在此类思想倾向上的翻新，真理的"装扮"如今不再源于修辞的美化需求和诗的想象力，甚至根本不是偶然的、可剥离的"辅助手段"，而是在根本上构造了真理的表现模式。所以当兰克（Ranke）在批评圭恰迪尼（Guicciardini）时说，"我们对历史有不同的概念。没有任何装饰的赤裸真理……"，[①] 这听起来在启蒙时期就会显得不合时宜。举例来说，正是在近代早期和鼎盛时期被认为冲破了"自在存在者"（An-sich-Seienden）的地方，服装隐喻在数学的自然知识中又回归了：看起来似乎是赤裸的东西，最后证明是

74

（接上页）道，以虔诚的粉饰开始，会让真理赤裸裸地暴露。"（*Joseph und seine Brüder*. Stockholmer Ausg. 1，718f.）

① 转引自 E. Kessel, Rankes Geschichtsauffassung. In: *Universitas* 11（1947）920。

一件"合身的理念外衣"（Ideenkleid），我们在对"生活世界"（Lebenswelt）的几何学和自然科学的数学化中对它进行测量——胡塞尔在对伽利略的解读中如是说道。[1] 曾被认为仅仅属于审美现象[2]的东西，已经成为历史生活本身的一个基本特征；真理的遮蔽性似乎赋予了我们生活的可能性：年迈的冯塔内在给女儿玛莎（Martha）的信中写道，"真理就是死亡"（1893 年 8 月 24 日）。而一位现代神秘主义者也指出，"一个人必须死了才能看到事物坦露"[3]。

最后两段引文让我们认识到，现代社会逐渐形成了一种怀疑论的形式，这在之前的思想史中是没有的：这种怀疑主要不是针对真理的可获得性，而是针对这种获得对人类的意义，以及人对"赤裸真理"具有可解证性（Vertretbarkeit）要求的怀疑。这不仅会产生真理表面的"约束力"（Verträglichkeit）问题，而且就像布莱廷格尔（Breitinger）为了论证隐喻的"糖衣化"（Dragierung）所假设的那样："就像聪明的医生给苦药涂上糖衣或加糖一样：那些想用真理来帮助促进人类幸福的人，也需要以同样的

---

① *Die Krisis der europäischen Wissenschaften und die transzendentale Phänomenologie.* Husserliana VI (Haag 1954)，51.

② 拉罗什富科（La Rochefoucauld）的一句箴言标识出审美的界限："有一些伪装的谎言，它们极为自然地扮演着真理，不要被它们迷惑，那就等于缺乏判断力。"（参见 Schalk, *Die französischen Moralisten*，35）

③ Simone Weil, *La Pesanteur et la Grace*. Dt. Ausg. München 1952. S. 144.

75

方式进行。"① 不，这种"辅助手段"是否契合"促进人类幸福"的目的已经遭到了怀疑。我们都很熟悉莱辛说过的话，"如果上帝在其右手……"②，但也应该读一读紧接这段被大量引用的文字之前为其提供根据的内容："……构成人类价值的，不是某个人拥有或自以为拥有的东西，而是他为发现真理所作出的真诚努力。因为并非通过占有，而是经由对真理的研究，人的力量才得以扩大，而正是在这种情况下，他的完满性才会不断形成。占有使人从容、懒散、骄傲……"读者必须要非常仔细地阅读，才能看到这句话当中具有决定性的逻辑主词根本不是真理，而是"人类的价值"。要给我们提供真理的标准完全不是由该真理的内在自我价值决定的，而是在于它激发和刺激人的自我发展、自我实现、自我肯定方面。真理在现代的"劳作"属性，即在探求真理过程中所作出的"诚挚努力"，此时以完全正面的方式被评价和吸纳，以至于在这个过程中贬抑和异化了结果——那就是"赤裸真理"："……纯粹的真理只属于你！"莱辛在这段著名引文的结尾对神说道。莱辛终其一生都在思考人与真理的关系问题，他在早期五幕喜剧《自由精神》(Der Freigeist) 中就已经非常明确地提

---

① *Critische Dichtkunst*. Zürich 1740. S. 166. Breitinger 另一篇专门的论文 Critische Abhandlung von der Natur, den Absichten und dem Gebrauche der Gleichnisse. (Zürich 1740) 对隐喻学也尤为重要。

② ［译注］这句话完整表述为："如果上帝在其右手握着所有真理，在其左手握着永远激昂着的对真理的欲求……"（出处见下注）

出了这个问题（第四幕，第三场）：

> 阿德拉斯特（Adrast）：我根本不相信真理会是卑劣的；就像我不可能相信世界各地会同时处于白昼。那些打着真理的幌子在众生中蹑手蹑脚，甚至会被最愚蠢的人所接受的东西，肯定不是真理。人们只要自信地伸出手，揭去它的衣衫，就会看到可憎的谬误赤裸裸地站在眼前。
>
> 尤利娅（Juliane）：阿德拉斯特！若你是对的，人该是多么可悲，造物主又是多么不公啊！要么它压根儿不是真理，要么它必须能让大多数人，甚至所有人至少明显觉察到才行。
>
> 阿德拉斯特：看不到真理错不在它，而在人身上。——我们要在世上幸福生活，为此我们才被创造出来；也仅仅为了这个目的而已。当真理成为这个终极目的的障碍时，人们通常做的就是把它丢到一边，因为只有少数杰出之人才能在真理本身中找到自己的幸福……

卢梭对科学的批判也是从怀疑对真理的需求带有本质性这一点开始的。对他而言，真理隐藏在深井中（按照德谟克利特的比喻）并不是对"诚挚努力"的鼓励，而是（在一种目的论的诠释中）暗示了隐藏真理不人道的倦怠

（ahumane Oszitanz）："那么，我们是否注定要死在隐藏真理的井底？"[1] 根据一个从埃及人传到古希腊人的古老传说，"科学的发明者是一个扰乱人类安宁的神"。[2] 与莱辛的理解相反，在这里，过程甚至比结果更危险：从概率（Wahrscheinlichkeit）上来看，探求真理者处于毫无希望的劣势当中，因为错误会有无数种组合方式，而真理仅以一种方式存在。"为了达到真理，要克服多少危险比有用的真理大一千倍的错误？"最后，最为棘手的质疑在于："如果我们幸运地找到了真理，那么在我们当中，谁又知道如何利用好它呢？"卢梭对真理居于深井之隐喻的实用性诠释，用一句话概括即是：让它留在深井当中。井的深度保护我们免受真理赤裸性问题的困扰。

77　　　1835 年 8 月 1 日，克尔凯郭尔在长篇日记中给出了"赤裸真理"这一隐喻最为激进的角度：客观真理对"这"一生的漠不关心，以及克尔凯郭尔为其人生"使命"（Bestimmung）所提出的问题的无结果性。问题在于，"对我来说，找寻一个真理，就是找到我愿意为之生，为之死的理念。而发现一个所谓的客观真理，对我来说又有什么用呢？……建构出一个我自己并不住在其中的世界，仅仅是为了把它拿出来给别人？……可以用它们来解释许许多

① *Discours sur les sciences et les arts* II (Philos. Bibl. Bd. 243, S. 28f.).
② un dieu einemi du repos des hommes.

多个别的现象，即便这对我自己和我的生活并没有更深远的意义，这有什么用呢？……真理冰冷而赤裸地站在我面前，对我是否认可它漠不关心，它让我恐惧地战栗着，而不是充满信任地献身于它，这对我有什么用呢？……这就是我们缺乏的，这就是为什么我像一个置办了家具、租了房子，却依然没有找到可以分享人生酸甜苦辣的心爱之人的原因"。赤裸性的隐喻假定了一种外在于彼此的窥视（Voyeur）关系，而克尔凯郭尔寻找的是他自己可以生活于其中的真理。过去的知识只会在知识实现的那一刻给他带来满足感，但不会在身上留下深刻的印记。"我感到，智慧之酒还不足以让我醉倒，但我却沉醉于其中了。"他在《或此或彼》（*Entweder-Oder*）"尾声"的讲道中给出的是这样一种真理概念："……一个人或许要认识某些东西许多次，才承认它；……只有内心深处的运动，只有内心无法描述的激情才会使你相信，你承认的会属于你，没有什么会改变它，因为只有你自己造就的真理，对你才是真理。"

五　作为现代世界状态隐喻的

　　未知大陆和"未完成的宇宙"

我现在想用两个非常具体的例子来进一步论证绝对隐
喻的实用性功能，即"未知大陆"（terra incognita）和"未
完成的宇宙"（unvollendeten Welt）的隐喻。这两个隐喻的
特点在于，它们都是从非常具体的历史"经验"出发：第
一个隐喻了"地理大发现时代"的结论，即"已知世界"
几千年来几乎是恒定的，而且似乎只在其边缘还存在着某
些未知区域，但地理大发现证明，已知世界只是地球的一
个小角落；另一个则从新兴的"进化论的天体演化学说"
思想中得出，认为宇宙就类似于一个"构件"
（Werkstück），由此得出的隐喻式推论是，人类尚有一个将
构件组装完成的"使命"。"进步"通过隐喻的方式转变为
一个过渡性的概念；自然的消耗被转化成一种人类成就的
框架。

　　在17世纪，"美洲"隐喻颇为流行。在《世俗谬论》
（Pseudodoxia）的序言中，托马斯·布朗谈到了"美洲和

真理未被开拓的领域"，即全新的、意想不到的、更广阔的真理世界。同样，约瑟夫·格兰维尔（Joseph Glanvill）在《教条化的虚荣》中也说："还有一个秘密的美洲，以及有着未知自然界的秘鲁，对它们的发现将会极大地增益它们，这不仅仅是猜测。"① 亚伯拉罕·考利（Abraham Cowley）的史诗《大卫记》（*Davideis*）仍旧在托勒密体系的框架上给出了一个已经受到牛顿影响的创世神话（1656年），他在其中一首诗中谈到了托马斯·霍布斯：②

> 波罗的海，黑海和里海，
>
> 以及纤细狭长的地中海，
>
> 在你看来是狭窄的小溪，只适合，
>
> 可怜又可悲的渔船。
>
> 你那更高贵的船舰在浩瀚的海洋中探航，
>
> 除了大海和天空，一无所见，
>
> 直到**它发现未知之域**；
>
> 你这伟大的**哥伦布**，在新哲学的黄金之地。
>
> 你的任务比他艰巨异常，
>
> 因为**地大物博的美洲**，
>
> 不只是你的一个发现，

---

① *The Vanity of Dognatizing*, 1661.

② Thomae Hobbes, *Opera philosophica quae latine scripsit omnia*, ed. Molesworth, vol. 1 (London 1839) p. V. 感谢高利克（G. Gawlick）的提示。

却无情地留给了未来的工业；

但是，你的雄辩和智慧，

耕种了它，让它人丁兴旺，建设了它，让它文明
教化。

这种关于真理的决定性大陆尚未被发现，或者其轮廓
才刚刚开始被模糊察觉到的感觉和怀疑，对意识产生了非
常重要的影响，并且唤起了一种"灵魂的注意力"
（attentio animi），一种在所有新事物中，仅看到大陆的海岸
和前岛的紧张感。托马斯·布朗再一次将对人类内心"未
知大陆"的发现纳入了这个隐喻当中："更普通的奇观永
远无法令我感到满足：潮汐的起伏，尼罗河的涌动，朝北
转动的磁针；我费劲心力在更有意义的、通常最被忽视的
自然界作品中挖掘与之相匹配的东西，这一点我无需在自 80
己的宇宙志中进一步游历就可以做到。我们随身携带着所
寻求的外在于我们的奇迹；在我们身上有整个非洲和它的
神迹……"[1] 孟德斯鸠在前文引用的 1717 年就职演说中
（前书第 41 页）遗憾地表示，自然界中储存的秘密似乎已
经开始耗尽，他将这一过程与刚刚过去的那个发现"新世
界"的时代对比，新世界的发现者们肆意挥霍积累下来的

---

[1] *Religio Medici*（1643）1，15. 我引用译文来自 E. R. Curtius, *Europäische Literatur und lateinisches Mittelalter*. Bern 1948. S. 325。

财富，只给后来者留下丛林和野人。不过这一形象只是接下来鼓励学者们那一席话的忧郁的修辞陪衬："尽管如此，先生们，让我们不要丧失信心：对于即将到来的一切，我们能知道什么？或许还有千百个秘密有待发现：当地理学家完成自己的研究时，会在地图上画出广阔的海洋和荒野；但也许这些海洋和风土中的财富比我们现在拥有的还要多。"[①] 在美学领域，我们在莱辛《对一部糟糕小说的评论》中找到了能与这个隐喻的期待视野的开放性相比照之处，作者在序言中惋惜地说："再无什么新事物可言，除了好奇心（Neugierigkeit），一切都是陈旧的。"[②] 评论家认为，这种辩白毫无根据："在虚构（Erdichtungen）的世界中，天才仍然会发现一片似乎等待着他去发现的土地。"因而，我们注意到，未知大陆的隐喻如何体现了现代早期意识的"意向性"（Intentionalität）特征，而意向性是我们在本世纪研究自我意识时发现的表达方式。例如，胡塞尔在 1907 年就已将其现象学方法的第一步比作在一块"新大陆"的海岸线上抛锚，在那里站稳脚跟，[③] 抑或在其后期的《欧洲科学危机与超越论的现象学》论述中，把方法论意义上的"悬置"描绘成"一扇大门，穿过它可以发现一

81

---

① *Oeuvres complètes* (éd. Diodot, Paris 1846) p. 560.

② Besprechung eines erbärmlichen Romans, *Berlinische Privilegierte Zeitung* 1753. 13. Stuck (*Werke* hrsg. v. Rilla III, 85).

③ *Die Idee der Phänomenologie* (Husserliana II. Haag 1950) S. 45f.

个纯粹主体性的崭新世界"①，这似乎向我们透露出一股独特的、不符合时代的自信，这种自信更有可能属于现代开始之初的那段时间。当我们更为仔细地考察胡塞尔的自我解释概念时就会发现，他一再将自己放置在笛卡尔的位置上，这就以一种更惊人的方式证实了这一点。

为了厘清现代最初几个世纪对已知和未知、陈旧和新潮部分之间的具体感受，孤立的隐喻学考察显然是不够的。隐喻学只是让这种独特的、前理论的、带有适度紧迫感的世界态度（Welthaltung）的预见（Ahnungshafte）变得清晰，这种预见想象自己正处于知识不可估量地增长的开端之处，而且这些知识会转化为蓄意性（Willentlichkeit）、劳作、方法和能量。这些隐喻指明了术语学研究必须要提供细节的领域。人们只需要对新事物和新颖性概念的重新评估做出总体思考，比如从彼特拉克表现出的评价状态开始，他说"无物为新"（nihil novum），② 而且宣称（对查理四世），新事物在任何情况下都必然引发猜疑。③ 这是一个广泛的领域。它包含了对神迹（Wunder）和不可思议（Wunderbaren）概念的自然化，这些概念如今被直接归入自然界，而其突破性和压倒性的力量此前是神学奇迹见证性质的构成部分。对神迹（mirabilia）和不可思议 82

---

① *Husserliana* VI. （Haag 1950）S. 260.

② *Epist. fam.* vi, 2.

③ 同上，x, 1.

（meraviglia）的重新评估针对的是亚里士多德主义的形态稳定性（morphische Statik），它假定世界之物具备一种确定的纲领性的可能，并且大大拓宽了经验视野和与之相伴而来的好奇心（curiositas）。期待性的变化与以下过程有关："无所不能"（nihil imopossibile），"没什么难以置信"（nihil incredibile）的原则如今已经从一个关于一切威胁人类的不确定性的终极神学公理，转变为对世界认识的先决条件，它所具有的挑战性和诱惑力，给人类精神施加了崭新的、浮想联翩的骚动。对"世界"的复数性（Plural）日益增长的偏好就在于此，正如宇宙论中的无限性概念（Unendlichkeitsbegriffs）的新谱系，与其从其理论角度来看，不如从其实用性功能：无限世界首先是一个具备新的基本态度和状态的世界。如果在"不无可能"的开放视野当中，不可预料之物任何时候都能成为可预期之物，那么想象力就会成为完全不可预见性的实定性（Positivität）构成要素。不过在此，我们只能粗略地将大致轮廓勾勒出来。

未完成性借助人类的技能（Kunstfertigkeit）得以达到完满的观念已经包含在亚里士多德对τέχνη（古希腊语"技艺"）的定义当中，即人类的技艺要么让自然尚未完成的事物得以完成，要么模仿自然已经给定的东西。[1] 但是，这里作为前提的生产性自然的未完成事业，毕竟始终只是

---

[1] *Physik* II 8；199a 15 - 17.

有形的世界部件，这个部件作为其本质属性中的"范例"，可能会停顿或滞留在其"本应成为"某物的过程中，但它的形式或目的在自然的永恒持存中以不可跨越的方式被决定着。作为宇宙（Kosmos），世界（Welt）在整体上是什么以及能够成为什么已经永远和一劳永逸地确定了；因此，即便是未完成事物达到完成状态也只是模仿，而人类的"技艺"也只是代替了自然而已。显而易见，一种具有不变本质持存状态的"世界"观是多么深入和无可置疑地根植在我们的形而上学传统中，即便在德谟克利特和伊壁鸠鲁的机械—原子论宇宙起源学说当中，也只有一个相同地从混沌和偶然漩涡中生成的世界模式。从语法上来看，世界的复数性在这里已经出现，这其中甚至还不包括想象力、自由变体以及可能事物概念的可塑性的塑造。即使在笛卡尔及其后的传统当中，尽管已经明确否定了目的论原则，但宇宙的演化似乎仍然在我们实际面对的状态和条件中达成了自己的目的。要前后一致地思考"自然让渡自身"（sich selbst überlassene Natur），思考在我们的"世界"概念中建构出来的形象化表型（Typik），以此作为自然整体过程中几乎难以区分的位置上的"现实"片段产物，与之保持距离并对其进行测定，并不像它事后（post festum）看起来那么容易。只有"既成之物"（Gewordenen）的当前状态与其每一种不同的过去或未来的状态相等同，即只有存在是尚未"完成"以及"不可完成"的状态，"成为"

（Werden）才是在毫无条件地表达存在。康德在《一般自然史与天体理论》[①] 中使用了未知大陆的隐喻（"凭借一种微不足道的猜测，我斗胆进行了一次危险的旅行，而且已经看到了新大陆的海岸"），而在这部著作宏大的宇宙论猜想中，引用了"未完成世界"的概念："创造永远不会结束。它一旦开始，就永远不会停止。它总是忙着带来更多的自然事件、更多的新事物和新世界。只有在这里，人类以特有的方式被排除在这个创造过程之外，没有参与其中。"[②] 无限丰富的"诸世界的世界"（Welt von Welten）与神圣存在的无限力量直接相关，并且被设想为得到了与之相称的自我明证。但这意味着，人类所处的世界界域（Weltsphäre）已经刚好达到了"恰如其分的完满"状态，这个概念表明，康德仍然被静态的古代宇宙理念束缚，这是物质的机械性自我生产的终极目标，除此之外就唯有消亡。的确，"人类本身的存在似乎是造物主的杰作"，这几乎证明了他所占据的这部分整体代表了在"尚在形成"的世界与"业已衰败"的世界之间"所达到的完美的世界构造"。那么。人类与自然的无限自我生成过程的整体性之间的关系，本质上就是一种沉思性关系：不朽的精神就像

---

① *Allgemeine Naturgeschichte und Theorie des Himmels.*

② Zweiter Teil. Siebentes Hauptstück. Von der Schöpfung im ganzen Umfange ihrer Unendlichkeit sowohl dem Raume als der Zeit nach. (*Werke* hrsg. v. Cassirer I, 309 - 325).

在神明的一侧那样，接受世界的永恒演示。[1] 对这些观点的批判性考察表明，这里谈到的"未完成世界"根本不是隐喻，而是对现实宇宙论的术语学表达；因此，这个惯用语在这里毫无疑问具有实用的含义，因为人在世界中的地位这样的观念与世界的未完成性观念并无关联。"世界"还尚未被看作人类使命的一个维度；这个概念的规范性功能首先依据"经验"建立起一种基础性的关系。

我们差不多可以把握到宇宙论的整体概念是如何成为一个理想化的隐喻了。从施莱格尔（Friedrich Schlegel）的《先验哲学》（*Transcendental philosophie*）中，[2] 我们会找到一个关于"世界仍未完成"这一论题的宝贵片段："世界仍未完成这一命题，对一切都至关重要。如果我们认为世界已经完成，那么我们所做的一切都毫无意义。但是，

---

[1] "整个大自然与神明的愉悦有一种普遍的和谐关系，对于自认为与这个一切完善性的本源合为一体的理性造物来说，大自然不会不让他们永远感到满意。从这个中心出发来看，大自然在所有方面都将呈现出完全的可靠、完全的合理。"（同上，第324页）可见，在我们的思想史中，即便在哥白尼之后，前哥白尼式的思想仍在继续，尽管是以高度隐蔽的变体和超验化的投射方式。只有在纯粹理性二律背反的催逼下，将世界概念理想化，作为一个原则上没有给予经验，而是交给经验之整体的东西，才能将思维引向哥白尼式的结果。我们只需将康德1755年的"天体理论"与《纯粹理性批判》第二卷第三章"纯粹理性的理想"中"先验的理想"这一节的注释进行比较："天文学家的观察和计算告诉我们许多值得惊奇的东西，但最重要的却是，他们向我们解释了无知的深渊，没有这种知识人类理性是永远也不可能设想这深渊如此巨大，关于这一点的反思必然会在我们对我们的理性运用最终意图的规定中带来很大的变化。"（*Werke* III, 399 f.）只需比较这里"无知的深渊"和前文"新大陆的海岸"这两个隐喻，就可以看出思想形成的基础结构。

[2] *Transcendental philosophie*, I, Teil: Theorie der Welt. in: *Neue Philosophische Schriften* hrsg. v. J. Körner. Frankfurt 1935. S. 156.

如果知道世界尚未完成，那么为完成世界而一致协作努力，就正是我们的使命所在。这就为经验认识提供了无限的空间。如果世界是完整的，那么我们就只有整齐划一的知识，而没有行动（Handeln）。"施莱格尔当然不是一个以纯理论体系见长的思想家，他对当时那个时代深层次的生命之流充满了敏锐的洞察力，关于这种能力，我们在其著作中还会有所发现。在一个要求系统的终极确定性的时代，他勇敢提出了"临时性哲学"（provcisiorische Philosophie）①，而这种预先认识和预先把握的无偏见特质，使他的隐喻话语除此之外还具有了指示功能（indikatorisch）。他有勇气将直接的洞察力转化为命题，就像他非常自觉地主张反对"艺术哲学的形式化"："首要的事情一般总是，知道某事并把它说出来，想要证实这事，抑或要解释它，在多数情况下完全是多余的。"② 施莱格尔思想中的这个"基底"让我们意识到，他已经掌握了未完成世界理念的"实践力量"（用康德的话来说），对他而言，这种理念不再能够也不应该再给出任何理论上的根据，相反，它投射出一个未完成构件的图像（包括这一图像所具有的挑战性不足，通过完成行动而获得挽救的诉求，以及

---

① 《雅典娜神殿断片集》（*Athenäum fragment* 266）。（［译按］这一节全文为："逻辑的宪法完稿之前，临时性的哲学不可能存在吗？直到宪法获得通过而生效之前，全部哲学不都是临时性的吗？"）

② *Athenäum fragment* 82.

建构性猜测等）作为一种绝对隐喻，来说明存在的总体性永远不会被给予，也永远无法客观化。"未完成世界"使人的创造意志合法化，而且它属于建立在技术时代基础上意识基本特点的历史。这并不是说，我们高估了一位几乎被边缘化和忽视的思想家的重要性，施莱格尔开创了这样的正当性；他只是从意识结构的背景中对其进行渲染和解读出来。施莱格尔颇为一贯地坚持了未完成世界的想法。他在《生命哲学》中说："人是自由的，但人也完全处于未完成状态，自然或者说意义世界以及物质创造也是绝对未完成的。"① 隐喻与自由理念的关系也可以在《1804—1806年哲学讲演录》中找到："只有将世界看作正在形成，看作正处于接近其完成的上升发展中时，自由才有可能。"② 令人意外的是，在施莱格尔看来，似乎恰恰是未完成性隐喻的有机规格（organische Spezifizierung）确保了人类活动的空间："如果把世界设想为一系列必然性法则，那么宿命就是不可避免的。而按照我们截然不同的理论，世界是一个有机体，是一个自然。我们希望自己的行动富有成效，能够创造一些东西，而不是一切都业已完成了；但这一点在机械论体系中被取消掉了。从我们的视角来

87

---

① *Philosophie des Lebens. Sämtliche Werke*（Zweite Originalausgabe, Wien 1846）XII, 149.

② *Philosophischen Vorlesungen und den Jahren 1804 bis 1806*，出自其未发表遗作 hrsg. v. C. J. H. Windischmann, Bonn 1837, II, 201。

看，当下（Gegenwart）的重要性也就此产生。"① 这里似乎存在一个逻辑一致性问题，因为从上述挑战的意义上来说，人们将"业已存在"看作临时的，也就将其变成了他所掌握的单纯的"材料"；但有机的隐喻恰恰表明了对自然的物质化及与之对应的"劳作"的绝对规定性的抵抗。面对机械主义的决定论形而上学（deterministische Metaphysik des Mechanismus），施莱格尔忽视了这样一个事实，即把世界的存在状态理解为在根本上是有机的，无法担保人的自由，而机械论不受约束地构想物体性时却能给人这种自由。② 但这已经是下一章要讨论的内容了。在前文援引的《1804—1806年哲学讲演录》中，施莱格尔试图通过将"未完成世界"隐喻的极端不确定性锚定在形而上学—目的论中并将其拆解："即便终点和人类历史的开端一样，是超自然和神秘的，但在哲学上仍然可以肯定的是，世界的真正完成需要依靠人的力量和积极的协作。"③ 在化

---

① *Transcendental philosophie*，II，Teil：Theorie des Menschen，hrsg. v. J. Körner. Frankfurt. S. 187.

② 机械论构想出的实在性结构具有不受约束的特点——因为在同样的破坏之下，有机体会被毁灭，而机械体却释放出新的构造——这一事实也可以在社会历史中得到验证，因为有机社会的"图景"导向了或者说属于保守理论，而机械社会的隐喻则倾向于革命，历史中的血泪已经让我们体会到了这一点，以至于我们认为这是理所当然了，尽管其中包含了作为反题的隐喻的"实践力量"。——我在诸如普鲁斯特这样对社会内在过程如此敏锐的观察者身上，发现了"未完成世界"的隐喻与社会的关联，他在《追忆似水年华》第六卷（*A la recherche du temps perdu*，Dt. Ausg. S. 395注解）中谈及了社会不断的自我构造："世界的创生不是从一开始就发生的，而是每天都在发生。"

③ 参见前书：Windischmann II，235.

解这个隐喻的十年之前，施莱格尔在断篇中写下了一个人类学论题，这一论题刚好与"未完成世界"的隐喻相呼应："人类是全知、全能、全善的；只是人就个体而言并非整全，而是零零碎碎的……"①

前文引用的施莱格尔断篇的最后部分提出了一个问题，即"全能的人类"要如何整合，通过这种整合成为"未完成世界"的充足力量。现代世界对这个问题形成了两种解决办法：方法论观念和集体观念（Kollektiv）。正是帕斯卡在《论真空·序》（*Traité du Vide*）片段中首先看到了笛卡尔方法论思想的意义：经过几代人，借助"某种"人类定向努力而获得统一性，且不需要每个人和每一代再重新开始准备，从而最终形成一种实在的世界任务，"只为无限生产"。人类理性正是由于让多元的个体作为一个整个的人——一个普遍的人（cet homme universel）——而发挥作用，才得以实现："这就是为什么……不仅每个人每天在科学上取得进步，而且随着世界逐渐发展，全人类所有人都在共同进步，因为同样的事情在人类的承继过程中也会发生，就像每个个体在自己所处的不同时代那样。

89

---

① *Fragmente aus dem Nachlass*. Hrsg. v. A. Dempf. In: Merkur x (1956) S. 1176. 此外，这也是一个隐喻：神学观念被转移到人身上，人由此成为信仰的对象。因为全能意味着完全排除了去认知自己的可能性；为此，人必须是全知的，但在一种潜在的形式中，也会将自身纳入所有的知识当中。这便导致了认知行为的无限迭代。上帝也必然只能相信他是全能的；在施莱格尔那里，全知全能的人与上帝并无区别。

因此，在过去的数个世纪里，所有人类都被视为始终存在着的同一个人……"始终"未完成的世界"在这里仍然隐藏在未得到发展的、正在衰老的宇宙这个隐喻之下，并且与始终未完成的"普遍的人"相对应，在此处，它刚刚从柏拉图式的"普遍人性"（universale der humanitas）那里转移出来，就进入人类劳作统一性的规范性理想当中。① "知识成就"（Erkenntnisleistung）被认为与统一化的承载者的特殊能力相关联，它借由具有决定性意义的"方法"规则而获得同质化；但如果将人类的成就——通过一个人们认为越来越可理解，却越来越不完整的世界激发出来——从根本上将其看作一项工作（Arbeit），能量（Energie）问题，作为一个量化问题，或至少同样被用于战胜世界的理论前提那一边，那么"集体"就提供了一种契合人之处境的聚集状态。这里只能简单勾勒其中的关联，以便将"未

---

① 就其范式特征而言，柏拉图式观念主要针对自然界，尽管从起源角度来看它首先作为一种伦理规范而被发现。伦理学是按照正义的模型而解读的，它显现在形式始终可靠的自然界的自我生产当中。从这种"普遍人性"概念到帕斯卡的"普遍的人"的方法论整合，其中间环节在于，人文主义的"教育"理念现在不再是自然和自然化，也不再是伦理塑形过程的自然"持续"，而是一种在历史范式中的典律化（kodifizierten），而且要在具体行动中再度生成的铭刻效果（Prägungsleistung）。我们在丰特内尔（Fontenelle）《关于古代人与现代人的离题话》（*Disgression sur les anciens et les modernes*，1688）中发现了接近但又不同于帕斯卡中间环节的形式，这部著作是在帕斯卡《论真空·序》片段多年之后写就的，而且在这个问题的表面几乎看不出什么区别："可以说，一个卓越的心灵是由前几个世纪的所有心灵组成的；只存在着一种心灵，它在整个时间中塑造着自己。"这便超越了人文主义法则的平衡，但又设想了个体统一体的心灵之成长，它被认为是一种内在的构建，而不是来自其对象化的（知识或劳作的）成就。

完成的世界"这一基本概念在共产主义激情中所起到的突出作用,放置在其基础的汇聚点当中。别尔嘉耶夫(N. Berdiajew)谈到过一位年轻苏联共产党员的言论,这个青年曾经在法国逗留过几个月,但他否认那里会存在自由;并认为真正的自由只可能存在于苏联:"那里的每个年轻人都觉得自己像是宇宙的建造者,宇宙竟忽然变得可塑起来,似乎人们可以将其揉捏成以往从未见过的形状。这首先就会吸引到年轻人……在这里,自由并未被理解为选择的自由,而是对一切事物的积极改造……人们必须把自由看作创造性的能量,看作改造世界的一种手段。"[①] 此时,"未完成世界"的概念通过其前提条件与历史或形而上学因素的分离而获得了一次变型:世界与其说仍然未完成,不如说是再一次变成了未完成的状态,从一个毫无成效的保存状态中抽离出来,通过革命再度物质化。在我们从施莱格尔那里发现的这种带有创世色彩的阐释中,自由要求一种具有可塑性的基底。世界越是可以被视为自然,视为纯粹的原始物质,视为原料基底,视为最不受约束的预先规定性,它就会越大。不过,这种阐释只能从人们意识到处于待命中的无限劳动量开始,通过"回溯"而发生。这种意识的创造是社会性集体的主要功能。

---

① 转引自 R. E. Skonietzki, Der neue Mensch. Ein Versuch über Sowjetpädagogik. In: *Hochland* 50 (1957) S. 97。

六　有机与机械的背景隐喻

隐喻也在专门的术语学陈述中发挥作用，但如果不
考虑到引入和"读取"它们的引导概念，那么就根本无
法理解其中所包含的意义统一体。说到感觉生动的陈述
也就预设了在理解表达内容的过程中，诸如此类的方式
可以在类型学（Typik）的范围之内呈现：第一批登月旅
行者为我们带回或发送旅行报告时，会让我们陷入这样
一个窘境，我们首先要对美国或苏联的地理进行彻底的
勘察，以便能够让所选择的陈述类型匹配（可能的）见
证者的来源。如果我们面前有一个猜测性陈述的技术构
造物（Kunstbau），那么，只有我们成功地全面进入作者
的概念视域，将其中的"转换"（Übertragung）挖掘出
来，解释本身才会向我们"敞开"。恰恰是通过这一点，
任何真正的思想者都会将自己与学院化的追随者区别开，
将自己的"体系"保持在一个鲜活的方向上，而学院活
动则将概念"连根拔起"，成为一种顽固的孤立看待事物

的方法。我们将这种转换称为"背景隐喻"（Hintergrundmetaphorik），当然，我们只能在某种类型学的范围内来重新呼唤解释，而在"相互对立"的隐喻类型之间，潜存着一种预先的确定性，比如在"机械的"和"有机的"这两个引导概念的二元性之内所做出的选择。语言不仅先于我们的思考，而且在我们的世界观中，语言同样居于"背后"；更有说服力的是，我们被图像的储备和图像的选择所决定，这也为我们"开凿了"能向自己指示什么以及能带来何种体验的方向。隐喻学的"体系"（Systematik）价值就在此处，但对其可能性我们在这里就不做推测了。

杰弗里·戈勒（Geoffrey Gorer）在《美国人》（*Die Amerikaner*）这部著作中宣称，欧洲人的隐喻是有机的，而美国人的隐喻是机械的。这一诙谐的论断是否正确还有待观察。不过我们只对方法论方面感兴趣，即尝试将"生活方式"中的风格差异追溯到一种基本观念的层面，而这些基本观念始终在最清晰地表明，"图像储备"是从何处发展而来的。但是，当人们唆使自己急于在有机隐喻和机械隐喻的对立中，在将稳妥的隐喻学"体系"中至少一小块分支收入囊中之前，必须要问，是否这种二元对立反映了我们自己的历史视野局限。举例来说，如果我们在历史文本中遇到 mechina 这类表述（或者遇到它的派生词：

machine，macchina 等），① 现代解释者就很难脱离"机器"的概念去理解这个词，进而了解这个古老词汇特殊的概念含义的机会就要小得多。此外，当"机械世界"（machina mundi）之类的表达第一次在诸如卢克莱修（Lukrez）这样的作者那里出现时，人们会认为，自己一开始联想到的含义得到了充分的证实。但"机械"只是 machina 除其他之外的含义之一；它的总体内涵接近于一种复杂的、目的指向的，但在其合目的性中不会被进一步识破的构造物，它也可以是以这种方式而存在的活动：一个狡猾的计策，一个骗人的伎俩，或者产生一种引人困惑的效果。严格意义上的机器（用于搬运货物或进行围攻）就属于这种类型，由于它们带来的效果让不明就里的观众感到困惑，所以这种表达方式在戏剧界中保留了相当一部分的历史，在那里，操弄观众可不是什么新鲜事。在我看来，古希腊语中 93 并没有编排"机械世界"这种表达的样版，而且我们很难认为"宇宙"（Kosmos）这个概念可以放进"机械世界"的意义范围里：作为 machina 的世界与其说是"无穷的"（kosmisch）②，不如说是"精巧的"，而"机械世界"的表述相当于一种神学，这种神学要么像卢克莱修那样，针对

----

① ［译注］mechina 是"机械""机器"一词的现代西方语言 machine、macchina 等的拉丁语词源。

② ［译注］kosmisch 一词是 Kosmos 的形容词变化，兼有宇宙的和无穷的、不可度量双重含义。

的是斯多葛学派的天命形而上学（Metaphysik der pronoia），要么是神隐藏在自己的作品背后，而不在其中显露自己。但首先，人们必须避开那种恰是现代自然神论（Deismus）才能最先与"机械世界"直接关联起来的观念：世界是自动的，没有超验的辅助，世界内在的完美性保证了它"正常运转"。正是钟表隐喻（Uhrwerkmetapher）为模糊地、不具体地表达"机械世界"附加了一种极为重要的特殊性：一旦上了发条，弹簧的运行就会让钟表保持可靠的稳定性。在 machina 的含义中，"机械"如此不具有核心性，这也可以从中世纪能够精确地将机械成分隔离在原始语言中，并通过 ingenium[1] 一词获得独立性这一点看出来，罗曼语言的早期阶段就建基于此（如西班牙语的 engenno［创造性，精巧的设计］，法语的 engin［设备，奇妙的装置］等）。[2] 在古法语中，"乾坤"（Universum）的意思仍然以 machina 为主，而"机械"则被称为 engin。因此，在我看来，machina 在新技术构造的时代复兴，正是因为其宇宙论意涵的提升，才倾向于以"机械"的技术现象来命名，这一点并非完全不可能。唯有如今，"机械"才成为世界解释中简明扼要的纲领性代名词，成为与有机体隐喻（有

---

[1] ［译注］Ingenium 在中世纪拉丁语中为 machine、engine 之意，今演变为德语中的天赋、天才等意思。

[2] 引自 A. Rehmann, *Die Geschichte der technische Begriffe fabrica und machina in den romanischen Sprachen*. Diss. Münster 1935. S. 54。

机隐喻将其精神限定在自我本质性中）针锋相对的一个隐喻。最初完全没有受到形而上学顾虑影响的概念史，在法国启蒙运动的唯物主义中却扩散开来："宇宙机器，人体机器"——这些现在已经不再是毫无意义的称谓（就好像我们的"构造"［Gebilde］），而是已经成为"诠释的方式"（Deutungen）。这种表达在德语中已然以纯粹技术名词的形式出现了：17世纪，它作为攻城术与堡垒建设工具的术语而使用。[1]

因此，有机主义与机械主义的二元论并不是我们在思想的历史中可以随意利用的范畴。在柏拉图那里，生成性隐喻和建构性隐喻同时出现，甚至彼此交织在一起。[2] 在《蒂迈欧篇》中，我们看到了柏拉图对世界构造的阐释，这个结构似乎是从一个所谓的"环形球仪"（Armillarsphäre），即天体轨道的机械模型中衍生出来的，但是，造物主最终创造的却是一个作为"生命体"的整体性，一个有机的统一体。由此说明，解释所有星辰现象的天体轨道构造问题与天体驱动的问题突然并存；前者是机械建造设计的问题，而后者必然要将注意力转向精神性因素，因为精神被视为一种首要的自我运动机能，而运动本质上是一种有机的现象。世界解释的机械论导向，并未阻

---

[1] 引自 A. Rehmann, *Die Geschichte der technische Begriffe fabrica und machina in den romanischen Sprachen*. Diss. Münster 1935. S. 109。

[2] 例如，*Symp.* 209A, *Soph.* 266B, *Tim.* 28C。

碍古代有机的基本概念；人造模型作为对自然事态的"模仿"，从一开始就被视为有缺陷的权宜之计。将世界秩序与钟表相比较，并不是说宇宙和钟表一样，只是说至少归属于钟表的独特谓词（Prädikate）也适用于宇宙："如果自然的产品比人为的产品更好，而人为缺乏理性就一无所成，那么我们也不能说自然没有理性。"[1] 作为在世界之内产生的东西，人造—技术不可能具有整体世界状态的那种尊严："……假设整个世界，包括人造物，制造它们的工匠，以及除此之外的一切都完全没有目的和尊严，那么世界又怎么可能和谐一致？"[2] 阿基米德著名的"球仪"并不是为了设想天体运动的机械性，而是为了引出这样一个推论：如果这种对宇宙的模仿已经完美契合理性（perfecta ratione），那么范本本身就更加确定和可靠。[3] 现在值得注意的是，正是阿基米德"球仪"这个古老奇迹的例子证明了，基督教—神学的驱动力将模型的解释功能转移到了宇宙论的机械主义方向上。拉克坦提乌斯也借鉴了阿基米德的形象世界（figura mundi），但目的是驳斥天体"自发运

---

[1] Si igitur meliora sunt ea quae natura, quam illa quae arte perfecta sunt, nec ars efficit quicquam sine ratione, ne natura quidm rationis expers est habenda. Cicero, *De natura deorum*，II 34，87。如西塞罗在引文（II 28，97）中表明，阿基米德的"球仪"（Sphaera）是被设置得像钟表一样的运动机械（machinatione quadam），并且很可能由一个液压装置驱动。

[2] ... mundum autem, qui et has ipsas artes et earum artifices et cuncta complectatur, consilii et rationis esse expertem putare?

[3] 同上书，88。

动"（motus voluntarius）的观念：如果阿基米德能够在没有赋灵（Beseelung）的情况下制作出了一个运行良好的模型，那么上帝又怎么会舍弃自发运动（从而完全不顾天体的灵魂）？我们在这里可以看到一个只有在自然神论中才得以完全阐明的主题，自然神论力图抹平宇宙的有机特征，以便让世界仅在最低限度上具有"出于自身存在"（Aus-sich-selbst-seins）的特性——使其在柏拉图的灵魂概念意义上自我运动。不难看出，只有惯性原理的发现才能完全满足这种要求，而这也会使有机的隐喻，如其在现代之初强大的斯多葛传统复兴中所处的位置那样，无家可归。不过这还有很长一段路要走。拉克坦提乌斯首先从阿基米德的"球仪"模型中（他大概只是从西塞罗的文字中知道了这个模型，否则的话，除非它仍然矗立在罗马的维尔图斯［Virtus］神庙当中，马克卢斯［Marcellus］将其作为战利品带到了那里）① 看到了机械创造特有的完美性，机械创造以完全不同于生育而来的有机体的方式，受制于并依赖于其创造者，因而也更确凿无疑地见证了创造者，它是创造者造物意志的执行："因此，天体的运动并非自发，而是出于必然，因为它们遵循其应受的律法。"② 可见，物理

96

---

① Cicero, *De republ*. I, 14. 在此之前，这个模型陈列在叙拉古的城堡中（Ovid, *Fasti* VI, 279）。

② non est igitur astrorum motus voluntarius, sed necessarius；quia praestitutis legibus officiisque deserviunt. *Div*. *Inst*. II 5, 14.

"法则"的概念也有其神学上的"利益基础"。而神难道不会以符合创造者身份的方式来体现他对世界带有必然决定性的主权吗?"如果人类的技能可以通过模仿来表现它们,那么神就不能设计和创造它们的原型吗?"[1] 机械装置完全是其创造者的物质财产,或者说(这种情况还未讨论)是对于支配它的规律有所洞悉,并且知道如何利用这种洞察力的人的物质财产。对拉克坦提乌斯而言,这里的关系显然非常清楚:"因此,在天体中存在着为了使其适应运行路线而做出的设计;但这是神的设计,他创造和统治着一切事物,不仅包括天体本身,还包括它们的运动。"[2] 拉克坦提乌斯甚至明确将他的机械世界模型与斯多葛学派的有机世界模型对立起来:"如果(世界)是被创造的,那么它既不是神,也不是有生命之物:因为有生命之物不是被创造的,而是经由生育而来;如果它来自创造,会像房屋或船舶那样被建造。因此也就有一个世界的建造者,也就是神;这个被建造的世界,与建造它的那个'他',截然有

---

[1] Deus ergo illa vera non potuit machinari et efficere, quae potuit sollertia hominis imitatione simulare? 同上书,5,18。我们可以比较一下近乎同一时期普罗提诺的遗传性(genetische)起源隐喻,他用"父亲"这个词来纯粹隐喻性地表达存在原则,没有任何情感或宗教色彩(*Enn.* vi 9, 9)。这种隐喻样式建立了一种与机械式完全不同的世界关系:无论世界是否来自神性的"降临",抑或是否出于工匠非凡创造力(artificis ingenio)的"设想",最终的区别在于,它可能是从无限多的构想中择选出来的。

[2] Inest ergo sideribus ratio ad peragendos meatus suos apta; sed dei est illa ratio, qui et fecit et regit omnia, non ipsorum siderum, quae moventur (II 5, 19).

別。"① 机械装置的隐喻确保了超验上帝的"清晰性":世界 作为产品而存在，而不是作为生成物（Generat），其本身
并无神性，而纯粹是一个"使用对象"："因为作为一所为
居住目的而建造的房子，本身并没有感知力，它隶属于建
造或居住于其中的主人；因此，世界也没有自己的感知
力，它隶属于自己的创造者神，神为了自己的使用而创造
了世界。"②

我们又一次在库萨的尼古拉那里发现了"球仪"，这
一次它具有托勒密体系的特征，但这里不再是对天体模拟
性的呈现，而是对人类精神创造能力的证明。③ 假说概念
随着托勒密体系在天文学中占据主导地位，将所有相称于
对象的知识，即对天体运行实际结构的模拟呈现排除在
外；只有运动论（phoronomisch）上的可验证性才是天文
假说唯一的准则。人类精神必须依靠其原本的建构能力来

① (mundus) nec animans, si constructus est. animans enim non construitur, sed nascitur: et si est aedificatus, sic utique tanquam domus, tanquam navis est. Ergo aliquis artifex mundi deus: et seorsum erit mundus, qui factus est, seorsum ille, quifecit (II 5, 37).

② Sicut enim domus in usum habitandi facta per se nihil setit, dominoque subiecta est, qui eam facit aut incolit: ita mundus per se nihil sentiens factori deo subiacet, qui eum in usum sui fecit (5, 42).

③ *De ludo globi* II: "灵魂凭借自己的创造力创造出新工具，以便去分辨和认识。比如，托勒密发明了星盘，俄耳甫斯发明了七弦琴，等等。这些发明家不是从什么外在之处，而是从自己的心智中创造了这些器具。因为他们在一种可感知的材料中展现了自己的概念。"(Creat anima sua inventione nova instrumenta, ut discernat et noscat: ut Ptolemaeus astrolabium et Orpheus lyram et ita de multis. Neque ex aliquo extrinseco inventores crearunt illa, sed ex propria mente. Explicarunt enim in sensibili materia conceptum.)

建立模型；因而，对库萨的尼古拉而言，这一成就便是他的人类精神概念的范例，人类精神在理性和人造领域，就像上帝在真实与自然实体的领域一样具有创造性。[①] 机械构造借此保持了与自然现象之间的基本对立，但这一点我们是无法洞悉的，除非人类精神的产物可以以某种方式被置于上帝精神产物的位置上。这种可能性正是从天文模型的功能当中解读出来的：天文模型被投射到了理论对象性要求似乎在本质上已经丧失的地方。这个过程的结果对我们来说已经相当熟悉：便是"绝对隐喻"的结构。现代宇宙论的机械主义是一个绝对隐喻的展开，其前提条件是人类精神成就具备了一种新的构想方案。传统亚里士多德主义将技术放在模仿的观念之下，毋宁说这本身就是一个有机的机械隐喻，正如莱昂·巴蒂斯塔·阿尔伯蒂（Leon Battista Alberti）在《论建筑》中指出："……在这里，我只想表明，机器就类似于具有非常有力的手的生物，而它们移动重物的方式，几乎与我们没有区别。因此，这些机器必然要模仿我们的四肢和筋腱的动作，我们在按压、推动、拉伸和搬运时所做的那些运动。"[②] 在这里，隐喻的导向（Richtung）遵循了某种从自然衍生出的、关涉技艺的

---

① De beryllo VI："因为，正如上帝是真实存在和自然形式的创造者，人类也是概念存在和人为形式的创造者。"（Nam sicut deus est creator entium realium et naturalium formarum；ita homo rationalium entium et formarum artificialium.）

② *Traktat über die Baukunst*，1452，*De re aedificatoria*，转引自 F. Klemm，*Technik. Eine Geschichte ihrer Problem*. Freiburg/München 1954. S. 119。

特定形而上学理论，在这种前提之下，有机隐喻的"实用"意义仍然被束缚着。所谓实用在这里指的是：将理论关注点引向隐喻化的相反方向。或许从达芬奇的素描到奥托·李林塔尔（Lilienthal）《作为飞行技术基础的鸟的飞翔》[1] 中的人类飞行理念史，就是此类根植于隐喻的"视野引导"（Sichtlenkung）的最精辟范例；直到莱特兄弟（Wright），这种单纯属于青年人渴望像鸟一样飞行的凝视才成为解决问题的基本机械装置的隐藏范式。[2] 就实用的可持续性而言，我们或许可以对照 18 世纪美学中占主导地位的"诗画同律"（ut pictura poesis）隐喻，以及该时期人们最喜欢谈论的"诗意的绘画"（poetischen Gemälden），这种主导性在莱辛的《拉奥孔》那里才最先被打破，并借此让隐喻模式所设定的一整套标准失去了效力。鲍姆加登（Baumgarten）看穿了这种作为隐喻的假象体系。[3] 不过以上内容只是对隐喻视野引导现象的概览罢了。

援引库萨的尼古拉天文模型机制的范例，可以明确机械隐喻开始占据主导地位时所依赖的形而上学前提。对"假说"的概念史进行综合研究将会带来一定的启示，例

---

① *Vogelflug als Grundlage der Fliegekunst.*

② 参阅本人的 "Nachahmung der Natur", Zur Vorgeschichte der Idee des Schöpferischen Menschen, In: *Studium Generale* X (1957) S. 269.

③ 参阅 E. Cassirer, *Die Philosophie der Aufklärung.* Tübingen 1932. S. 470。

99

如考察在笛卡尔的有机自动机理论（Automatentheorie der Organismen）中假说和隐喻是如何结构性地交织在一起的。对笛卡尔来说，研究者针对有机体原则的理论处境，与针对天体而言是一致的：他只是"从外部"看到了不可逾越（仿若维萨里［Vesalius］① 从未活在世上!），只看到了效果和征兆，但没有看到"内在"的因果结构。这种理论上的封闭和洞察力的缺乏引起了"转移/比喻"，当然，前提是克服在理论要求面前对怀疑的虔诚态度。人们把"能"或者"可以"做的事放在了未知之事的位置上，并以此作为不可知的神圣"绝对潜能"（potentia absoluta）猜想的产品。对笛卡尔而言，人之"能"的最高体现就是机器，机器是完全由洞察力构成的"合目的性结构"（Zweckmäßigkeitsstruktur），机器此刻完全成了"自然"的相反概念，而现代已经严格禁止对自然概念进行目的论解读了。在《哲学原理》（Principia）第四部分的末尾，笛卡尔反思了他之前认识到的"知识结构"："我描绘了地球，甚至整个可见世界，就好像它是一台机器。"② 他将现象理解为一种产品，现象直接的解释正是机器（因为以产品作为某种目的导向）："因此，用某一套齿轮构造的钟表来报

---

① ［译注］安德里亚斯·维萨里（1514—1564），佛兰德斯解剖学家，现代解剖学创始人，主要代表作为《人体构造》（De humani Corporis Fabrica，1543）。

② hactenus hanc terram, totumque adeo hunc mundum aspectabilem, instar machinae descripsi. IV, 188.

时，并不比经由一颗种子长成的树所结出的相应的果实更缺乏自然。"① 这里非常巧妙地掩盖了隐喻关系："现象"代表了机器（仅仅作出自我显示，而在显示时间的过程中，钟表的目的经由此种非生产性的方式得到了详尽的表达），而"产品"则代表了自然（毫无疑问，只有在超越了物种自我保存目的的那种未经许可的目的论考量之下，对人类来说这才是一种"收益"）。因此，"转移"就更加容易被忘记，自然和人造"证明了"它们之间的同质存在结构："在这方面，考察人工产品对我帮助很大：因为我不认可人工产品和自然物体有任何区别，除了人工产品的操作大多是由足够庞大的机器来执行，以至于它们很容易被感官感知到：实际上，若它们能够被人类制造，就必须是这样。"② 有机体和机械体纯粹只是一种"量"的区别，就此而言是一种偶然的视觉效果上的差异。笛卡尔由此掩盖了普遍机械主义的隐喻特征，进而使得"转移"的问题再度出现，尽管此时是在真正意义上的"假说"概念之下；由于"一般性地"将自然界诠释为机械集合的统一体，因此它尚不能解释这种机制被赋予了哪种"具体的"结构。如

---

① nec minus naturale est horologio, ex his vel illis rotis composito, ut horas indicet, quam arbori ex hoc vel illo semine ortae, ut tales fructus producat. IV, 203.

② atque ad hoc arte facta non parum me aduverunt：nullum enim aliud inter ipsa et corpora naturalia discrimen agnosco, nisi quod arte factorum poerationes, ut plurimum peraguntur instrumentis adeo magnis, ut sesu facile percipi possint：hoc enim requiritur, ut ab hominibus fabricari queant. IV, 203.

果我们将这种"假说"看作真实的领域，那么在普遍"转移"与它所必需的假说之间存在明确的基础关系，而这种仅在类型上必需的假说的可验证有效"范围"（Tragweite）仅限于"现象"领域，它从未达到或覆盖到普遍的隐喻基础（如果可以这样说的话）。在一个要通过"假说"来阐明的领域当中，如今同一个现象可以通过不同的建构方式实现："因此，现实世界中的最强大工匠，无疑可以用多种不同的方式制造我们所看到的一切。"[①] 研究者在这些可能性之间的抉择，纯粹出于经济上的考量而确定；但这并不被认为是一种缺陷——此时，用来建造基础的隐喻的"实用性"功能在这里变得很明显——因为在对机器的思考中，压倒性的"旨趣根本就不是纯粹理论方面的"。隐喻最初从理论要求中产生，但对最终结果的态度反过来也起到了修正作用：人们以探究的方式面对着机器，以便在原则上获得机器能达到的效果；然而，任何"同样"能够产生此种效果的建设性解决方案也绝对可以满足期望，实际上，倘若假定的解决方案比实际的解决方法更经济（这仍然是无法确定的），那么从起主导作用的知识旨趣的意义上来看，这种方案就会"更正确"。无论如何也要了解事情的"事实真相"（revera factae），这种纯粹的理论态度在

101

---

① non dubium est quin summus rerum opifex omnia illa quae videmus, pluribus diverisis modis potuerit efficere. IV, 204.

机械隐喻的特征之下显得"过了头";此时由隐喻所引导的态度,在"道德确信"(certitudo maralis)中得以确立,"将其应用到日常生活中显然是足够的,尽管它们与神的绝对力量的关系可能尚不确定"①。重要的是,绝对真理在这里不是指"神圣的理智"(intellectus divinus),而是与"神圣的力量"(poten-tia divina)相关,这实际上证实了整个思考链条所预设的真理与力量的基本关系。

在我们的上一段引文中,笛卡尔直接给出了破译密码信的例子:根据某个特定密匙获得可以读取出某种含义的人,只能凭猜测认为(sola coniectura cognoscat)这是编码者的密码,不过,明文越是融贯和全面地表明其意义,它与原始信息一致的可能性就越大:"如果一开始的原则就是错误的,那么多重要元素就很难融贯地符合同一个模式。"② 这里引起我们兴趣的不是笛卡尔对假说和系统之间功能性关联的讨论,而是一个完全不同的隐喻式背景:文件、信件和书籍。"加密文本"(chiffrierte Text),"密码文本"(Geheimschrift),③ 即"将自然喻为书籍"(Buch der

---

① hoc est quantum sufficit ad usum vitae, quamvis si ad absolutam dei potentiam referantur, sint incerta. IV, 205.

② vix potuisse contingere, ut tam multa simul cohaererent, si falsa essent.

③ 另参阅笛卡尔的《探求真理的指导原则》(*Regulae* X):"比方我们要读懂某篇由于使用未知文字而无人能懂的文章,当然它里面毫无秩序,但是,我们将铸造出一种秩序,既可审核关于每个符号、每个字词、每个句子人们可能原来做出的一切判断,又可把它们加以排列,使我们得以经由列举而获得可以从中演(转下页)

Natur）的隐喻将完全异质的隐喻传统，意义扭曲地同化为唯名论的概念。不过我不打算在这里重新审视这个隐喻，[1] 而是以最容易比较"世界钟表隐喻"形态的方式，把它作为一个突出机械隐喻特殊性的对比来看待。一本"书"里有所要传播的内容，即便它可能是用加密的语言写就，而且即便它只有潜在的可读性，也与基本思想不可分割：作者必须要传达，"同时"想要传达某些东西，即使只面向知情人士，为此，他对这些传达出的信息感兴趣，或者说想要阅读它们的读者有所需求。"钟表"作为衡量和指示时间的机械，同样具有一种信息功能；但是，这个隐喻与此相关只是出于偶然，其主要关注点在于传动齿轮

103

（接上页）绎的一切。"（… ut si velimus legere scripturam ignotis characteribus velatam, nullus quidem ordo hic apparet, sed tamen aliquem fingemus, tem ad examinanda omnia praejudicia, quae circa singulas notas, aut verba, aut sententias haberi possunt, tum etiam ad illa ita disponenda, ut per enumerationem cognoscamus quidquid ex illis potest deduci.）这个譬喻在这里起到了提示方法论后果的作用：一种解码只有在其被"一以贯之地坚持"的情况下才有价值："所谓条理……通常只是始终遵循［一定的］秩序。"（ordinis … subtiliter excogitati constans observatio.）与密码隐喻颇为不同的是，伽利略对基础隐喻（Grundmetapher）的重塑（参见他在 1641 年 1 月给博洛尼亚的福尔图尼奥·利塞蒂［Foutunio Liceti］的一封信［ed Albéri vii, 352］）："如果哲学不外乎就是亚里士多德所主张的那些东西，那我必须承认您是这个世界上最伟大的哲学家，因为您对他所有已知的著述了如指掌。但我相信，真正的哲学书是自然之书，它始终在我们眼前敞开；但不是所有人都能读懂它，因为自然之书并非由我们的字母表中的字符写就。"对于熟悉自然之书语言的人来说，其可读性（Lesbarkeit）是确定的：数学语言可以说是人类必须要学习掌握的自然"母语"。

[1] 参阅：E. R. Curtius, *Europäische Literatur und lateinisches Mittelalter*. Bern 1948. S. 321 及其后，以及在此处引用的其他文献。在罗特哈克（E. Rothacker）的参考文献中（*Mensch und Geschichte*. Bonn 1950. S. 238）引用过一本尚未出版的著作，《自然之书》（*Das Buch der Natur*, 1946）。

的自动性和规律性：世界时钟（Weltuhr）是一个没有指针和表盘的钟表。 这个钟表的意义仅仅在于它"运行良好"，而这是由于它被一劳永逸地给予的内在构成发挥着功用。钟表隐喻强化了（正如首先会在"自然神论"的后果中所显示的那样）"创世"的神灵化，而牺牲了其他诸如"神的一般参与"（concursus divinus generalis）等神论，后者在中世纪末变得越来越流行，可以说它让自然进程永久地、实质性地与神圣的主权行为捆绑在了一起，而不是像钟表隐喻所设想的那样，在自然的建基过程中看到神圣力量明确的自我安置。这种神圣运动功能在世界的机械构

① 因而，很难相信机械论的钟表隐喻起源于公元前39年柏拉图《蒂迈欧篇》中的宇宙之钟（Kosmische Uhr），因为柏拉图既关注时间单位的"可识别性"（Ablesbarkeit），也关注天体运动对时间的基础性生成。正因为宇宙之钟的大部分单位都很难识别（其中最大的单位是最完善的宇宙年［39D］），所以造物者思虑周详地采用了一种更精确的时间量度（μέτρον ἐναργές），以便让天体现象更明确地展现出来：昼夜交替是最小的"自然"时间划分。39C中提到的"人们"是否已经属于39B中所解释的那种安排方式的接收者，这取决于人们将这段文本按照阿切尔－辛德（Archer-Hind）的方式修正为καθ' ἃ来阅读，还是按照泰勒（Taylor）的方式修正为καὶ τὰ，后者将太阳的功能与其他天体的运动范围和照亮方式联系在一起。如果καὶ τὰ是一个腐坏者（Korruptel），那就证明了抄写者明确对柏拉图具有这样一种理解：人无法成为宇宙摆列的目的论参照物；这是从斯多葛学派，或者是从斯多葛—教父哲学对《申命记4：19》（Deuteronomy）解读的意义上来思考的。康福德（Cornford）在其评注中（第115页，注释4）选择了阿切尔-辛德的解读，从而与他对上下文解释的前提条件产生了冲突，即宇宙的整体摆列对人的考虑如此之少，就像时钟的正面显示根本不为人所知，最终和最完满的时间单位"岁差年"（［译按］große Jahr，又称大年或柏拉图年，是春分点完整绕行黄道一周所经历的时间，长度大约是25 800年）也完全对其隐藏。或许这里至少可以看出唯名论钟表隐喻的苗头：正如柏拉图的宇宙之钟是朝向并保留给神圣天体一样，世界钟表的"意义"也只针对其创造者开放。（这些评论并不是要对《蒂迈欧篇》中棘手的段落讨论提出要求，这些问题在此不会成为主题；在我看来，那必须在柏拉图目的论观念的背景下进行。）

造中"积淀"（deponierten）下来的观念（亚里士多德不动的推动者 ［motor immobilis］以及惯性原理的早期形式），在早期的表达中就已经存在了，尼古拉·奥雷姆（Nicolaus von Oresme）在《天空与世界研究》[1] 中已经给出了钟表隐喻，他仍然天真地将已经多余的天体理智构建在自己的宇宙论当中："……当神创造（天空）时，他将驱动的品质和力量放入其中，就像在地上的事物中放入重量和与这些驱动力对抗的阻力一样……与抵抗之力相对的力量以一种如此温和、如此和谐的方式得到了缓和，以至于运动在无需暴力的情况下得以进行；因而，除了暴力，这种情况好似一个人制造了一个钟表，让它自己运行并持续自行运动。以这种方式，神允许天空按照动力与阻力之间的比例不停移动……"[2]

尽管书的隐喻暗示出，人类作为指定的"读者"本身并不是世界之书的元素之一，而是与整个自然对抗的作者的伙伴，但在钟表隐喻中，人作为一个功能性的要素进入了框架当中。在伏尔泰 1734 年的著作《论形而上学》（*Traité de métaphysique*）中，人类激情（Leidenschaften）被合法化为世界机械构造的齿轮——这些齿轮似乎仍然需要上帝的监管，但已经从"几何学家"提升到了"机械师"

---

① *Traité du ciel et du monde*，1377 II，2.
② P. Duhem，*Le Système du monde* IV (Paris 1916) S. 163f. 给了《天空与世界研究》及其作者一个太过"仓促"的解读，由此为其带来一个不完全合理的声誉。

的级别:"当这些激情被滥用时,会对真理造成极大的伤害,它们实际上是我们今天在地球上看到的秩序的主要原因……柏拉图称神为永恒的几何学家,而我在这里称其为永恒的机械师,神就是用这种机械驱动和美化了自然:激情是让所有这些机械保持运转的齿轮。"(ch. 8)在为长期误解的激情辩护的过程中,甚至连一种目的论的解决思路也变得合情合理了,但值得注意的是,人类的劳作必须以原始驱动能量"转化器"的形式参与其中:"很可能神只给了我们这些需求、这些激情,以便通过我们的勤奋将其转化为我们的优势。"由于理性的力量,人,这个世界钟表的微型模拟物,现在成为一个带指针和表盘的时钟;正是以这个隐喻学的模型,沃维纳格侯爵在《人类精神知识导论》[①] 中解释了情感深度与理性表层的关系,以此表明理性不再是人类存在的"实质"(Substanz),只是将本质驱动转化为某种符号、系统或意蕴的东西。表盘将维系人类存在的真正机制隐藏在意蕴的覆盖之下,而这些意蕴则被置于从内部移动的指针之下,并用密码来"转译"真正的驱动力。隐喻持久的模式功能在这里格外明显:整个法国的道德学说(其中包括随后到来的心理学的主要雏形)都被这种模式的"式样"支配,它将内在的驱动力转化为内与外、存在与"世界" (帕斯卡意义上的世界 [le

---

① *Introduction à la connaissance de l'esprit humain*,1746.

monde]）相互区隔的社会"意蕴"。"理性"被看作对"世界"进行辩护的系统，是我们真正想要的东西，或者说（这一点现代的"潜意识"概念已经事先认识到了）是从那个驱动领域隐藏的（对我们自己隐藏）机制中而来，"包括我们也想要"的东西。这个隐喻可能包含着马克思对"经济基础"和"上层建筑"规划所需要的一切，只是他不满足于道德家对机械论的两层性（Zweistöckigkeit）过于温和的讽刺，对这些人来说，"能够在没有任何偏见的前提下以轻松而宁静的眼光思索人类真实的本质"就已经足够了。将机械的隐喻应用于自身的"百科全书派"（Encyclopédie）哲学家还有一点要做："哲学家像其他人一样，是一台机器；但他却是一台由于自己的设置会思考自身运动的机器……他是一个时钟，甚至有时候会自己给自己上发条。"①

令人印象深刻的是，雷马鲁斯（H. S. Reimarus）在评论《约书亚记》"太阳停止"的故事时，于超越隐喻框架之处使用了世界时钟的隐喻："因为就连神学家自己也逐渐开始对这种把整个自然界颠倒过来的怪物（Ungeheuer）感到羞愧。他们非常清楚，如果有人让其钟摆静止一天，倘若这永恒的运动片刻静止，所有呼吸的生命都会死亡，

---

① 引自 Paul Hazard, Die Herrschaft der Vernunft (Dt. Ausg. v. *La Pensée Européenne au XVIIIᵉ siècle de Montesquieu à Lessing*) Hamburg 1949，S. 379f.。

这一点对于庞大天体的整个运动来说似乎更为重要。"① 雷马鲁斯在时钟中看到了一些不会与新的自然概念相一致的东西：如果人们任凭时钟自行运动，它当然能够有序运行，但只有人让它们这样才行。钟表可以是一个玩具，而这种观念已经被神学移植到了世界的概念之上，这种神学将世界置于神的意志和专制手中。雷马鲁斯并未提到哥白尼，他把太阳静止视为一个虚构的故事；他关注的是一个更基础性的批评。但也正是这种基础性的批评，自哥白尼以来在情感上得到了实现：世界已经超越了上帝"玩具"的维度，对世界存在状态与正当性的干涉折射出了神性，同时也让其成为"怪物"。我们在此处捕捉到了自然神论的情感根基，即崭新的、世俗的自我意识已经不再能够忍受将自己交付给一个超验的支配者，并且仍然试图用隐喻保护自己免受世界统治者（Weltsouverän）的干涉。

107

如果主要关注那些使我们的"证据"更充分和更具明确代表性的方面，就不得不在这种背景之下详细讨论拉梅特里（Julien Offroy de Lamettrie）和他的《人是机器》（*L'homme machine*，1748）。我们会绕过"太茂盛"的区域，按照能力划出一个优雅的弧线，在反讽隐喻的表现中揭开机械形而上学大师的面容。1751 年 11 月 19 日，莱辛

① *Apologie* I 4，1，引自大卫·施特劳斯（D. F. Stauß）的手稿：Hermann Samuel, *Reimarus und seine Schutzschrift für die vernünftigen Verehrer Gottes*（Ges. Schri. v, 305）。

在其第 47 篇《来自学问领域的重要新闻》中，为外地读者带来了腓特烈大帝任命拉梅特里先生为宫廷学士的新消息："毫无疑问，他们怀疑他又犯了什么耍小聪明的蠢事，这已经不是第一次了。就是这样，是的，要是这件事没有对他本人造成如此严重的影响就好了。他死了……他那'游荡的、迷人的小小灵魂/我身体的居客与伙伴'[1] 已经很体面地离开了自己的居所，悲伤不为别的，只为生命的发条还未耗尽就已停止。人们清楚看到，我们在这里说的，一半是他的学问，一半是我们自己的学问。"[2] 莱辛"出于其对那门科学出色的洞察力"而追悼他的英年早逝，"如果医生有让生命不朽的能力，肯定会让他继续保存生命"，但这本身就是对机械隐喻中普遍存在的精确性的讽刺性侮辱。[3]

108 　　在本章最后，我将通过一个几乎属于当下的范式来完

---

① ［译注］这两句诗引自罗马帝国皇帝哈德良（Hadrianus，76—138 年）的辞世诗，原文为：Animula, vagula, blandula/Hpspes comesque corporis/Quea nunc abibis in loca/Pallidula, rigida, nudula, /Nec, ut soles, dabis iocos.

② *Kritischen Nachrichten aus dem Reiche der Gelehrsamkeit*, *Gesammelte Werke*, hrsg. v. Rilla, III, 37.

③ 关于《人是机器》的另一个反讽体现，此处只能推荐而无法展开讨论，参见：Jean Paul, *Auswahl aus des Teufels Papieren* 的倒数第二篇，题目是：Der Maschinenmann nebst seinen Eigenschaften. 在这里，隐藏在荒诞话语丛林中的是一种颇为凝练的形式，它的机械论特征要求被赋予了人类："不存在，却无所不能。"（Nichts sein, Alles können）而颇为巧妙的是，这个故事开头是为"月球上的人、土星上的人、土星的卫星以及星环上的人"准备的，目的是在最后一句话之前让读者的疏离感集聚起来，以便骗过读者，"因为你们土星人一下子就意识到始作俑者，读者就是——机器人自己"。

成我们与"机械"隐喻和"书籍"隐喻的对质，在这个范式中，这两个隐喻经历了具有代表性的发展和转变：也就是说，它们在这里指涉的不再是作为现实的世界意义和结构，而是作为科学的世界意义和结构。这并非偶然；因为科学的总体收益越来越多地介入主体及其世界之间，这个世界越来越多地"等同于"关于它的理论表达的总和（这并不是说，"直接"或纯粹关于世界的经验曾经存在过）。现在来说说我们的隐喻；这两种隐喻都在胡塞尔的《欧洲科学的危机与超越论的现象学》当中出现过。[1] 第一个隐喻完全符合胡塞尔的观点，即伽利略在将自然科学数学化的过程中，完成了理论施行与研究的直观（anschauend）意义关系的分离，这一点从方法论的意义上来说，已经在结构上预示了"机械化"的发生，即作为一种形式化操作向自动装置的转换。这首先通过真理的"外衣"（Verkleidung）成为可能："理念的外衣使我们将只不过是方法的东西认作真实存在……这种理念的装饰使方法、公式、理论的真正意义变得无法理解，而且在方法是朴素地形成的情况下从未被理解过。"[2] 在我们现在的语境中意义最深刻之处在于，装扮隐喻如何为机械论隐喻开路，机械何以成为与鲜活的、发挥作用的意义生发相分离的领域，

109

---

① IV 52，以及 460。
② 同上书，S. 73。

同时，这种被认为经由"装扮"带来的分离，作为一种对于棘手的、紧迫的"意义给予问题"的掩护，借此首先释放出了科学成就的潜能（Leistungspotential）："科学和它的方法不恰像一台完成显然非常有用的事，并且在这方面非常可靠的机器吗？每个人都能学会正确操作它，而丝毫不必了解如此完成的成就的内在可能性和必然性？"在胡塞尔那里，书籍隐喻也与科学、科学理念及其整合问题密切相关。在1736/7年冬季对《欧洲科学的危机和超越论的现象学》一书的增补中，胡塞尔谈到了科学家在整体"生活世界"范围内的"兴趣视野"（Interessen-Horizont）的特殊性；这种"以目的为生活导向的科学家的职业生活"，由一种内在目的论决定，它使每一项成就都成为更进一步成就的前提，并以这种方式将"所有科学工作统一为一个整体，即理论体系（理想的教科书原理）"。"理想的教科书"作为科学无限努力的目的和组成部分——这确实是对最初由"造物主—作者"撰写的"自然之书"做出的反讽式抄录。

七　神话和隐喻

假设我们现在试图勾勒出一种"隐喻史的类型学"　
(Typologie von Metapherngeschichten)，并通过范式对其进行证明，这并不意味着我们心目中的隐喻学主体目标和理想就是这样一种类型学。更确切地说，关于这项任务我们应该清楚地意识到，隐喻学——作为概念史的子任务，就像后者本身作为一个整体一样——必须始终是一门寻求从历史中理解自己，并实现其当下性（Gegenwärtigkeit）的哲学辅助学科。相应地，隐喻史的类型学旨在获得和区分哲学自我理解的历史层面——或许是新的层面。在此过程中，特别是"过渡"（Übergänge）将使隐喻的特殊性及其表达形式鲜明表现出来。

诸如此类的"过渡"现象就在"神话"（Mythos）和"隐喻"的关系中产生。这个角度证明了柏拉图的"神话"并非同质的表达手段；同时也表明，神话与逻各斯的二元模式，或者说"从神话到逻各斯"的转换是不充分的，不足以充分把握功能上的差异。首先由修辞术，然后主要由斯多葛学派运用的寓言式神话诠注（die allegorische Mythenexegese），将神话理解为逻各斯的"型胚"（Vorform），作为原则上可以改造的表达内容；这种样式与如今尚未被超越的神话解释方式一致，都将神话理解为"先于逻辑"的（prälogisch）现象，并归入人类精神"发展"的早期形式中；这种观念还认为，这种形式现在已经过时了，而且已然被理解世界的更精确形式所取代。但是，在我们的思考中作为"绝对隐喻"而得到证明的内容里，在其不可解的纯逻辑性中存在着一条线索，即这种占得先机的笛卡尔主义将一种不相称的标准应用到了历史发现上。在神话中，这样的问题也同样存在。它们无法用理论式的回答来解决，也不会因为持有此种观念就可以将问题回避。在这里，神话和"绝对隐喻"的区别仅仅在于起源（genetisch）：神话携带着古老的、神秘莫测的起源，以及神圣的或鼓舞人心的真实性所给予的裁决（Sanktion）；而隐喻可以以虚构的形式呈现，并且只能通过一种具有可读性的、理解的可能性来证明自己。柏拉图笔下的苏格拉底在《高尔吉亚》中颂扬了"死亡审判的神话"（Totengerichtsmythos），他说，在卡利克勒斯（Kallikles）看来是神话的故事，他自己会将其视为逻各斯（523A）。这个处于对话中的神话产生于一个极为深刻的困境，即为终极正义找到一个真正的、不可或缺的答案。苏格拉底想尽一切办法打通历史中固有的正义概念：雅典城邦经常判罚最优秀的人，这看起来完全不公正；但苏格拉底敢于坚称，在这里，政治家判决的失职本应得到弥补，但托付他们的公民未能弥补这种失职，以使他们不再对好的政治家做出不公正的裁决——就像诡辩家，为了从学生那里骗取报酬，面对的只是对自己伦理学说主张傲慢的证明。但是，苏格拉底不是早些时候不知道如何反击卡利克勒斯预言他有一天可能会被城邦不公正审判和定罪吗（486AB）？哲学家拥护真理，但真理却未必拥护他：如果有一天他必须为了真理而死，也没什么大惊小怪（521D）。我们不应该忘记：对于《高尔吉亚》的作者和读者而言，这种困境已经在苏格拉底之死中得到了验证！这也反映在对话的情境中：审判神话作为"临终之言"产生于一个不可动摇的假设，一种生活深处的信仰，即诡辩家的老练和哲学家在城邦法庭上的愚钝并不足以代表最终的角色分配，二者的角色会翻转。神话已经准备好担保这一点；但是，如果一个人不是以随时为真理而死作为信仰的基本需要，又怎么能配得上这样的信仰呢？神话不是逻各斯——苏格拉底也没有混淆二者的区分；如果我们的探索能够发现更好的、更真实的解释，我们会很乐意放弃神话，那么藐视它也就不足为奇了（527A）。思想家面对神话的境况，与面对"绝对隐喻"是一致的：神话/绝对隐喻无法满足思想家的要求，但对他来说又已经足够了。

在《理想国》第七卷的"洞穴神话"（Höhlenmythos）中坐落着神话与逻各斯之"中间地带"的另一个位点。洞穴作为原初事件的发生地点根植于神话的传统和对它的裁决当中。[①] 对柏拉图本人而言，走出地下的黑暗"进入光明"，是人类历史的基本进程，正如在《普罗泰戈拉》（Protagoras，321C）的"普罗米修斯神话"中，对技艺以及火的自我理解的天赋（即一种超越了人类"预设"存在形式的装备）与这个"从大地到日光之下"（ἐξιέναι ἐκ γῆς εἰς φῶς）的神话捆绑在了一起。同样，在《斐多篇》（Phaidon，108 及其后）的宇宙论神话中，人类"自然"的居留地就在洞穴深处和光明匮乏当中，而只有通过数学和天文推想的超越性天赋，人类才有可能从混沌的介质中走出。人类的自我实现，甚至包括自我超越的过程建立在洞穴神话的形式图景基础上，因此也就根植于神话的源初表象（Urvorstellung）当中，同时具有一种绝对隐喻的功能。不过洞穴"框架"的物质填充表明，可以将不同的特定使命转移到这个工具上：让神话作为一个模型发挥作用。这样的模式也可以在最初完全无关的表象发展

① 其中的线索可以在恩培多克勒（Dies B 120）以及锡罗斯的斐瑞居德斯（Pherekydes Syros）（Diels B 6）那里找到。在 Plotin, Enn. IV 8, 1, 5, 以及 Porphyrios, De antro nymph. 8 中，恩培多克勒明确提到了宇宙—洞穴的隐喻。针对维拉莫维茨-莫伦多夫（Wilamowitz）的说法，欧文·罗德（Erwin Rohde）对这种恩培多克勒式的解读提出了辩护，参照当时哈德（R. Harder）对普罗提诺的评论 1b（Hamburg 1956）S. 445。

过程中，作为背景而呈现。柏拉图在《智者》（*Sophistes*）中对反面英雄进行描绘时，也明确展现了洞穴场景[1]：他（智者）躲在"非存在"（Nicht-Seiende）的极端黑暗中，由于那里黑暗而很难被看清；同时，在那里，"存在者"（Seiende）在"没有存在"的仿像（seinslose Bilder）中模仿存在者；智者，这个幻象术的策划者，想要魔术般地让人通过幻象获得满足。[2] 洞穴主要是首先"解释"了这种诸如诡辩家的幻象何以成为可能。在这里，我们所说的"背景隐喻"，即隐含地使用隐喻的情况再一次清晰展现。新柏拉图主义最先将这个神话完全当作一个"绝对隐喻"，它部分追随了恩培多克勒和柏拉图，部分追随了荷马的"宁芙山洞"（Nymphengrotte）神话，而正如波菲利（Porphyrios）在《宁芙的山洞》（de antro nympharum）一文中表明，这个神话在荷马的寓言中已经发展出了宇宙的含义。此时，宇宙成为"洞穴"，而外界则成了鲜明的、教化式的（paideutisch）、不再能够触及的超越性。绝对隐喻已经在技艺的"教学结构"（Lehrarchitektur）中具体化了。[3] 诺斯替/灵知主义和教父哲学将其视为救世主降临的

---

① 同时参见康福德（F. M. Cornford）对《智者》的评论：in "Plato's Theory of Knowledge", S. 195。

② 这段解读引自《智者》233C—235A以及254A。

③ F. Creuzer, *Symbolik und Mythologie der alten Völker*. Bd. 1（Leipzig 1836）S. 246f.：（关于密特拉教［Mithraskult］的场景）"据欧布洛斯（Eubulos）说，查拉图斯特拉（Zoroaster）（［译按］欧布洛斯是古希腊著名喜剧诗人）曾经布置了这样一个密特拉山洞，以此作为世界的形象。其中的一切都具有重要（转下页）

场所，是"洞穴之光"的升起之地。这是一种在洞穴隐喻当中阐发出的世界感受。

在《蒂迈欧篇》的创世神话（Demiurgenmythos）中再次出现一种不同的特性。在那里，一切都为实现解释功能服务，[①] 一种专门的构造以神话文体的外衣呈现出来。造物主的某些特征，如"善"，不过是服务于理论命题推导的必要前提罢了，比如为了推导理想宇宙向现实宇宙转换的完满性。就此而言，神话及其实质性内容也仅仅是实现宇宙论"假说"的模型。如果我们将这种虚构的神话与笛卡尔在《哲学原理》提出的宇宙论模型[②]进行比较，就会发现很难再勾勒出具体的区别。在这两种情况下，动态模型都用来解释世界的静止状态；关键在于有可能本就如此，因此笛卡尔——与柏拉图不同——甚至坚持认为宇宙并非以这种方式产生，他这样做也不仅仅是为了逃避宗教裁判所的纠缠。斯多葛学派的诠注首先将柏拉图的《蒂迈欧篇》转变为得到认可的"元神话"（Urmythos），并宣称这种神话在样式上是适中的，而教父哲学颠倒的手法又将其起源追溯到了圣经。这便在根本上为奥古斯丁遗留了一

（接上页）意义：作为黑暗到光明过渡的破晓时刻具有象征性，岩石是物质，在其内部环绕的圆圈里，展示着所有的宇宙关系和形式，地域、恒星、行星、生物圈、元素等等。在这个世界洞穴的入口处，密特拉出现了……"

① 普罗提诺已经注意到了这一点，参见 *Enn.* IV 8, 4 结尾。

② 参见该书：III, 43 及其后。

个问题，而且这一问题经由诺斯替主义变得更加紧迫，即来自造物主神圣之手的创造，如何经由神圣之口——在神支配性的绝对命令（Machtwort）中——再一次将圣经中的万物制作出来。这是两个截然不同的起源隐喻：一种是绝对命令不"解释"，也不想去解释什么，它拒绝理性，并且要求服从；另一种是逐步构造起来的造物式的"制作"，试图解释和观察一切，通过洞察事物的形成来祛除存在的神秘。我们可以看到，为了传统权威的"累积"，几个世纪以来完全异质之物如何被扭曲和嵌入到彼此当中。从隐喻的建立出发，这些异质性将会在其差异中得到对比的呈现。

八 隐喻的术语化:"逼真性"

与本章标题限定的内容相对应，我们并未试图详尽
"讨论"神话、隐喻和逻各斯之间的关系，只是按照要求
示范一种提出和分析问题的工作思路。作为一条谨慎的原
则，这或许更加适用于"从隐喻过渡到概念"这个棘手的
领域。我们试图从"逼真性"（Wahrscheinlichkeit）这一范
式入手，获得这个过渡领域的轮廓。在这个范式当中，隐
喻被吸收到语词里，虽然它被术语化的表达磨平，但只要
稍微转换关注点，仍然可以听出其中的弦外之音：真理
（Wahrheit）之"光/显像"（Schein）本身是模棱两可的，
它一方面作为反射、投射、光晕、透射、在场和方向性的
显像，另一方面作为空洞的浮光、误导性的幻象、模仿，
以及伪造正当性的矫饰伪装。隐喻在这里只是采用了字面
的意思，而不是作为一个关于事实情况定义规则的名称。
为了通过一个例子直接说明这个隐喻作为语词如何以及在
何处不再被当作隐喻"来听取"，同时，尽管如此在隐喻

中已经暗含的东西，如今必然被明确附加到这个词之上的情况，我们引用迪特里希·蒂德曼（Dieterich Tiedemann）的《斯多葛学派的哲学体系》中的一段话，这段话涉及西塞罗在《论目的》（*De finibus*，III 21，72）中对逻辑特定目的的讨论："这是为了防止我们赞同任何虚假的命题，并且绝不允许我们被逼真性带有欺骗性的外表所蛊惑……"①

这个隐喻毫无疑问起源于古代修辞的矛盾性：演说家可以让"真"（Wahre）在合法的光辉中"显现"（erscheinen），他也可以让"非真"（Unwahre）的东西"如此这般显得"（aussehen）像"真"；他如何更好地使用他的技巧，取决于一种基础观念，这种观念我们在"真理之强力"的隐喻中已经处理过了，这里也有必要始终牢记。正是在《修辞学》（1355a14）开头的另一段话中，亚里士多德对人与真理之间的"自然"关系问题作出了积极的肯定。在这段话中，他借鉴了柏拉图在《斐德罗篇》（*Phaedrus*）（237E）中对"逼真"（εἰκός）的定义："'逼真'在群众心中产生影响，是由于它类似真理"②，进而创造了"似真"（τὸ ὅμοιον τῷ ἀληθεῖ）这个表达，而随后，西塞罗将εἰκός一词用作 verisimile（似真）③，确定了这个词的实际方向。由于学园派怀疑论的强

---

① *System der stoischen Philosophie*，Leipzig 1776，I 22.

② δι' ὁμοιότητα τοῦ ἀληθοῦ ἐγγιγνόμενον.

③ ［译注］拉丁文 verisimile 一词由 veritas［真理］和 similis［相似、类似］（转下页）

化，一种柏拉图式的因素正在发挥着影响力。虽然西塞罗"仅仅"属于所谓的学园派怀疑论的没落形式，但我们不应过于草率地像惯例那样将西塞罗的自我理解视为柏拉图式的。学园派的怀疑论比乍看之下更具有一贯的"柏拉图"特征；它不仅是柏拉图学说史上的一次反叛，而且是对真理超验性特征不断增强问题（我们可以在晚期柏拉图那里观察到这一点）的回答。恩披里克曾经讲述过一段学园派领袖阿尔克西拉乌斯（Arcesilaos）从未被认真看待过的轶事：他向一群经过严格挑选的学员进一步传授柏拉图的正统观念，同时对外扮成一个怀疑论者，这件轶事多多少少为这种关联提供了一条富有启发性的线索。[①] 晚期柏拉图生动地为其读者展现了无法获得"真"的无望情形。在《蒂迈欧篇》宇宙起源学说第二部分的开头（48D），εἰκός，即"看起来像真一样"（Sowiedas-Wahre-Aussehende）被说成是陷入歧途和不知何往时的救助方式，我们必须呼求神，"是我们妥当地通过一种全新和未曾有过的论述，得到一个建立在逼真性之上的结论"[②]。逼真性获得了神的恩

（接上页）组合而成。为了做出区分，译者在绝大多数情况下将柏拉图的εἰκός和德语 Wahrscheinlich 译为"逼真"，将拉丁语 verisimile 译为"似真"；将后文出现的πιθανόν 和 probable 译为"可能"；在德语中，Wahrscheinlichkeit 由［真］Wahr 和［光、闪耀、显得、假象］schein 组合而成，这个词兼有逼真性、可能性、概率等多重含义，翻译时根据上下文选用。

① *Pyrrh. Hyp.* I 33, 234.

② ἐξ ἀτόπου καὶ ἀήθους διηγήσεως πρὸς τὸ τῶν εἰκότων δόγμα διασώζειν.

118

赐，成为真的可靠"代表"；如果寻求真的人能"坚持到底"，逼真性就会拯救它（56A）。由此，真理几乎获得了"神的"尊严：从所抵达的真理中产生的确定性，只有在神的肯定（θεοῦ ξυμφήσαντος）之下才能分给人类，相比之下，与人类此时（καὶ νῦν）的状态相称的是逼真性（72D）。在《克里提亚斯篇》（Kritias）（107D）中，作为我们膜拜对象的天国与神性所表现出来的极其微小的逼真性，与我们精确地考察短暂和凡俗事物的精确性形成鲜明的对比；超验的距离只允许我们的观察能力感知到真理微弱的余晖。就此而言，这种差异意味深长，因为它反过来决定了确定性的程度，就像在基督教思想中所发生的那样，信仰的确定性超过了自然知识单纯的"逼真性"。这种颠转会对逼真性概念的历史产生决定性的影响。

在学园派怀疑论中，逼真性的作用是一块置身于不确定性海洋中独特的、无动力的岩石，人们可以将自己的生活实践和幸福的要求押在这块岩石上，只有当人们察觉到其中的"柏拉图主义残余"时，才能理解这种作用。西塞罗——他毫不费力地将对自己的内在共同点视而不见的学园派和斯多葛学派这对不可调和的对手汇集在了一起，而且这种汇集绝不仅仅是折中式的拼接——能够用斯多葛学派的理论资源解释实践证据和理论模糊性的区别，以此作为真实人类需求的目的论经济结构。由此产生了一种态度，这种态度丝毫没有在"悬搁判断"（ἐποχή）中表现出任何听天由命的迹象：尽管教条主义者会为了他们的真理而战，但怀疑论者对于自己要走的路却非常清楚，即便他们无法证明这一点："我们与那些认为自己掌握正面知识的人没有任何区别，除了他们毫不怀疑自己信条的真实性，而我们认为许多学说只是可能的（*probabilia*），我们可以轻而易举地采取行动，但很难坚定不移地前进。"[1] 可能性（*probabile*）在其实用的、导向的可靠性中唤起和赢得信任，所以在人的世界生活中具有存在的必要；一旦人超越了这种限制，逼真性就会自我抵消，很容易成为令人迷惑的，"带有欺骗性的可能性"（*probabilitas*）。[2] 这个由西塞罗构造起来的概念，一种遵循在以人类中心导向的"领域"内对逼真性特征的区分，对于受到西塞罗影响的教父哲学衡量自己理解和误解的程度来说颇为重要。它与"似真"（*verisimile*）的隐喻有关，西塞罗用这个隐喻复述和重新解释了学园派的"可能性"（πιθανόν）概念，这个概念由此被刻画出这样一种含义特征，即其首要和占据主导地位的特征是"说服的"（überzeugend）效果和个人的魅

119

---

[1] nec inter nos et eos qui se scire arbitrantur quicquam interest nisi quod illi non dubitant quin ea vera sint quae defendunt, nos probabilia multa habemus, quae sequi facile, adfirmare vix possumus. (*Lucullus* prooem. 8.)

[2] *de fin.* III 21, 72.

力，然后指的才是演讲和说服的内容，最后指为了达到这样的目的所使用的论辩手段。在与认知能力的关系当中，"似真"主要关涉事物本身的性质问题；即便在表达方式对修辞起很大作用的地方，即在传统"可能性"（πιθανόν）所属的领域当中，[1] 所携带的也并非说话者及与其说服力相关的技巧，而是"他要表达的事物"赋予他的"真理的代表资格"。在真实与虚假的"间隙"（Spielraum）当中，逼真性所处的位置"接近于真理"（prope verum），[2] 逼真性参与了真理的显现，因为它分有（teilhaben）真理的本质——这就是为什么隐喻的"似真"能够决定性地扩展术语的"可能性"："如果叙述体现了通常在现实生活中出现的特征，那么它将是可能的……遵循这样的规则可以确保似真性。"[3] 西塞罗想要人们"按照字面意思"来理解"像真理似的"（veri simile），比如在其他地方，他在这个词之前用"quasi"（类似、似乎、好像）修饰。然而，"看起来像真一样"的可靠性总是局限在人类在世界中的定位需求的经济结构所划定的范围内；这种可靠性的满足是通过伦理上的规范意识衬托出来的。这就是与伊壁鸠鲁主义的概

---

① 参见：Plato, *Phaidros* 272DE. 关于西塞罗"似真"概念的整个复杂性问题，参见 G. Gawlick, *Untersuchungen zu Ciceros philosophischer Methode*. Diss. Kiel 1956. S. 69f. 。

② *De oratore* I 240.

③ Probabilis erit narratio, si in ea videbuntur inesse ea, quae solent apparere in veritate … ' ac veri quidem similis ex his rationibus esse poterit. *De inventione* I 29.

率经济学（Wahrscheinlichkeitsökonomie）的关键区别：例如，当伊壁鸠鲁以一种中和宗教、神话和占星术之间关联的方式解释天体现象时，"不得已承认理论知识'看起来像真的'"，[①] 目的是通过在理论上最小化地证明一种情绪的对等性，来确保"心灵的宁静"（ἀταραξία），而这种对等性针对的是对每种事物所有可获得的学述（doxographisch）观点，因为坚持任何一种解释而排除所有其他解释，将会回到神话。伊壁鸠鲁（或者他早期的学生）在这里比后继者卢克莱修更为谨慎地对待逼真性问题，后者时常将物理和诗学上值得注意的概率（Wahrscheinlichkeit）问题混为一谈，比如他宣称不可能（unwahrscheinlich）只存在一个世界，而没有考虑这种情况在无限的原子活动中出现是多么不可思议（unwahrscheinlich）。[②] 无论在原子的随机动力中形成什么，总是会出现一个相同类型的"宇宙"，这是一个隐秘的形而上学—目的论前提，使得我们在此基础上运用"逼真性"（Wahrscheinlichem）来操作变得非常容易。

如果现在转向拉克坦提乌斯的"似真"概念，就可以利用和完善前文整理的他的真理概念。他将真理理解

---

① τò πιθανολογούμενον ... δεόντως καταλιπεῖν. (*Ep. ad Pythoclem* 87.)

② *De rerum natura* II 1052 - 1057："似乎无法真的认为，这就是唯一被创造出的大地和天空。"(nullo ... pacto veri simile esse putandumst ... /hunc unum terrarum orbem caelumque creatum ...)

为由神所保有的善，神通过启示以适合于我们得救的剂量（西塞罗的经济效果！）来让我们揭开真理，这已经让我们预料到，这里的"逼真性"即便不完全是，也主要单纯以真理之显现的消极含义出现。我们的预期的确得到了验证。在《神的烈怒》（IV 7）中，拉克坦提乌斯提到了西塞罗曾转引过的波希多尼（Poseidonios）的一句格言，按照这句话，伊壁鸠鲁的真实观念是无神论的，而且只是出于外在的原因才保留神。拉克坦提乌斯在这一点上对伊壁鸠鲁的处理颇为温和且充满了同情：有人指控伊壁鸠鲁是"两面派的骗子"（deceptor bilinguis），拉克坦提乌斯为其开脱，他在其中表明，任何否认神之"职能"（officuum）的论断，总归都包含矛盾之处，所以伊壁鸠鲁就成了自己关于神之本质的前提条件的受害者："……他的错误在于对真理的无知。因为他从一开始就被一种类似于真理的观念引导，因而必然会陷入随后产生的问题中。"[1] 关于米努修（Minucius Felix）在《奥古斯都》（*Octavius*）中对土星神话的解释，拉克坦提乌斯批评说："实际上，这些事物和真理有某些类似性，但不是真的。"[2] 适用于伊壁鸠鲁的表述在某些涉及宇宙论的论题上再度出现了："这个错误的起源也必须由我们来阐明。因

---

[1] ... ignorantia veritatis erravit. inductus enim a principio veri similitudine unius sententiae, necessario in ea quae sequebantur incurrit.

[2] Sunt haec quidem similia veri, non tamen vera. (*Div. Inst.* I, 11, 56)

为，当他们在类似真理的引导下，着手研究时假设了任何虚假的东西，都必然会陷入由这种行为所引发的后果中。"① 最终，拉克坦提乌斯在二元语汇当中，完全将逼真性妖魔化，他将其视为混淆了救赎与灾祸两条道路的迷惑性手段："在那条道路上的先行者，其力量和能力完全来自欺骗，那何以能彻底将人们引入骗局呢？除非他向人们显示出某些类似于真理的东西。"② 鉴于西塞罗对拉克坦提乌斯的权威性，虽然出现了新的前提，但这种对"似真"的重估仍然令人惊讶。当然，仔细观察可以发现，拉克坦提乌斯通过运用西塞罗在处理这个问题时做出让步的一个传统元素，即斯多葛学派的逼真性观念，清除了"柏拉图主义的残余"。这一传统潮流分支的意义首先在于后来对笛卡尔的影响：对他而言，接受逼真的东西就等同于向"非真"屈服。斯多葛学派的逻辑学从理性对纯命题内容的"表态立场"角度发展了判断品质（Urteilsqualitäten）学说：理性的自主权表现在它能够自由地"悬搁判断"（ἐποχή）上，而且在对象被完全确证之前，也可以拒绝给予其认同。但在这里，逼真性会展现出让判断主体变得轻率的（προπτωσία）诱骗力，这种诱骗力首先在修辞学中

122

---

① Huius quoque erroris aperienda nobis origo est. Nam semper eodem modo falluntur. Cum enim falsum aliquid in principio sumserint, veri similitudine inducti, necesse est, eos in ea, quae consequuntur, incurrere (III 24, 2).

② Quomodo enim praecursor eius viae, cuius vis et potestas omnis in fallendo est, universos in fraudem posset inducere, nisi verisimilia hominibus ostentaret? (VI 7, 3)

蔓延，并会再次于斯多葛学派的辩证法中壮大起来。① 斯多葛学派的辩证法以"审慎"（ἀπροπτωσία）为目标，希望理性可以免受逼真性的伤害，而泰然处之（Gleichmut）可以作为理性的力量对抗逼真性，并且不向它屈服："所谓审慎指的是对某一时刻看似可能为真的东西做出强烈的推定，以避免被它所迷惑。"② 在斯多葛学派内部与外部尖锐的二元对立中，"逼真性/可能性"（πιθανότης）成为"从外部"影响事物的基本特征，这便与那些无论如何都"旨在"让别人认同其说法的人所要达成的"修辞"效果异曲同工了。③

在奥古斯丁那里，"逼真性"的矛盾性在两个层面凸显出来。他在与学园派怀疑论对峙的过程中，再次全面提升了"柏拉图主义残余"的价值。在《驳学园派》（*Contra Academicos*）对话中，奥古斯丁问对话者利坎提乌斯（Licentius）是否相信学园派的学说是真的；后者回答说："我不知道它是不是真理，但它有可能是……"④ 奥古斯丁为了沿着隐喻的导向思路进行下去，转向了"似真"："你

---

① πιθανόν（可能、或然）的例子可以参照第欧根尼·拉尔修（Diogenes Laert）VII 75 中对"母亲"概念的"轻率"定义。

② Diogenes Laet. VII 46. τήν τε ἀνεικαιότητα ἰσχυρόν λόγον πρὸς τὸ εἰκός, ὥστε μὴ ἐνδιδόναι αὐτῷ.

③ 将其与修辞效果等同的说法来自第欧根尼·拉尔修（VII 89）。

④ Utrum verum sit, nescio; probabile est tamen. (II 7, 16)

知道……他们也把"可能"命名为'似真'吗?"① 这个隐喻现在的确提供了进入柏拉图主义的契机。奥古斯丁对对话者说,如果一个人从未见过自己的父亲,而现在却见到了父亲的兄弟,并被保证说,兄弟与父亲很像——难道他不会认为这样说的人精神错乱或者在胡言乱语吗?由此"逼真性"成为一个映像(Abbild),与真理的始源形象处于一种衍生关系当中,恰恰是隐喻使这一点成为可能。奥古斯丁的对话在经过了一段离题之后,由这个隐喻发展而来的故事(即有人从未见过父亲,却声称儿子会与父亲相似),在做出结论之前再度被生动地复述了一遍:"这例子显然表明,你们学园派也该遭受这般嘲笑,因为他们说,在这一生中,虽然他们不知道真理到底是什么,但遵循着类似于真理的东西。"② 随后加入对话的特利盖蒂乌斯(Trygetius)想要把奥古斯丁从"似真"带回到"可能性",以此规避柏拉图主义的后果(II 8,20);阿里皮乌斯(Alypius)也指责奥古斯丁刚好抓住了一个对他有帮助的词,而这个词是可以替换的。不过奥古斯丁拒绝让步:"争论的焦点并不在词上!相反,这是一次关于问题本身的严肃论证。我不认为学园派是那种不知道如何给事物命名的人。在我看来恰恰相反,这些词的选择是为了向愚钝

---

① Probabile . . . scisne ab ipsis etiam verisimile nominari?

② Ipsa res clamat similiter ridendos esse Academicos tuos, qui se in vita veri similitudinem sequi dicunt, cum ipsum verum quid sit, ignorent (II 7,19).

之人隐藏他们的观点，向更有洞察力的人揭示它。"① 词语按照主体的态度打开和关闭与事物之间的关系；这是新柏拉图主义的基本思想。在这种情况下，态度上的调整意味着：要意识到这个隐喻，并接受它的指示。因此，在次日的谈话中，利坎提乌斯已经对这个隐喻有了警觉："没有什么比一个不知道真理，却说他在追随类似真理的东西更荒谬的了。"② 逼真性的正面意义在于其指引功能（Verweisungsfunktion）：人们不可能仅仅满足于逼真性。就其本身而言，在怀疑论者所接受的自我满足当中，逼真性偏向于消极；《驳学园派》第三卷强调了这一点（15，33—16，36），奥古斯丁还在《订正》（*Retractationes*）（Ⅰ 1，4）③ 中进行了纠正。在"真"无需指引而直接显现的地方，在三位一体的初始确定性中，即在"我们存在，我们知道自己存在，并为这种存在和知晓存在感到欣喜"④ 之处，逼真性向非真理倾斜："在这三件事中，没有类似于真理的假象来困扰我们。"⑤

---

① Non est ista ... verborum, sed rerum ipsarum magna controversia：non enim illos viros eos fuisse arbitror, qui rebus nescirent nomina imponere；sed mihi haec vocabula videntur elegisse, et ad occultandam tardioribus, et ad significandam vigilantioribus sententiam suam (Ⅱ 10，24).

② nihil mihi videtur esse absurdius, quam dicere, se verisimile sequi eum qui verum quid sit ignoret (Ⅱ 12，27).

③ [译注]《订正》是奥古斯丁在晚年（427年）写的一本回顾和纠正自己著述的作品。

④ et sumus et nos esse novimus et id esse ac nosse diligimus.

⑤ in his autem tribus quae dixi nulla nos falsitas verisimilis turbat (*De civitate dei* XI 26).

"逼真性"功能的决定性转变发生在中世纪晚期。这个过程在结构上与学园派怀疑论的兴起类似：对"真"之超验性的过度强调，导致了逼真性的自足。14、15世纪的新怀疑论走向了为"信仰主义"服务的道路：在"唯其不可能，我才相信"（credo quia absurdum）的信条中，理性作为信仰真理服从信仰的"成就"，本身就成了非逼真性；这种形式的真理"看起来并不像"能够或理应视为真的东西。另一方面，逼真性在失去与绝对真理之间有待形成的比照性之后，获得了自主权。在前文克里提亚斯的引文中，柏拉图的情况发生了颠倒；神性与天体割裂了：神性在信仰中获得了确定性的保障，而天体则成为自然的一部分，神学家甚至不允许天文学家将天体知识视为似真的知识（ne verisimiles quidem）。[1] 正是在《圣经》的表述与哥白尼宇宙论的关系问题上，"真理"与"逼真性"冲撞出新的疏离关系。1615年4月12日，红衣主教贝拉米诺（Roberto Bellarmin）在给加尔默罗会修士福斯卡里尼（karmeliter Foscaini）的信中劝告说，哥白尼的学说只具有可能性，但不是真实的，这一论断背后的想法是，没有任何逼真性可以与《约书亚记》中关于太阳停止的圣经历史

125

---

[1] 安德烈亚斯·奥西亚德（Andreas Osiander）在为哥白尼的《天体运行论》添加的序言中说："这些假设并不必然为真，或者甚至近似于真；但是，如果它提供了一种符合观察的计算方法，那就足够了。"（Neque enim necesse est, eas hypotheses esse veras, immo ne verisimiles quidem, sed sufficit hoc unum, si calculum observationibus congruentem exhibeant …）

真理相冲突，但是反过来，这个真理也不会排除诸如此类的可能性。在中世纪晚期的危机中，神学扭曲了这整个结构的复杂关系；举例来说，尤为值得关注的是，由于εἰκός一词特有的拉丁化形式的出现，1519 年，梅兰希通（Melanchthon）在学士论文[①] 12—15 条论题中说：

——12. 理智不能在没有任何理由或经验的情况下对任何给定的命题表示赞同；[②]

——13. 意志本身也不可强迫理智对可能之事（*eicotibus*）表示赞同；[③]

——14. 意志被爱吸引到信仰的对象上，命令理智给予赞同；

——15. 这种赞同就是信仰或智慧。[④]

值得注意的是，梅兰希通在这里将信仰概念嵌入到了

---

① *Melanchthons Werke* (hrsg. v. R. Stupperich) I, 24. 该文共有 24 条论题，马丁·路德（在 1519 年 10 月 3 日给斯塔皮茨［Staupitz］的信中）称其"颇为鲁莽，却极为真实"（positiones audeculas sed verissimas），这是一份集中呈现当时思想史的文献，值得深入解读。

② —12. Intellectus nulli propositioni assentiri potest citra rationem aut experientiam.

③ —13. Nec voluntas per sese intellectum eicotibus cogere potest, ut assentiatur. R. Seeberg, *Lehrbuch der Dogmengeschichte* (4. Aufl.) IV, 426 注释 1 中将其改为 sine eicotibus（［译按］sine 为"没有"之意）。但在我看来，eicotibus 是与格宾语，对应的是前一个论题中的 ratio［理性］和 experientia［经验］，也就是说，用斯多葛学派的术语来看，它指涉的是理解性表象的匮乏性。obiectum credibile［信仰的对象］要超越于 eicota，并且具有与理解性表象相同的效果，尽管它们的表现并不相同。

④ —14. Voluntas per charitatem rapta ad obiectum credibile imperat intellectui, ut assentiatur.

—15. Hic assensus fides est seu sapientia.

斯多葛学派的概念框架中，并与逼真（eicota/εἰκοτα）形成了对比；梅兰希通独创性地对旧的语言手段进行了改造，以表达新的东西，这在讨论宗教改革矛盾的论题 11 中负面地使用"似真性"时表现出来："因此，善行成为罪，便与真理无异（absimile）。"① ——这就是经由神学的审慎所构造出的词形！

正如奥西亚德（Osiander）和贝拉米诺这两个名字已经暗示出的那样，在关于新世界图景的斗争中，"逼真性"隐喻的矛盾性再次出现，尤其是在对伽利略的审判当中。伽利略所持的论点是，与圣经中的信仰来源相悖的东西，在科学上很可能是可行的，因为一种可能性会为其他事实情况的存在留有空间。1633 年 6 月 22 日，对伽利略最终判决的判词中说道，如果某种观点明确与圣经相违，却仍然声称是可能的，那这便是一个"严重的错误"。② 在这里，"可能性"（probable）完全从主体的赞同行为层面来看待；因此所谓多种多样的赞同被认为是不可能的。逼真性的赞同价值必然具有一种形而上学正当性。相比之下，伽利略则提出了这样一种构想：在引发争议的《关于托勒密和哥白尼两大世界体系的对话》（Dialog）中，他让一个

126

---

① Ergo et bona opera peccata esse non est absimile vero.
② "这仍然是一个非常严重的谬误，因为宣称或定义某种有悖于圣经的观点具有可能性的情况是不存在的。"在伽利略"被激烈地斥为异端的禁书目录"中，我们再次发现其中列入的观点"在被宣判和定义为违背圣经之后"，人们仍然可以凭借它们自身作为一种形式要素"来将其视为一种可能性去秉持和捍卫"。

人代表哥白尼的体系，这个人的论证技巧甚至足以让谬误显得具有逼真性：“如果找到巧妙和明显具备可能性的论证方式，甚至连错误的命题也能得到支持。”

"逼真性"逻辑化的出发点来自这样一种意涵，即对世界的解释必须按照"机会"（Zufall）进行，并让自己不受神学和目的论前提的限制，至少在假设层面如此。承认捉摸不透的机会是否意味着放弃理性，这个问题是对逼真性问题给予紧迫性和新表述的动机所在。使逼真性具有可比性，并因此具有决定性的工作，在机会游戏（Glücksspiel）中找到了自己的模式（在现代对技艺行为［arte factum］特有的偏爱这一方向上），机会游戏模式在技术上是孤立的，在其要素方面保持恒定，由此可以根据情况与能力将"机会"量化。在帕斯卡与费马（Fermat）的通信中，一切有限的成就都被称为"机会艺术"（Kunst des Zufalls），但它却是对一个迄今为止仍未明朗的、结构未被探索的领域，在其可理解范围内做出的理性控制。1654 年，帕斯卡致函巴黎科学院，列出了自己已完成、进行中和计划中的数学研究，即关于"机会法则"的研究："神秘命运的影响被名正言顺地归入到了'机遇/偶然性'（Zufälligkeit）的行列，而不是某种自然的必然性。这个研究对象到目前为止仍然悬而未决；但在它被证明属于经验不可企及的情况下，现在已经将其纳入理智（Verstand）中。我运用几何手段将其牢牢提升到了艺术的高度，它分有了几何学的可靠性，并且可以自信地发展。因此，它所获得的称谓与这两方面都有关联，将数学证明与机会的不确定性联系到一起，似乎排除了不一致性，名正言顺地获得了一个不可思议的称号：机会的几何学（Geometrie des Zufalls）。"莱布尼茨已经意识到了"概率逻辑"（logica probabilium）的要求，并在哲学中赋予它居留的权利。[1] 但即便在他那里，隐喻式的背景仍然极为鲜活。在《神正论》（*Théodicée*）中，莱布尼茨驳斥了贝勒斯（Bayles）的观点，即某些基于理性对宗教的反驳是无法驳倒的，或者说至少目前还无法驳倒。莱布尼茨认为（§27），只要这类论证确实是纯粹演绎—理性的，亚里士多德逻辑学在任何时候都足以应付所有诸如此类的论证。不过，当涉及基于概率的反驳时，情况就不同了，"如果只是关涉概然性（vraiseblables），情况便完全不同了，因为根据概然理由进

---

[1] 在这方面最可靠的证据来自克里斯蒂安·沃尔夫（Christian Wolff），*Logica* §595 中"经院哲学式"的理解接受："毫无疑问，概率估计是来自'特殊原则'的任务，它取决于本体论和其他哲学原则。但是这些原则建立起了概率的逻辑，莱布尼茨如今承认这是他迫切想要达成的目标。"（Enimvero ad aestimandam probabilitatem opus est principiis specialibus quae a principiis ontologicis et philosophicis aliis pendent. Sed ea constituunt Logicam probabilium, quam in desideratis esse Leibnitius iam agnovit.）在§578中，沃尔夫为概率下了定义："如果一个谓词因为证明不足而被置于次要位置，我们就说这个命题是或然的。从这一点可以明确看出，基于某些与真理有关的要求，我将或然命题中的谓词，置于次要位置。"（Si praedicatum subjecto tribuitur ob rationem insufficientem, propositio dicitur probabilis. Patet ad eo, in probabili propositione praedicatum subjecto tribui ob quaedam requisita ad veritatem.）就此而言，"逼真性"就是"不完整的"真理。（［译按：此处及本章余下内容转向了近代数学和逻辑学思想，根据上下文将 Wahrscheinlichkeit 译为可能性、概率、或然性、概然性等）

行判断的艺术尚未得到充分发展，我们的逻辑学在这方面还非常不完美，这是由于我们现在还只拥有评价证明方式的艺术。"（§27）但是，这种逻辑学上的缺陷在为宗教辩护时并不重要，因为当宗教奥秘无论如何都会有真理的显像来反对它时，就无法使其成为可能，也不能用似真对宗教进行掩护，所以对概率进行争论毫无意义："如果只是以理性对抗信条，那么人们就不必关心只会导致概然性的种种异议，大家都承认，奥秘与表象对立，倘若人们完全只从理性方面出发对它进行观察，它就不可能成立。"（§28）真理可以让真理的表象与自己相悖，也可以不显露表象。这段话在我们的语境中具有特殊的意义，它可以将对逼真性逻辑化的认识，与不受抑制地损耗隐喻的含义结合在一起。

我们在这里的任务不是要详细探寻"逼真性"的逻辑化和计算化，以满足莱布尼茨的要求。不过还是应该简要强调一下从隐喻"转换"为术语的若干驱动要素，因为这些转换同时代表了现代精神历史的基本驱动力。对统治这个时代的"机遇"（fortuna）概念进行逻辑化的分解，以贯穿其中的游戏模型的方式进行，这启发了克里斯蒂安·惠更斯（Christian Huygens）的论文《机会游戏中的计算》[1]，这是一篇概率理论的奠基性著作。而爱德蒙·哈雷

---

① De ratiociniiss in ludo aleae, 1657.

（Edmund Halley）的论文，《对人类死亡率的估算，以布雷斯劳市出生和死亡统计为基础；并尝试确定人寿保险金的价格》[1] 则体现了非常不同的关注角度，这是由笛卡尔"在这一生中有把握地行进"[2] 而为现代所制定的规划。这种兴趣显然纯粹出自统计学，但这也催生出在历史中第一次出现的问题，并且成为现代思想史上许多不同现象的决定性因素，促使统计学奠基者威廉·佩蒂（William Petty）写下了《人类繁衍研究》一文。[3] 对目的论原则及其神学关联物——"天命"（Providenz）——的批判性分析，使人类是否能够成长为超越自然界中为其存在的可能性而设定的框架，以及是否已经在这样做的问题首先变得严峻起来。亚伯拉罕·棣莫弗（Abraham De Moivre）1711 年发表在《自然科学会报》（*Philosophical transactions*）上的论文《机遇论》（De mensura sortis）进一步直接表露了对这一问题的求知意愿。1699 年，正是在那里出版了另一份出版物，完成了从前文引征的莱布尼茨的论证来看根本不可能的事：将概率理论运用于宗教；正如约翰·克雷格（John Craig）的《基督教神学的数学原理》[4] 所要做的那样，《人

---

① "An estimate of the degrees of the mortality of mankind, drawn from curious tables of the births and funerals of the city of Breslaw; with an attempt to ascertain the price of annuities upon lives."

② marcher avec assurance dans cette vie.

③ Essay concerning the multiplication of mankind, 1686，参见佩蒂 1691 年于身后出版的 *Political Arithmetic*。

④ *Theologiae Christianae principia mathematica*.

类证言可信度的计算》①　试图表明，圣经证言不可阻挡的历史可能性，将会［以数学方式］得到证明。莱布尼茨使用概率论证来为宗教辩护的判断仍然成立。追随着雅各布·伯努利（Jacob Bernoullis）身后出版的未完成著作《猜想术》（Ars conjectandi，1713），尼古拉·伯努利（Niclaus Bernoulli）在《应用于法律问题的猜想术实例》② 中首次将概率理论运用于法律，而泊松（Poisson）很久之后在这一领域中引入了概率（probabilité）和机会（chance）之间的术语区分。③ 安德烈亚斯·吕迪格（Andreas Rüdiger）在《论真理与谬误的意义》④ 中已经详细列举了大量的"概率"，除此之外，他还将医学的概率定义为："一种可能性，通过它我们可以从关于某一未来事件的身体经验的一致性中得出结论，虽然它与担忧是相对的。"⑤ 皮尔格拉姆（A. Pilgram）在《气象概率研究》⑥ 中将其应用于天气领域，这在今天看来仍然颇为有趣。不过我们对这一点的讨论言尽于此，以免将逼真性（在其惑人的外表意义上）装扮成完满性。

---

① A calculation of the credibility of human testimony.

② Specimina artis conjectandi ad quaestiones juris adplicatae，1709.

③ Recherches sur la probabilité des jugements en matière criminelle et en matière civile … Paris 1837.

④ De sensu veri et falsi，1709.

⑤ probabilitas qua a constantia experientiae physicae ad futurum eventum physicum cum metu oppositi concludimus …

⑥ Untersuchungen über das Wahrscheinliche der Wetterkunde，Wien 1788.

让我们回到隐喻史—概念史真实的哲学"转换"中。1756年，门德尔松（Moses Mendelssohn）发表了《关于概率的思考》；[1] 在这篇文章中，我们再一次从制高点俯瞰整个观念的复杂性。"在人类理智所能获得的所有知识当中，对概率的认识可以说是最崇高的，因为它适合于我们有限的洞察力，而且在大多数情况下它必然会代替确定性的位置。它对人类行动和放弃的影响，以及通过这些影响对人类幸福产生的作用，总是在世俗哲学家（Weltweisen）[2] 眼中闪耀着光芒，以至于他们宁愿动摇真理本身的依据，也不愿破坏概率的支柱。"[3] 在上个世纪，数学家的"伟大发现"发生在概率领域："在各种形式的机会游戏、赌博、保险、彩票中，在一些诉讼中，甚至在历史可信度的考量上，都将各种可能情况计算在内，并根据计算结果确定期望值的大小，或者概率的高低……一位希望能够实现莱布尼茨先生的愿望，想要发明一种关于概率的理性艺术的世俗哲学家，必须拥有从这些伟大数学家给我们的特殊规则

131

---

[1] Gedanken von der Wahrscheinlichkeit, *Gesammelte Schriften*, hrsg. v. Elbogen, Guttmann und Mittwoch, Bd. I (Berlin 1929) S. 147 ff.

[2] ［译注］Weltweise（世俗哲学家）与 Weltweisheit（世俗哲学或现世智慧）是古希腊语 φιλοσοφία 和拉丁语 philosophia，即"哲学"一词的德语译名，通常指不带宗教色彩的哲理。

[3] 参见 Gedanken von der Wahrscheinlichkeit, S. 149。关于这段话的一个略微修改但非常有启发性的版本，可以在 *Philosophischen Schriften* 的修订版中找到（Berlin 1771；引自前书 I. 497）："在我们所获得的知识当中，概率或许可以被视为最为必要的；因为它适合于我们有限的领域，而且在大多数情况下一定会代替确定性的位置。"

中抽象出一般规则的技巧，进而再以先验（a priori）演绎的方式推断出更多的特殊规则。"① 门德尔松在沃尔夫（Wolff）逻辑学的帮助下得出了这种一般规则，在沃尔夫的逻辑学中，一个命题的确定性程度取决于在多大的已知理由程度上，可以允许谓词从主词中产生。"可能性的程度由给定的真理理由与那些归属于完全确定性的理由之间的比率决定。"② 针对以"与期望（Erwartung）最接近的类（genus proximum）"来定义概率的方式，门德尔松提出，不仅未来的事件有其概率，过去的事件也有："正如缺乏最低限度真理依据的事情也存在可能性，同样，我们已经得到最高限度真理依据这件事，可能已经发生了。"③ 沃尔

132　夫对概率的阐释，是将其视为一种不完满的真理，这在门德尔松那里适用的方式是将其整合到一种从逼真性到真的观念当中："逼真性往往也是人们借此获得无可置疑确定性的方式。如果我们无法一次性地总览到某个主题当中的全部真理理由，那么人们会暂且接受这些真理理由中的若

---

① 引自前书 I, S. 498。

② 同上书，S. 499。

③ 同上书，S. 502。这种将概率看作真谓词的观念不能与雅克布·伯努利对先验概率和后验（a posteriori）概率（*Ars Conjectandi* IV）的区分相混淆：如果支持和反对事件发生的因素同时可见，并能彼此制衡，某一事件的概率就是先验可确定的；当事件从相同或类似条件下（但不需要更仔细地确定和评断它们对事件的结果有利还是不利）经常发生的效果来看是可确定的时，就是后验的（归纳的）："无法先验地确定的事件，至少可以从类似条件下多次观察而得到的结果中后验地发现（quod apriori elicere non datur, saltem a posteriori hoc est ex eventu in similibus exemplis multoties observato eruere licebit.）。"

干个依据，以便探看如果仅凭这些依据来确确实实地穷尽主题的本质，从中会产生怎样的结果。我们把这种方式带来的成效称为假说。"[1] 在逼真性概念的整个历史中始终扮演重要角色的神学因素，在门德尔松身上同样发挥着作用："斯格拉维桑德（Willem Jacob's Gravesande）在《世俗哲学导论》（*Einleitung in die Weltweisheit*）中，从上帝意志中推导（即归纳）出了这个结论的可靠性，因为最完满的存在必须始终按照普遍的规律行事。不过，对于把我们的实验结论建基在上帝意志之上，我尚有疑虑。"[2] 值得注意的是，在这种情况下，门德尔松对"某些世俗哲学家"的论题进行了讨论，如果道德主体的自由行动是可能的，那就肯定存在着某种即便对于无限的理智来说本质上也是无法超越的可能性。[3] 这必然会波及作为一种"不完满真理"的逼真性的定义，正如传统的全知概念。但正如门德尔松所设想的那样，自由，即作为一种"漠然无差别"（indifferentia aequilibrii）[4]，甚至连让某种逼真性的知识成

133

---

[1] 引自前书 I, S. 504。

[2] 同上书，S. 504。Wilhelm Jacob's Gravesande 的 *Einleitung in die Weltweisheit* (1755)，即 1736 年的 *Introductio ad Philosophiam, Logicam et Metaphysicam* 的德文译本，其中区分了数学证明和道德证明："数学证明本身就是真理的标志，而道德证明的原因在于上帝意志，而且只与事物的某种安排有关。（§582）概率只针对道德证明而存在：概率处于无知（！）和洞见之间，它不缺乏任何东西，并且通常会带来充分的信念。"（§584）

[3] 同上书，S. 512。

[4] ［译注］这个定义来自莱布尼茨的《神正论》，即意志的自由在于它对所要选择的对象的漠然无差别态度。

为可能都做不到，神也会否定这种知识。这一结论决定了决定论观念与基本的必然性判断在门德尔松那里是对立的："因此，我相信，我已经从神的性质和共同的经验中表明，所有任意的决定都必须以其特定的确定性为前提……"①

我们在前文已经指出，"逼真性"在关于哥白尼式世界图景的争论中发挥着作用。在这里，门德尔松为我们提供了一个证明从隐喻性话语向术语性话语过渡的机会，尤其是："现在人们普遍认为哥白尼的宇宙构造比旧的托勒密体系更具有可能性，虽然古人或许并不缺少偏心率或外循环之类的说法来解释后来观察到的所有现象。但是，按照较新的宇宙构造原则，一切都可以用简单的预设进行解释，因此也就可以追溯到少数几个来源上；因为古人必须要对每个独特的现象设想出一个新的假说。进而，人们可以在某种程度上确定新的宇宙构造比旧的宇宙构造更具有可能性的程度。"② 在观察到的现象数量相同的情况下，在哥白尼体系中可以用来解释这些现象的假设要素就要比托勒密体系少。体系中吸纳的要素越少，现象具有各自不同原因的可能性就越小。如果我可以通过一个原因 d 充分解释 a，b，c 三种现象，那么一种理论为了达到这个目的需要

① 引自前书 I, S. 515。
② 同上书，S. 511。

— 176 —

使用 A，B，C 三个原因，其可能性就较低。用门德尔松的话说："既然 a，b，c 等现象如此这般地协调一致，即全部都能用单个原因 d 来解释，那么，若这些现象每个都有各自独立的原因，就不得不将这种协调一致看作一种单纯的巧合。这种巧合的概率＝1/n＋1；而相反的情况是，概率＝1。"逼真性的逻辑化意味着假设性的陈述具备了可比较性，因此要对这些陈述进行说明。一如其在哥白尼论争的文本中所发挥的巨大作用，隐喻的"逼真性"消解了哥白尼及其继任者以无比激昂的方式所提出的宇宙论真理主张。

逻辑化的逼真性成为一种批判精神的工具。这里还有一个来自 18 世纪宇宙学史的例子。莫佩尔蒂（Pierre Louis Maupertuis）在《宇宙论文集》（*Essai de Cosmologie*）[1] 中反对牛顿用运动的一律性（Gleichförmigkeit/uniformité）来证明神存在的方式。莫佩尔蒂强调行星的轨道都位于同一个平面，而这个平面只占太阳系周围想象球体的十七分之一，这一偶然发生的事实可能性并不高，从而首先强化了自己的论点。但是，他在这里反对的恰恰是这样一种假设，即逼真性是一种"不完满的真理"，它可以逐渐转变为真理；根本不存在一条路径可以经由"宇宙偶然产生"

---

[1] Première Partie, où l'on examine les preuves de l'existence de Dieu, tirées des merveilles de la Nature. (*Œuvres* ［Lyon 1768］ 1，8).

这种不可能性，过渡到"意志作为世界本源"这种必然性，[1] 甚至连不同的概率在这里都无法相互比较："因此，如果把地球的轨道作为其他行星运行轨道的蓝本，并且把它们的位置看作偶然结果，那么其他五个轨道落在这个区域之外的概率是 17^5 减 1 比 1，即 1 419 856 比 1……但是，其他可能性仍然是存在的，所以我们不能说这种一律性是选择的必然结果。"不仅如此：在有意与偶然之间二选一对牛顿来说似乎是不得已而为之的操作，因为他不能，也不相信可以为行星运动的一律性提供一个物理原因。莫佩尔蒂还引用了丹尼尔·伯努利（Daniel Bernoulli）的一篇文章，该文还获得过 1734 年巴黎科学院颁发的奖项。在这篇名为《论行星轨道的倾角》[2] 的文章中，问题是通过假设存在着一种填充宇宙空间的流体介质来解决的，但这样做不是为了支持这一论点，而是强调任何基于概率考虑的方法都属于模糊的估算。在这里，逼真性概念的关键功能得到了维持；但它在本世纪也因与新的形而上学背景观念的联系而被超越：时间具有"无限性"，也会有无数次的"掷

---

[1] 在这里，逼真性与真理的差距，就像莱辛宣称的历史可能性与宗教真理的关系一样不可逾越："神奇的宗教必须使它在最初创立时发生的奇迹成为可能。但是，把这种宗教真理的奇迹建立在历史可能性基础上；如果这是对的，如果这样做是明智的！——这么说吧！如果我曾经有能力如此正确、如此明智地思考，那么我的理智就没救了。这是我的理智现在告诉我的。如果我曾经具有另外一种理智，那么从一开始就不会有任何一种理智。"（*Eine Duplik*. 1778. *Ges. Werke*, hrsg. 35 v. Rilla, viii, 36）

[2] Sur l'inclinaison des plans des orbites des planetes.

骰子"，这就给每一种可以想象的事件，也包括这个世界，一个随机发生的概率。这一观点的经典表述是狄德罗在《哲学思想录》（*Pensées Philosophiques*）第 21 篇中提出的，起初是为了说"伊利亚特"（Ilias）的偶然出现："根据分析掷骰子的规律，如果一件事是可能的，对它真的发生我就不应该感到惊奇，说到发生的困难，可以用多掷来弥补……要是约定的投掷次数无限的话，那对我来说则有无限大的好处。"如果现以物质是永恒的且运动是其本质属性作为前提，那么"在无限多的可能组合中，也许就会产生无数令人赞叹的安排"，在这种情况下，像"这个世界"这样复杂的世界，对思想家来说也具有一定的可能性，这让他不禁赞叹地说："因此，我们与其对这宇宙的实在产生感到惊奇，还不如去对这种假设的混沌如此持久感到惊奇。"通过添加无限性这个前提，概率变得能够解释一切。很明显，在这里，它的一个基本功能在于，"解释"世界的神已经被无限的机会（偶然）取代了，永恒的概率取代了永恒的真理；不过只是换个名称罢了。因为同样明确的是，只有一个本身被认为是捉摸不透的、专断的神，作为"最善变的神"（deus mutabilissimus），才能被无限的偶然所取代。实际上，正如狄德罗清楚表明的那样，这种取代是对一种深刻需求状态的回应："认为神不存在的想法从未使人感到恐惧，但想到有这样一个如同人们为我描绘的神，却着实让人害怕。"① 这样看来，人似乎只是听命于物理偶然性，就像听命于神学意义上的上帝意志一样。但二者的情感关联完全不同，偶然性有其规律，这些规律使人能够将自己的存在与偶然"对立起来"。

当代观察者很容易忽略"逼真性"这一表述在历史中的另一个广阔的领域，即"美学"领域。为艺术作品涂上形而上学的高光，这让我们习惯于赋予艺术属于它自己的"真理"，甚至使其"真理"到了一种如此独特的程度，以至于作为一种低等级表达的"逼真性"，都不值得在艺术理论的问题讨论中占有一席之地。然而，艺术作品的"逼真性"比"真理"更可取，这种提法在古典美学中相当常见，但就此而言，这仍然完全在亚里士多德诗学的框架内构想，其中的模仿关涉的并不是某种单一性（Singulären）形式的存在，或者是具有具体—原素现实性（konkret-hyletisch Realen）的"真理"，而是其现实性并非普遍存在的"逼真性"。审美逼真性现在紧紧抓住的当然是"类似真理"的隐喻意义，因为对于艺术作品而言，最重要的不是其关涉事实的可验证的"成真"（Wahrsein），而是其自明的"显现为真"（Wahrscheinen）。莱辛曾批评克路斯（Caylus）关于荷马史诗与绘画等同的观点，他指出，在史诗中可能会呈现女神投掷巨石的想象，但在所设想的绘画

① *Pensées Philosophiques* (1746) IX.

中，这是一种"明显的不可能性"（anschauliche Unwahrscheinlichkeit）。[1] 在《拉奥孔》的其他段落（第 29 节）中，莱辛还提到了温克尔曼的观点，即"单凭模仿自然，无论在艺术中还是在诗中，都不能达到最高的成就；诗人和画家都应该宁可选用逼真的不可能，而不选择仅仅是可能的东西"。在此处，逼真性隐喻的双重含义以这样的方式获得了一致：一方面，就其根本不可能为真而言，它是"单纯的显像"（bloßer Schein），但另一方面，这种显像也是某种真理的显现（Erschein）和显露（Aufschein），这样的真理与艺术作品现实中不可能的对象性（Gegenständliche）毫无关系。由此带来的结论直接表明（温克尔曼和莱辛都没有捕捉到这一点，但康德最有可能早已得出这一结论），如果艺术作品完全不再从"逼真性"的角度来看待，而是仅仅从"真理"的角度看待，那么作为艺术作品，真理价值中可沉淀的对象性就必须被放弃。就莱辛而言（为了避免这部分内容扩张成一篇独立的论文，我们的讨论仅限于此），在更深入的研究之后可以发现，他的审美"逼真性"

138

---

[1] Laocoon XII (Werke, hrsg. v. Rilla, V, 102). 莱辛对"逼真性"概念的精辟阐释参见 *Briefe antiquarischen Inhalts* 第 39 封（WW v. 521）。在第 38 封信中，莱辛撤销了他对"博尔盖塞角斗士"的解释，现在似乎又在为此类论题的美学价值辩护："在古文物研究室里，发现逼真的东西往往比发现真实的东西更值得尊敬。"对此给出的理由很重要，因为这就将"真理"看作了一种单纯接受性的性质，而"逼真性"是生产性的性质："在确立前者的过程中（即查布利亚斯［Chabrias］论题的逼真性），我们的整个灵魂都在忙碌；而在认识其他的过程中（即事实状态），或许只有幸运的偶然事件对我们有益。"

概念与其宗教哲学中的"内在真理"概念非常精确地保持一致。"内在真理"首先意味着宗教内容与历史事实的独立性及其可验证程度。[①] 艺术作品的"逼真性"同样是一种内在品质，这种品质仅仅以"说服力"（Überzeugungskraft）为表现形式，因此，在诸如寓言故事之类的作品中，作为真实事件呈现的内容是否关涉任何事实，就变得无关紧要了："我相信一件事情发生，而且是以这样那样的方式发生，只是因为它具有最大的可能性，如果它没有发生，或者以别的形式发生，那么就是具有最大的不可能性。既然如此，由于唯出于其内在的可能性才让我相信前一个事件的现实性，而这种内在的可能性又同样可以在某个杜撰的场景中找到，那么，是什么让前者的现实性比后者的现实性对我的信念产生更大效力呢？"[②] 更有甚者，由于"历史性的真并不总是可能的"，而诗人有"充分的能力，使他所给出的一切都显得真实"，因此，寓言由于其说服力甚至比"历史案例"更具优越性。莱辛的思考可以看作逼真性学说美学发展的一部分，这一发展要求从莱布尼茨开始，而在博德默（Johann Jakob Bodmer）《关于诗人的诗性绘画的批判性沉思》中，已经将其转移到了美学领域："因此，我无法认同人们在逼真事物的艺术领域中

139

---

① 参考前引书，VIII, 171, 179, 189, 190, 193。
② *Abhandlungen über die Fabel* 1. (zit. Ausg. iv, 45).

投入如此少的精力，不仅没有一个深刻的思想家以理论学说的方式详尽讨论它，而且在其本应以实践和执行的方式来展示之处，也显得相当不足。"① 莱辛自然要把这个问题从"诗人的诗性绘画"中引领出来，并赋予它一种崭新的、至今仍然在发挥作用的潜能。

---

① *Critischen Betrachtungen über die Poetischen Gemählde der Dichter*，1741.

九　隐喻化的宇宙论

人们可能会产生这样一种印象，即我们对从隐喻到概念"过渡"的详细例证（以及借此对隐喻史类型学的尝试）仍然与原初的演化模式密切相关。我们将通过表明从概念到隐喻的反向转换路径同样是一种隐喻史的类型，来打破这样的印象。诚然，我们必须担心，关于证明方面必然会有人说（正如莱辛对枢密大臣克洛茨［Klotz］所言）："你认为他引证了多少呢？总的来说，准确地估算，是其中一个。"但这类历史证据的分量，足以经受得住反对意见的考验。

1543年，弗拉恩伯格教士尼古拉·哥白尼在纽伦堡出版了六卷本的《天体运行论》（*De revolutionibus orbium caelestium*），他也在同年逝世。这是一部严谨的理论著作，其中使用的术语，要么经由自己定义，要么采用了早已长期定义的概念。这本书试图通过构建一个新的宇宙结构模型，克服传统托勒密宇宙体系的设想对观测数据进行动力

140

— 187 —

学解释而产生的困难。此外，哥白尼还采用了古代先驱人文方面的依据。没有一丝迹象表明，这种新的天文构造形式（正如哥白尼甚至愿意将其视为神创造的宇宙真理，而不是假设的计算模型）同样会成为"人类自我解释"以及特别是其在宇宙中地位的一种"新的表达方式"。[1] 随后，歌德在《颜色学说史料》（*Materialien zur Geschichte der Farbenlehre*）中提出了著名的断言："在所有的发现和信念中……没有什么能比这种天文学上关于宇宙构造转换对人类精神的影响更大的了。"显而易见，一个纯粹理论过程能够感染到意识（Bewußtseinsvirulenz），甚至已经明显变得"有意识"了。歌德当然在其中看到了"对人性的要求，在人类所谓的安全和安置已经蒸发为迷雾和烟雾之后"，"一个迄今为止未知的甚至始料未及的思想自由和伟大"得以开启。但尼采对这种意识转变给出了完全相反的解释。哥白尼是人类"自我贬低"（Selbstverkleinerung）的开始，他对"人的尊严、独特性、人在生物序列中的不可替代性"丧失了信仰;[2] 经由"神学天文学的失败"，人的存在"在事物的可见秩序（sichtbare Ordnung）中变得更随意、更边缘、更可有可无"。自尼采以来，这一直是关于哥

141

---

[1] 参见拙作 Der kopernikanische Umsturz und die Weltstellung des Menschen. Eine Studie zum Zusammenhang von Naturwissenschaft und Geistesgeschichte. In: *Studium Generale* VIII (1955) 637 – 648。

[2] *Zur Genealogie der Moral* (*Ges. Werke*, Musarion-Ausg. xv, 438, 440).

白尼式自我理解的主流基调。① 即便特别是在科学-理论的后果被接受的情况下，宇宙学的颠覆对人类而言也体现在："地球、人类、个人的自我废黜，以及人类对天文学而言不再重要，最多只对自己重要。"② 一个并非完全巧合的历史讽刺是，在1543这同一年，另一部现代精神的基础性著作在巴塞尔出版，即维萨里的《人体构造》，所以现在我们可以毫不费力地说出这样的话，维萨里贬低了人的身体（在解剖刀下），就像哥白尼及其后对地球的贬低，而教会对这二者的抵制，则带着"神学—人文主义的色彩"。③ 凯斯特勒（Arthur Koestler）曾经谈到"命运的转变"："我们不清楚人类是在几千年前第一次提出了生命意义的问题，但是我们知道在哪个时间点——可怕的是它正与我们现在这个时代相近——他丢掉了这个问题的答案。"④

诸如此类的引征可以随意扩充解释。但这几句话就足以让我们突出这样一个十分重要的情况：它们都与作为一种天文学的"理论—术语"工作而存在的哥白尼革命事件无关。在这其中发生和发现的事情，都没被当作知识或者

---

① 狄尔泰（*Weltanschauung und Analyse* ... ［引文出处同本书第二章注释43］）是一个重要的例外："因而，通过哥白尼、开普勒和伽利略的伟大发现，以及随之而来的由先验给定的逻辑—数学意识要素构建的自然理论，人类理智的自主性及其对事物权力的主权意识得以确立起来……"

② Max Born, *Die Relativitätstheorie Einsteins*. 3. Aufl. Berlin 1922. S. 10.

③ G. Toffanin, *Geschichte des Humanismus*. 1941. S. 268 f.

④ 引自 Margret Boveri in: *Merkur* XI（1957）S. 1183。

当作假说，而是当成了"隐喻"！更确切地说，它作为一个绝对隐喻，在这个绝对隐喻中，哥白尼式的宇宙转变被视为一种导向模式，以此来回答永远无法通过纯粹的理论和概念手段回答的问题：人在宇宙中的地位问题，即他在整个世界的运动机制中，是被深思熟虑和规定性地置于中心，还是处于外围的随波逐流当中，以及他与其他一切存在的关系，和这些存在与他的关系问题。地心说和日心说（或者说人类中心主义）成了示意图，从中可以读取出人在宇宙中的地位。这种被宇宙论隐喻束缚着的人的自我理解，已经成为一个同时代对人类处境批判的主题，在这个过程中，理论实践在隐喻层面的可解释性，与从它其中而来和相对于它而来的因果关系的假设之间，早已没有了区别。更不用说理论性工作所根植的基本意图了：尽管哥白尼必须以激进的方式对宇宙结构进行改造，但他的初衷仍然是"保守的"，因为他认为这样才能保持宇宙一以贯之的合理性原则，从而一体地表明人凭借自己的理论能力站在让所有存在得以理解（Intelligibilität）的关系中心。① 这种对一个仍然由古老的神性等级决定、尚未被降格为"自然物"的对象的验证和证明，本应意味着人类精神真正的自我肯定，而不是一种隐喻性的自我定位。但是，即便在

① 参见本人的研究：Kosmos und System. Aus der Genesis der kopernikanischen Welt. In: *Studium Generale* X (1957) 61—80。

将哥白尼成就作为积极意义而接纳的地方，它也仍然以其隐喻化的"迂回方式"发挥着作用：人，不再位于被存在物所包围的世界中心，而是被高歌猛进地理解为这样一种存在，即尽管人类已经失去了所假定的目的论优越性，但仍然有能力维持自己的存在，并为自己争取以自己为中心的世界。也就是说：哥白尼的世界成为对目的论原则进行批判性剥夺的隐喻，即从亚里士多德的因果丛（causae-Bündel）中剥离出目的因；毫无疑问，哥白尼的隐喻首先让去目的论的激情得以渗透，并将一种新的、与人类的宇宙去中心性相关联的自我意识建基于其基础上。但地心说与目的论之间的"反作用"（Reaktion），亦即直到现在才发现的旧世界图景的"意谓"和价值，也关涉这种隐喻实在论（Metaphernrealismus）。"一切对哥白尼的批评背后都是对文化变革的恐惧；人们拒绝承认'生命'（Leben）是一种动态的力量，几千年来始终从静态存在的角度对其进行评价。这一点在克里斯托弗·海登爵士的著作《决疑占星学辩护》① 中可以清楚感受到，哥白尼改变了整个自然界的秩序来矫正他的假说（第 386 页）。而托勒密则是一个没有欺骗意图的诚恳人士（第 161 页）"。② 在这种情况

① Sir Christopher Heydon, *A Defence of Judicial Astrologie*, 1603.
② P. Meissner, *Die geistesgeschichtlichen Grundlagen des englischen Literaturbarocks*, München 1934. S. 62 f. 整个 "Makrokosmos und Mikrokosmos"（S. 44—97）一章，为地心说和目的论在哥白尼 "反作用" 中的隐喻一致关系提供了富有启发性的材料。

下，另一个事实还在于，地心说只有通过哥白尼和哥白尼改革的隐喻化，才能成为一种"神灵化"的形式，这就类似于在基督教学说的历史中，受到"异端邪说"刺激而出现的冲动，导向了那些追溯性地将会走向偏离的异端认可为正统观念的定义。在贝拉米诺 1615 年 4 月 12 日写给福斯卡里尼（Antonio Foscarini）的信中，我们可以明确看到以地心说为神学观点共识（opinio communis）的论述。[①] 毫无疑问，我们现在可以引用许多教父及后教父时期的例证，在这些文本中，地心说的世界图景以已知的相关圣经章节为前提，而后再用它们来解释圣经，但这恰恰只是作为一个不言而喻的前提条件，而非基于圣经权威而来的"见解"。相反，斯多葛学派在地心说基础上的目的论人类中心主义论证，对于受到斯多葛传统影响的教父思想家来说只能有所保留地、艰难地采纳，因为对他们而言，地球不仅是最严格目的论意义上"适合人类之处"（locus congruens homini）的天堂所在，也是人类被逐出伊甸园后，非目的论意义上的艰苦劳作的生存之所。但事实并非如此，地心说的见解（opinio）是一种"神灵化的事后现实

---

① 最先发表于：D. Berti, *Copernico e le vicende del sistema Copernicano*, Rom 1876, S. 121f.。其中的关键段落是："我认为，如您所知，教团禁止违背教父普遍共识而对圣经文本进行诠释；如果教皇陛下不仅要读教父们的著作，还要读现代对创世纪、诗篇、传道书和约书亚的评论，会发现它们都赞同对这些经文的字面解释，即太阳在天空中以极快的速度围绕地球转动，而地球远离天空，坐落在世界中心一动不动。现在请您审慎考量，教会是否能容忍赋予圣经一种与教父和所有希腊语及拉丁语诠释者所说的完全相反的含义。"

性"(ex eventu)，一种只能用哥白尼的隐喻来阐释的神学学说。但是，现代人的普遍信念——如今实际上是关于某种"共识"(opinio communis)的普遍见解——就建立在这个晚近的、激进的阐释上，而地心说会作为特殊的基督教内容得到辩护并丢弃。实际上，基督教完全不需要一个关于宇宙的隐喻来确定人在实践中的地位；基督教对于人，以及人在世界中的地位和命运极为"熟知"，以至于忽略了地位问题的缺口，从而让以隐喻方式找到的答案得以投射进来。但是，这种投射是从斯多葛学派开始的，而新斯多葛学派（其细致的分支效果仍然远未得到充分的重视）确实对哥白尼著作隐喻潜力的"发现"做出了决定性的贡献。

如果不分析结构上的同源过程，就无法理解哥白尼世界的隐喻化，以及它在构建现代意识的功能方面具有何种前提条件，因为正是通过这个过程，古代宇宙，主要是经由亚里士多德所刻画的以地球为中心的宇宙在斯多葛学派那里首先变成了隐喻。断言"恰是从亚里士多德开始，希腊人得以讲述地心说的宗教性"，[1] 并且在这种情况下，"亚里士多德的理想（Ideale）"具有一定的风险，这完全不正确。[2] 更确切地说，在其作为载体，并为其认可提供

① E. Goldbeck, *Der Mensch und sein Weltbild im Wandel vom Altertum zur Neuzeit. Gesammelte kosmologische Abhandlungen.* 35 Leipzig 1925. S. 22.

② 同上书，S. 22。

基础的两千年来的哲学体系中，地心说的宇宙论不具有任何隐喻的含义：对亚里士多德而言，地球占据宇宙中心这一事实，并不能用来"解读"人在宇宙中的地位这一问题。不过在亚里士多德那里也有他自己的宇宙隐喻；但其建构模式不是按照从中心到外围，而是从上到下，也就是说，它不是从球形宇宙的整体截面（Totalschnitt）出发，而是与该宇宙的每个随机半径相关。同时，整体的"中心"是世界元素半径所导向的等级秩序的绝对"基底"。在《论天》（De Caelo，Ⅱ，13）中甚至阐释出一种宇宙"位置"（Stelle）的隐喻概念，这个概念与宇宙论后来的隐喻化有着共同的前提：毕达哥拉斯学派的宇宙论。正因为毕达哥拉斯学派将世界的中心看作"最尊贵之处"（τιμιωτάτη χώρα），所以不能"从这个前提出发"（ἐκ τούτων ἀναλογιζόμενοι）直接将这个中心位置赋予地球，而是要把它留给最尊贵的元素——火（293a 30—34）。亚里士多德认为"包含和界限比包含物更高贵"[1]，如果"起点"（ἀρχήν）具有最高的尊严，那么宇宙的中心就是最底层和最末端（293b 11—14）。但这种秩序并不是宇宙结构真正的原则，因为地球的中心与世界的中心相同"只是出于偶然"（κατὰ συμβεβηκός，Ⅱ，14；296b 15—18），最好把它设想为由物理过程所生成的（297a 12—14；297b

---

① ［译注］下一句为："因为后者是质料，前者则是结构的本质。"

14—17)。亚里士多德在这里明确将自己的理论与另一种观点划清了界限，这种观点不仅想在价值等级秩序与实际位置占据之间寻求一致性，而且试图从前者推导出后者。就人及其自我理解而言，并没有什么能够从这个整体的结构中解读出来。诚然，人在目的论上具有优先性，但这唯有在自然界不会徒劳无益地组织任何事物这一公理的框架之内才有可能，因此，以人类为中心的目的论所涉及的是人居于其中，并从中争辩自己存在的领域。与人类相关的领域仅限于月下/尘世（sublunar）之内，我们不能从人（人不是这个世界上最高等的存在物 [τὸ ἄριστον τῶν ἐν τῷ κοσμῷ]）[①] 在其中所处的位置来看待宇宙。人的禀赋以最为经济的方式配置，着眼于生存的延续，而不是存在的完满；这种经济性让我们可以说，人所需要的一切都存在于尘世内的自然当中，但这并不是说，一切都为了人类而存在，从亚里士多德的目的论规则中当然还可以提炼出这样的结论，即人的存在是为了让服务于他的其他生命不至于徒劳地存在。我们不能透过斯多葛学派和基督教接受者的眼睛来看待亚里士多德的目的论学说；这个宇宙并不是一个朝向中心的居中结构的宇宙，而人当然更不是中心，也不会因为中心而获得优越性。在亚里士多德的宇宙论中也完全缺少审美的维度，而这一维度通过斯多葛学派得到了全面的发展，

147

---

① *Nikomachische Ethik* VI 7；1141a 20 - b 3.

并且赋予了人类对美而言必不可少的观看者和赞慕者的伙伴角色，这是一种隐喻式的考量，就此最终会让人获得宇宙中的中心功能。

斯多葛学派用以地球为中心的宇宙来隐喻其人类中心主义的目的论。在对宇宙的众多定义中，它选取了其中之一来讨论神与人的目的论关系，这些定义至少可追溯到克律西波斯（Chrysipp）。[①] 宇宙中心论主要通过对宇宙空间"统一性"的全新理解，来获得物理学上的优势，而这样一种宇宙空间不再被理解为具象—静态的（eidetisch-statisch），而是动态的：这样的世界"状态"（Bestand）不再像亚里士多德描绘的那样，处于不言自明的不朽当中，而是这种整体性内在的和自我消耗的"效能"（Leistung），特别是其中主导一切的元素——火，它作为"创造性的火"（πῦρ τεχνικόν）构造了世界的形态，然后又以其堕落的形式，作为"破坏性的火"（πῦρ ἄτεχνον）再次将世界耗尽。作为普纽玛（πνεῦμα）[②]，火在一个永恒复归的循环中赋予整体性以"基调"（τόνος），保证了每个单个事物以及宇宙的统一性（ἕνωσις）。[③] 为了让宇宙这种动态同一性的构想成为可能，斯多葛学派必须要放弃亚里士多德的静

① *Stoicorum Veterum Fragmenta*, coll. Arnim（下简称 SVF）II 527。
② ［译注］普诺玛（πνεῦμα），斯多葛学派的哲学术语，用以指作为万物本源的、火焰般的"气"，也表示灵魂或元气等。
③ *SVF* II 498；I 497.

— 196 —

态分层学说，即每个元素都有"一个特定的位置"（τόπος οἰκεῖος），从而也就放弃了将"自然运动"的论题与该学说的结合。现在，最强有力的基本运动是"向心运动"（zentripetale），它从下降运动中抽象出来，并用来解释宇宙不断"自我推动的旋转"（Sich-zu-sich-selbst-wenden），这一点可以从普鲁塔克（Plutarch）[①]引用克律西波斯的话中看出（但这段话已经被教条式地归于芝诺了）："宇宙的所有部分，都具有一种向其中心行进的冲动。"[②] 整个宇宙受制于一个单一的运动规律，它既能解释宇宙在无限虚空中的存在状态，又能阐明围绕世界中心点的地球的确定位置。[③] 如何解释这个运动规律本身，只能从我们现有的残篇中去推测：宇宙的所有部分都围绕中心旋转，这似乎与主导一切的"属己"（οἰκείωσις）原则，即自我建构、自我发现和自我保存相一致，通过这种方式，中心作为离"虚空＝非存在"（κενόν ＝ μὴ ὄν）最远的世界点，也保证了存在最大的安全性（即抵御虚无的侵袭）。仿佛一切都在向存在的庇护之所逼近，这完全就是斯多葛学派的思想："据说，宇宙由于其朝向中心的活力而在无限的虚空中持续存在。"[④] 中心作为最高级的"存在凝聚"，

---

① *SVF* II 550.

② πάντα τὰ μέρη τοῦ κόσμου ἐπὶ τὸ μέσον τοῦ κόσμου τὴν φορὰν ἔχειν. *SVF* 199.

③ *SVF* 199.

④ φασὶ δὲ μένειν τὸν κόσμον ἐν ἀπείρῳ κενῷ διὰ τὴν ἐπὶ τὸ μέσον φοράν. *SVF* II 554.

149　其吸引力是由形而上学的预设决定的，即凝聚宇宙的存在必须在始终威胁其存在状态的"空洞的无"中保存自身。[①] 这种二元的前提颠转了亚里士多德式的宇宙，尤其是当人们认为较高和最高的存在尊严，已经不再处于宇宙的边缘，实际上远离它的最外层——亚里士多德所说的"不动的推动者"之地。但是，宇宙运动因果关系问题的解决方案，在形式上仍然采取了亚里士多德模型，尽管发生了颠转：最高的存在现在是世界的中心点，处于不动状态，恰恰通过这个点，其他一切存在在其吸引力之下而发生运动。由于它作为存在者，会倾向于保存自身的存在，并且努力寻求"回到自身"，向中心推进，从而必然会将其他存在从中心移开，由此就形成了一个不可抗拒的循环，对每一个物质元素来说，中心仍然是一个本质上无法实现的理想目标——就像第一球层中依存于"爱"（Eros）的不动的推动者。从根本上来说，在唯物主义形而上学的预设之下，主体自我存在的秘密在这里以"隐喻"（斯多葛学派的宇宙与柏拉图的宇宙类似，都是有机论的〔ζῷον〕）的方式被探寻着，并被理解为中心的全部元素具有持续可用性的存在。宇宙从字面意义上看是"来到"自己的中心，在其各个部分的整体性当中把握自身。不难看出，通过一种独特的"翻译"，亚里士多德宇宙的颠转

---

① *SVF* II 549.

不仅保留了"不动的推动者"的功能，而且坚守了它的内在本质：向心运动无非是物质化形式的"对思想的思想"（νόησις νοήσεως）。

因而，对斯多葛学派来说，人类在世界中处于形而上学意义上的优越位置，而且人可以顺理成章地将整个宇宙的活动与自己关联在一起。斯多葛学派尤其在进一步发展柏拉图《蒂迈欧篇》基本概念的过程中，赋予了人最崇高的规定性，即"天空沉思者"（contemplator caeli），这个概念不仅是理论上的，而且具有审美含义。教父哲学家试图通过延伸天空沉思者的思路，直接将其连接到神学维度上，① 但他们这样做时，也基本上放弃了古代斯多葛学派颠转亚里士多德主义的思路，并且铺设了一条中世纪的"混合结构"道路，在这条道路的亚里士多德式构造中，保存着斯多葛学派的情感腔调。对斯多葛学派而言，地心说和人类中心说的一致关系意味着有了一个可靠的解释世界的确定性原则。如果斯多葛天文学家想要证明宇宙的同质性以及其中虚空的不可能性，他可以这样论证："若宇宙的构成是异质的，人类的感官就无法触及世界中的一切

---

① 但这仍然是在缺少推论程序中间环节的情况下，以宇宙论的方式证明上帝的推论过程，类似于直接的、近乎面相学感觉的行为方式："但人，以其直立的姿势，以高扬的脸孔对宇宙进行思考，将自己的特质与神类比，以理性认识理性。"（homo autem recto statu, ore sublimi ad contemplationem mundi excitatus, confert cum deo vultum, et rationem ratio cognoscit. Laktanz, *De ira dei* 7, 5.）在斯多葛学派的前提下，不可能存在卓越，而是必然向虚空（＝非存在）飞跃。但与此同时，这表明古代斯多葛学派试图消解神性与天空之间连接的做法并未成功。

事物，世界因此也就完全无法被我们的感知所切近，人类中心主义的前提排除了这一点。"[1] 同样，流行的"共识"论证（consesus-Argument）也具有形而上学基础：神的存在是确定无疑的，因为若非如此宗教就会是一个惨痛的错误投资，但基于保护人类的目的论，这一点也被排除了；人作为宇宙中心和意义参照，在其基本的存在开支方面，不会做任何徒劳之事。[2] 无论明确抑或不明确，"一切以人类为依据"（omnia hominum causa）毫无疑问一再成为解决形而上学和物理学问题的实用原则，这也是斯多葛学派对世界理解的一般前提。因此，两个本身并不一开始就息息相关的学说原理汇聚到了一起，并且融合为一个坚固的混合体，而这个混合体将会决定哥白尼之后的意见分歧：一方面，随着地心说的破灭，人类备受敬畏的地位被剥夺；另一方面，经由同样的过程，备受欢迎的人类中心主义目的论得到了解放。人们未曾看到的是，哥白尼牺牲了只在隐喻上有效的宇宙论的稳定因素，以维护人类作为能够掌握真理，并且在理性上与宇宙平等的天空沉思者的理论命运，因此，在更高的层次上，也就是为了挽救"一切以人为依据"，这在《天体运行论》原序献词"为我们建造的世界"（mundus propter nos conditus）的表述中可以看出来。

---

[1] Kleomedes, *SVF* II 546.

[2] Sextus Empiricus, *adv. math.* ix 61，123 sq.

哥白尼走出了隐喻，他宁愿为了保留他所要引述的问题而放弃喻象；但正如我们已经表明的，隐喻明显的表面性体现在精神史的影响当中。

隐喻实在论是历史生活构成中的一个最重要因素；没有什么范式比本章讨论的更适合证明这一点。精细复杂的理想化，如哥白尼以目的论人类中心主义所着手施行的，未能取得成功，而是退回其隐喻本性当中；中心"功能"取代中心"位置"并未作为一种合法的"转换"被接受，即便它针对隐喻的去中心性而作为"成就"得以实现。这一点在讨论真理隐喻时已经表现得很明显。实际上，哥白尼宇宙论的隐喻化的发展方向，从一开始就完全不像人们从尼采的角度所认为的那样明确。地球的"星体化"(Stellarisierung) 在其他天体的分类中发挥了重要的作用，虽然这在今天已经无法充分理解，但它对天文学的公理基础仍然具有持久的影响。从理论上讲，由此产生了一个清醒的后果，现在可以把地球作为物理学推断的起点，即作为一个宇宙论的范式看待，就像最初由伽利略付诸实践的那样。但哥白尼式的激情在这其中找到了隐喻：伽利略为自己将地球提升到了星体的位置感到自豪，在《关于托勒密和哥白尼两大世界体系的对话》中，他让愚笨的辛普利丘 (Simplicio) 在这一点上表现出强烈的反感。伽利略的研究和猜想中的诸多具体旨趣，只能从将地球"提升"为星体的隐喻背景含义中理解。亚里士多德仍然能够通过反

152

对毕达哥拉斯学派的世界图景来为自己辩护，其方式是揭示出他们的世界构造将会产生将地球视为"星体之一"（ἐν τῶν ἄστρων）的逻辑后果。[①] 他确信这个后果的荒谬性是不言而喻的，这大概因为对他来说，星体仍然具有无可置疑和无法触及的神圣性。尽管神学前提发生了变化，但中世纪未能摆脱亚里士多德在这个问题上的权威，并坚持认为星体具有准神性（quasi-göttlichen）的特殊性质；第谷·布拉赫（Tycho Brahe）在 1572 年解读仙后座"新星"（Stella Nova）的过程中，这种观念仍然困扰着他。这种神话般的地位在地球星体化的隐喻中仍然发挥着作用，如果对方法论情况进行更冷静的考察，就会将其更恰当地描述为星体世界的"碲化"（Tellurisierung）[②]。毕竟，如果对整个世界的质料和规律做出了同质性的假设，那也就意味着在地球上确证的东西（Festellung）也应当投射到其他星体现象上。但是，这个隐喻并不关心理论验证的问题，比如通过宇宙航行去验证；它想要知道的比宇航员能够确证的"更多"。地球是一颗星体——这首先就是一个形而上学的标志。库萨的尼古拉在《论有学识的无知》（Docta

153   ignorantia）第二卷第十二章中首次指明了这一点，他在书

---

① *De caelo* II 13；293a 21 - 23；296a 25.

② ［译注］碲化一词源自拉丁语 Tellus / Terra，代表古罗马神话中掌管土地的神祇，大地 Terra 一词也由此而来。这个词通常用来描绘与地球或碲有关的事物。在天文学中，太阳系中有气态行星和岩石行星两种类型，其中岩石行星又被称为碲行星。

中已经列出了两个特征，对伽利略来说，这两个特征会确保地球的星体本质：运动和亮度，即感光性。对库萨的尼古拉来说，说"地球是最卑劣和最低下的星体"① 已不再真实，在另一颗星体上的观察者看来，地球就像太阳一样是一个发光体，因为人们先从外面看到的发光外壳，我们身在地球上是感觉不到的。"大地乃是一颗明亮的星体，并有自己的光、热和影响"② ——地球甚至具有占星学上的同等根据，它对其他星体上的生命的命运塑造也被考虑在内。③ 正是由于"处于宇宙中"这种错觉，于是人们就产生了地球只被动地接受来自宇宙的影响、地球本身却不会发挥任何作用的看法："我们从经验中尚未得到关于这种影响的知识，因为除了我们所身处的各种影响都在此汇合的中心里的经验以外，我们没有别的经验。"④ 由于在库萨的尼古拉那里地球成为众多星体之一，因而人类也就失去了可以将自己与其世界等级相关联的每一种独特的地位；但这也只是终结了自亚里士多德基本体系以来对地球地位的降级，却没有获得新的特征。但从库萨的尼古拉的角度来看，这是决定性的进步：地球作为星体之一，这种宇宙论上的中立性使人类现在可以给予这颗星体在其存在

---

① quod terra ista sit vilissima et infima.

② Est igitur terra stella nobilis, quae lumen et calorem et influentiam habet.

③ 正如技术术语"影响因素"（Teminus texhnicus influentia）带给我们的理解。

④ et cum non experiamur nos aliter quam ĩ in centro esse, in quo confluunt influentiae, de ista refluentia nihil experimur.

方面一种形而上学的颂扬:"不要认为这样多的星体与诸天球的各部分都没有住户,而只有我们这个大地才有人住——并且,也许这还只是一种比较卑下的存在物住着——我们却要假设在每一范域中都有居住者,素质各按等级而有所不同,但他们的来源都是神,神乃是一切星体范域的中心和圆周。这样,即使会有另外一种居住者生存于其他星体上,但似乎不能设想,在素质系统上,还能找到任何比生存于这个大地上及其范域之内的知性素质更高贵、更完善的东西。事实是,人并不向往别的任何素质,只渴望他自己素质的完善。"① 这段非凡的文字代表了人类自我理解历史中的一次重大转折。它试图打破宇宙论隐喻对自我意识的影响。亚里士多德的宇宙等级划分被夷为平地,地球不再是宇宙中黑暗和沉重的沉积物,也不是斯多葛学派意义上宇宙努力朝向的具有优先性的同感中心(Sympathiezentrum),而是其他天体中的一个,"没有任何独特的特征"。唯一让自然物地球与众不同之处就在于一个相当偶然的事实:它恰好由人类居住。只有人——"另一个神"(alter deus)、创造性的理智、"内部的世界创造

154

---

① nam et si deus sit centrum et circumferentia omnium regionum stellarum et ab ipso diverse nobilitatis naturae procedant in qualibet regione habitantes, ne tot loca coelorum et stellar um sint vacuaet non solumista terra fort assis deminoribus habitata, tamen intellectuali natura, quae hic in hac terra habitat et in sua regione, non videtur nobilior atque perfectior dari posse secundum hanc naturam, etiam si alterius generis inhabitatores sint in aliis stellis. Non enim appetit homo aliam naturam, sed solum in sua perfectus esse.

— 204 —

者"（conditor mundi internus）——的形而上学，才让这个在物理意义上没有任何区别的宇宙点与众不同。由此可见，这种对文艺复兴时期人类学产生如此深远影响的概念，对地心说的宇宙论毫无兴趣，实际上，它必须强调要放弃过于方便的"预先设定"；一个很好的理由是，库萨的尼古拉在其并不精确的公理帮助下，将地球从宇宙的中心移开，却没能让一种新的建设性方案发挥作用——与大多数试图将其阐释为现代天文学和科学先驱的阐释者相比，库萨的尼古拉自己对这个问题丝毫不感兴趣。他更关心的是所谓的"否定性隐喻"（negative Metaphorik）：像人类这种具有形而上学尊严的存在，必须摆脱地心说隐喻对其自我意识的支配。

　　毫无疑问，伽利略并未达到这种效果。当他为自己将地球从宇宙的沉淀物①提升为一颗星体而大唱赞歌时，恰 155

---

① 将地球视为宇宙的沉淀物和废弃物的形式，作为对比衬托地球的星体化可以说颇为有用——1610 年，伽利略在《星际信使》（*Sidereus nuncius*）中说："我将证明地球……并不是宇宙晦暗废弃物的落脚之地。"（non autem sordium mundanarumque fecum sentinam esse demonstrabimus）——似乎这最初是为了阐明地球处于世界中心点的沉积过程，否则类似表述就不会出现在强调中心位置的古代斯多葛文本中："地球是万物的根基，处于一切的中心。"（ὑποσταθμὴν δὲ πάντων τὴν γῆν, μέσην ἁπάντων οὖσαν, *SVF* I, 105）伊壁鸠鲁学派可能在论辩中利用了这一点，比如卢克莱修曾在 *De rerum natura*，V 496 中表示："于是，沉重的地球以坚实的躯体成为固体，可以说，所有创造物的泥浆由于自身重量汇聚到一起，如沉淀物一般集聚在底部。"（Sic igitur terrae concreto corpore pondus/constitit atque omnis mundi quasi limus in imum/confluxit gravis et subsedit funditus ut faex ...）

（转下页）

恰已经忘记了地球通过人的一般性存在素质（Wensensnatur）获得了库萨的尼古拉式的卓越性，取而代之的是一种改变世界图景的精神成就，这种精神相信自己已经借此把贬低人类的隐喻扭转为其反面。这种隐喻概念将理论行为作为决定事实状况本身的规定性行动，而它恰恰是以哥白尼式的激情为风格特征出现的，这可以从弗里德里希·蒂克（Friedrich Tieck）为托伦（Thorn）的哥白尼纪念碑所作的绝妙题词中反映出来："撬动地球，锚定太阳与天空之人。"[1] 有可能这种英雄式的措辞是敌方阵营事先锻造的；耶稣会士麦尔凯尔·印考非（Melchior Inchofer）曾在伽利略的审判中担任顾问，他在一份未刊印的手稿标题中写道："宗座定鉴……反对新毕达哥拉斯学派人士，撬动地球者，太阳锚定者。"[2] 在这种情况下，我们需要注意到，在关于伽利略事件的文本中，中心体（Zentralkörper）的问题让位给了地球是运动还是静止这样一个二者择一的方案。其中还有几件事相辅相成：《约书亚记》中众所周知的段落至少预设了太阳是在运动的；但在

（接上页）但即使在斯多葛学派内部，Poseidonios 也曾因赞颂太阳而偏离了地心说的道路；普鲁塔克（Plutarch）在 *De facie in orbe lunae*（940e）中，将地球的形式描述为"宇宙的沉积物和残渣"（ὑποσταθμὴ καὶ ἰλὺς τοῦ παντός）。

[1] Terrae Motor, Solis Caelique Stator.

[2] Vindiciae sedis apostolicae ... adversus Neo-Pythagoreos terrae motores et solis statores. 参阅：H. Grisar, *Galileistudien.* Regensburg 1882, S. 168。

亚里士多德的体系中，不动的推动者具有形而上学的威严;① 最值得注意的是伽利略对地球运动表现出的兴趣，因为如果证明了这一点，地球具有星体特征对他来说就有了保证。如今，我们看到了这种旨趣的正当性和功绩，因为它在同质性宇宙的公设中，创造了以物理学为处理方法的天文学前提；但历史性的探究必须牢记，这种旨趣由伽利略的哥白尼式激情所承载，以地球的星体化为"标志"。可以说，伽利略的"朝向更高点"消解了亚里士多德（和托勒密）的月球轨道内和超月球轨道二元论；因此，对他而言，发现月球与地球的相似性，并不意味着月球类似于一个较小的"地球"，相反，其结果是地球接近于一种宇宙存在的本性，它自亚里士多德以来就被认为无比优越于一切尘世之物。对伽利略宇宙论的内在"旨趣"来说，他试图捍卫亚里士多德式的天体优越性，以便让地球参与其中，而不是"根据一定方法"（methodisch）像实际发生的那样让天体"碎化"。因此，地球必须运动——而且要在一个完美的圆形轨道上！——和发光。伽利略对潮汐现象的浓厚兴趣旨在为地球的绝对运动搜集证据。② 在《关于

---

① 从这个前提出发就可以理解卡斯泰利（Castelli）在 1630 年的信中向伽利略讲述的内容：教宗乌尔巴诺八世（Urbans VIII）的侄子，红衣主教弗朗切斯科·巴贝里尼（Francesco Baberini）曾说，如果地球运动的观点是正确的，那么地球就会降格为一颗星体，这与神学真理相矛盾。"神灵化的事后现实性"又在我们眼前出现了。

② 戈尔德贝克（E. Goldbeck）已经指明了这一点（参见上书 S. 129ff）。

托勒密和哥白尼两大世界体系的对话》中的第四天，这种
关联被扩展到了更广的范围，伽利略想做的不仅是证明哥
白尼体系。① 他严格遵守行星轨道精确的圆周性，因而现
在也严格遵守地球轨道的圆周性，这同样与使地球具备最
高宇宙存在完满性特征的倾向性有关。并不是辛普利丘，
而是被授意的萨尔维蒂（Salviati）将圆形轨道视为完美的
象征，② 甚至连对基本几何图形的神圣性极为敏锐的开普
勒，也可以放弃这种立场。但对伽利略而言，圆形"标志"
进一步表明地球与恒星地位"平等"，由此也就获得了等
级上的尊严——如果这个宇宙贵族的形而上学特权被世俗
化，那么将地球提升到星体的地位又意味着什么呢？伽利
略经常受到批评的亚里士多德主义和目的论演绎在这个隐
喻背景中自有其立足点；他们在形式上保留了地球现在可
以被提升到的"位置"。此外，地球发光的特点也属于这
一旨趣的综合体：伽利略准确地将人们熟知的新月之后月
光晦暗的现象，解释为地球反射太阳的光线，他认为这证
明地球不可能像古代推论中那样，是最黑暗、最敌视光的
天体。1610 年，伽利略在《星际信使》③ 中宣告了自己的
"世界体系"，并许诺，他"通过非常多的证据和经验事实证

---

① "对我们来说，这体现出诸如此类的想法对他来说多么重要，即确实能够以这种
　方式证明地球的运动，从而确保它在天体中的位置。"（同上，S. 131）

② *Giornata prima*, ed. Albèri I, 24.

③ *Opere*, ed. nazionale II, 75.

明，地球对太阳的光线有着强烈的反射，这对那些主张将地球从星群中排除的人是有利的，因为这说明它既缺乏运动，也缺乏光亮"，而他要用大量的物理学论据表明，地球确实在运动，而且其亮度至少超过了月亮，它并不是宇宙中的尘垢和堆积之物。一个伟大理论综合体的动因以隐喻的形式呈现再好不过了；科学史家回过头来寻求能够为某个学科一系列成果奠定第一基础的东西，他们似乎将其视为理性和方法论的基础（就像这里说的普遍同质性原则），这种动因从驱动力的底层涌现，以图像形式构成，它们不仅从隐喻的表象中汲取发展方向，也从中获得力量。对传统的批判抑或接受关系受到隐喻"需求"调整的制约；如前文所言，当伽利略需要用亚里士多德主义来强调地球的哥白尼式胜利所要求的等级差异时，就会采纳亚里士多德主义，当这种理论妨碍他时，就会果断将其丢弃。因此，他激烈论争，反对经由亚里士多德的"不动的推动者"为传统确立的静止和运动差异进行的形而上学评估；同时，关键也在于将地球恢复为无休止的变化、生成和消亡的场所："在我看来，地球之所以非常高贵和令人敬畏，是因为它身上持续发生着诸多的变革、突变和生成等等。"[1] 如果地球凝固成一个（类似于古代的球形外壳一样）"巨大的水晶球"（globo immenso di cristallo），

---

[1] io per me reputo la Terra nobilissima ed ammirabile per le tante e si diverse alterazioni, mutazioni, generazioni, etc., che in lei incessabilmente si fanno. *Giornata prima* (Sagredo), ed. Albèri I, 67.

没有任何生成、消逝和自我变化，"我会认为它是一个对宇宙而言毫无意义的可怜块状物，一团闲置的堆积物，总之就是多余的，就好像它从未在自然界中存在过一样……"① 这种激进的、真正的"哥白尼式"变革，将哥白尼在天文学上对地球轨道运行的必要设定，变成了对最终形而上学标准的重新评估（仅仅将其作为一条隐喻的线索），但红衣主教例会记录和宗教法庭审讯记录上并未提及伽利略的名字。值得注意的是，1616 年宗教法庭的裁决将哥白尼学说的每一个要点都判决为"在哲学上是愚蠢和荒谬的"②，尤其从哲学审查角度来看，这些要点在罗马教廷的实践中相当不合常规（因为很难证明其合理性）。③ 对伽利略而言，以这种方式捍卫哲学传统属于"大众话语的虚

----

① io la stimerei un corpaccio inutile al mondo, pieno di ozio e, per dirla in breve, superfluo e come se non fusse in natura …

② stultam et absurdam ub Philosophia. 参见：格里萨尔（H. Grisar），Galileistudien，S. 38。

③ 关于这个问题参见：格里萨尔，同上，S. 224。1633 年宗教法庭对伽利略的判决也再度出现"这个命题在哲学上是荒谬和错误的"，紧接着被"正式认定为异端"。值得注意的是一个细微差别，对伽利略两个命题的判决，在哲学审查方面是相同的，但在神学方面，相比于第二个命题，对第一个命题的谴责更为严厉，即将其正式斥为异端（它至少在信仰上是错误的［ad minus erronea in fide］）。（［译按］1616 年 2 月，宗教法庭将哥白尼的学说［包括后继者对其学说的发展］归纳为两个要点：一是太阳位于宇宙的中心，并且静止不动；二是地球并不位于宇宙的中心，它是运动的，而且在做双重运动。）教会并没有依循《约书亚》中的太阳静止奇迹热衷于为亚里士多德—斯多葛地心说辩护。1664 将哥白尼的所有著作列入禁书目录时完全将谁占据世界中心的问题排除在外，只是谴责了"所有教导地球运动而太阳不运动的书籍"［Libri omnes docentes mobilitatem terrae et immobilitatem solis］。比如颇为"能干"的反哥白尼人士，博洛尼亚大学数学教授乔瓦尼·安东尼奥·马吉尼（G. A. Magini）在其 Confutatio （转下页）

荣"（vanit âdei discorsi populari）范畴，因为任何关于"地球"组成元素的讨论都是毫无价值和愚蠢的，一个事物有无价值是相对于其稀缺性或者丰富性而言的——不动者和永恒者比运动者和非永恒者更具有优越性也是如此：对终结的恐惧，以及对居留此地的渴望，让人们将不朽（incorrutti-bilitá）和不变（inalterabilitá）视为至高无上，但他们并未考虑到"自己作为不朽者是否还能降临到这个世界上"[1]。唯有作为一颗运动的星体，地球才代表了真正与人类相一致的存在形式，而不是人类的幻想和恐惧的存在形式。演变成隐喻的哥白尼主义，将自身诠释为现代的存在模式。

从伽利略恢复地球的星体地位，到尼采慨叹"自哥白尼以来人类的贬低"[2]，这中间似乎还有很长一段道路。追索这条道路意味着剖析现代"内在历史"的一条重要脉络；但本书的任务并不在此。跳过半个世纪，我想要说明哥白尼的隐喻是如何通过早期启蒙运动精神而开始获得一种矛盾性，这一点在丰特内尔著名的《关于多重世界的对话》[3] 一书中得到体现。在与侯爵夫人的第一次晚间谈话中，话题涉及地心说和人类中心主义目的论的关联。值得注意的

（接上页）*diatribae Scaligeri* 中痛斥哥白尼的世界观是对哲学的侮辱。

[1] e non considerano che quando gli uomini fussero immortali, a loro non toccava a venire al mondo.

[2] 参见尼采1887年在《权力意志》（*Wille zur Macht*）规划中第一个索引的18号（Musarion-Ausg. XIX, 386）。

[3] *Entretiens sur la Pluralité des Mondes*，1686.

是，丰特内尔并没有让目的论原则从地球作为宇宙中心的幻想中得出，而是反过来认为，目的论预设是如此根深蒂固，以至于人们创造了地心说体系来说明和证实这一假设。据此，丰特内尔特别提到了斯多葛学派地心说的美学成分："当我问及一些哲学家如此多的恒星有何用处时，他们冷冷地回答，那是为了满足我们的视觉。按照这条自以为是的原则，人们长期以来一直认为地球在宇宙的中心静止不动，而所有其他天体被创造出来的唯一目的就是绕着它运行，并把自己的光芒散发给地球。"① 这个非常现代的讽刺，在此以哥白尼的面目出现。启蒙主义者讥讽了那

161

---

① 为了理解丰特内尔在这里可能持何种立场，除了前面引入的内容之外，我们还要注意塞涅卡在 *De otio*（第五章，第 3 页及其后）中表述的内容："大自然赋予我们充满好奇心的品性，并充分认识到她的技巧和美，自然让我们成为她雄伟盛装的观众，因为如果她的作品，这如此宏大、如此辉煌、如此巧夺天工的设计，如此明亮，在方方面面如此美丽的作品，只对一个观众展现，就会失去自己的劳动成果。（Curiosum nobis natura ingenium dedit et artis sibi ac pulchritudinis suae conscia spectatores nos tantis rerum spectaculis genuit, perditura fructum sui, si tam magna, tam clara, tam subtiliter ducta, tam nitida et non uno genere formosa solitudini ostenderet.）（大意是：因为这样会剥夺她自我享受的成就感。在这里，展现的多样性以自我呈现为前提，其中一个构成性的原则在于要自己被看见；这是柏拉图式造物神与基督教创世概念之间的一个重要中间环节，前者通过示范理想世界来确定其创世方案，而后者则反映在它的启示观念中。）"你会理解她对我们有何期许，不仅是看看她，而是要凝视她，看她把我们放置于什么样的位置。她将我们安置在其创造的中心，并且给予我们扫视宇宙的视野；她不仅创造了直立行走的人，而且为了让人类适合于沉思她，在人身体的顶部放了脑，并将其置于柔软的脖颈上，以便人可以跟随星星的升落滑行，并且随着整个旋转的天空转动自己的面孔……"（Ut scias illam spectari voluisse, non tantum aspici, vide quem nobis locum dederit: in media nos sui parte constituit et circumspectum omnium nobis dedit; nec erexit tantummodo hominem, sed etiam habilem contemplationem factura, ut ab ortu sidera in occasum labentia prosequi posset et vultum suum circumferre cum toto, sublime fecit illi caput et collo flexibili imposuit ...)

种投射到宇宙中，并以此从宇宙中找回其合法性的不一致前提，经由这个前提，人类不仅能够将自己视作万物的特权中心，而且能用它来为人类提出的所有优先性的人际关系形式，给出具有"自然性"的主张——丰特内尔列举了诸如此类矫饰的若干形式。这种前卢梭式的、与道德主义相关的特征在《关于多重世界的对话》第一晚的过程中以更明确的形式出现。侯爵夫人带着对"德国人"（即哥白尼）的不满情绪说，如果有能力的话，他会将地球与它的最后一颗卫星——月球——分离开，"因为人们可以在其假说的整个过程中看到，他对地球的意图很不好"。对此，这位启蒙者以近乎民主的激情回答说，他相当感谢哥白尼，因为是他让那些妄称人类占有宇宙最佳位置的人的虚荣蒙羞，"一想到地球处于众多星体当中我就充满喜悦"。地球是平等中的平等！这批判性地反映出人类的社会状况，因为地心说毕竟只是某种生命体的自我中心在宇宙方面散播出的表现，从本质上来看，他更关心自己在会客室中被安排的位置，或者在座席中得到的等级身份，而不是在宇宙中的位置和等级："诱使一个人追求会客室中最尊贵座席的倾向性，也会让一个哲学家渴望将他所居住的地球置于宇宙最杰出的位置。如果可以，他就会将自己放在宇宙的中心，并且相当高兴，这一切都是为他做的……" 162
侯爵夫人原本对这次晚间启蒙并不反感，但她对宇宙论式的道德主义感到不舒服，于是她抢在尼采之前 200 年说出了这样的想法："实话说……这种编造是对人性的污蔑，所以我们不应该接受哥白尼的体系，因为它让人类蒙羞。"

十　几何象征与隐喻

在前文援引的丰特内尔的文本中隐含着一个对我们的
隐喻史类型学颇为重要的区分，这就涉及最后一种"过
渡"现象，即"隐喻性与象征"（Metaphorik und Symbolik）[1]
的转变。我们在这里需要警惕通过系统性地制定出十分精
细和匹配的定义，来避免一开始就压缩达成观念的基础。
象征的概念，从审美到其形式逻辑的使用方法（在最低限
度上！）都具有丰富的明暗变化，这已经为表达现象创造
了各式各样的朦胧性。我们在这里只是尝试在它的帮助下
强调一个基本的区分问题，这个问题我们在丰特内尔的文
本中已经非常明确地遭遇到了。

地心说宇宙论的图景经由丰特内尔所获得的表达功能
并不是"绝对隐喻"，绝对隐喻能够为无法通过理论研究
回答的、人在宇宙存在中的位置问题提供一种导向性的线

---

[1] ［译注］Symbol, Symbolik 兼有象征、符号、标志、记号等多重含义，在本书中既
指几何符号、图形，也指它们的象征意义。

索。相反，这位早期启蒙思想家的批判精神实际上表明，这个形而上学问题不再需要，也不会需要宇宙论式的隐喻来寻求答案，因为它已经通过在人身上占支配地位的优先意志（Vorrangwillen）给了自己答案。这个临时决定在问题提出之前就已经解决了，它只是在寻找与自己相互一致的图像，寻找一种证明其存在自明性的明确表现，一种对每个人来说都是自明的、摆脱了自我中心主义操纵疑虑的标志。这并不是丰特内尔的地心说世界图景的起源观念是否站得住脚的多余问题。但丰特内尔对地心说的解读把现在早已过时的宇宙图景变成一种"象征"，变成一种在人类自我评价中已经作为一种超维度（Überdimension）被给予的事态的投射，它最多可以强化预设信念带来的情感，但客观地看却不能将这种信念确证或合理证明。在这种解释中，哥白尼的理论改革具备了政治革命的特征：它摧毁了某种被发明出来巩固和约束普遍不平等性的象征。而摧毁这种象征就意味着要拆除其现实基础。

相比之下，我们借由斯多葛学派所描绘的地心说的"隐喻化"则具有尤为不同的性质：通过它，一个预先存在、在理论上得到验证的宇宙图像仿佛经由某种额外的意义假设"发出声音"，即对人进行一种目的论的解释，将其理解为被创造出来探索和欣赏世界的存在。斯多葛学派不仅从他们的宇宙论中读出一条"准则"（Kodex），而且从中得到了一种全面的、自恰的形而上学关联，其中的存在与使命、等级以及责任相互牵连。丰特内尔的前提是，宇宙中心论的立场从一开始就在宫廷仪式、社会惯例的意义上被审视和利用，甚至已经成为一种"虚构"，而且他假定这就是事实的安排，与存在没什么关系：正如在社会中追名逐利必须首先创造出形式构架，借此突出和"表达"权势地位，以便随后在不必采纳实质性标准的情况下，获得满足它们的事实"准则"，所以人类也首先形成了这样的虚构，即自然准备通过宇宙的构造来为其提供他在存在整体中的位置信息，从而在地心说中为自己建立假定的存在等级的象征性地位。象征只需要捕捉到某种关系上的一致性：在座次安排中，地位最高者坐在哪里并不重要，重要的是按照有效的准则，他所坐之处总是地位最高的位置。象征的功能在于辨识，但质问其内容毫无意义；然而，在这种情况下，象征和隐喻的功能要素汇聚到了一起。下文将对此进一步探究。

"数学"符号和图形在哲学语境中的运用在这里为我们提供了探究这一问题的可能。迪特里希·曼克（Dietrich Mahnke）在其典范性专著《无限球体与宇宙中心：数学神秘主义谱系论集》[1] 中，为我们提供了此领域为数不多令人信服的详细研究材料，或者说相关材料特定的部分。在

---

[1] *Unendliche Sphäre und Allmittelpunkt. Beiträge zur Genealogie der mathematischen Mystik*, Halle, 1937.

此书中，曼克始终将"圆形和球体"说成"几何象征"，它们通过无限化（Verunendlichung）的补充要素，成为"神秘主义"的表达方式。我们在此无法一一处理这部专著中颇为详尽的材料，但在我们的语境中，与象征和隐喻的关系中所出现的问题有直接关联的材料、领域，我们会尽可能以富有成效的方式进行探讨。本书前一章对于"宇宙论中的隐喻运用"的旨趣，在后文中仍然会存在，因为我们发现圆形和球体是宇宙轨道和躯体的主要构成形式，也必须探问此种形式的基础和意义；它们的"变形"——开普勒的圆形轨道，莫佩尔蒂的球形——属于并不亚于哥白尼革命的现代原型事迹，但不像布鲁诺对宇宙的无限化那样与之保持着密切和一致的关联。

166　　自柏拉图和亚里士多德以来，圆形轨道和球体形式作为宇宙的基本形式，就是宇宙的宇宙性、完满性和合理性的缩影。在这里仅仅提及毕达哥拉斯学派的几何象征背景是不够的，从亚里士多德那里可以看出，虽然他不断摆脱毕达哥拉斯主义，但在这一点上却坚持了《蒂迈欧篇》的结论。这个共识揭示出一种比"象征的"必然性更为深刻的东西。自巴门尼德和恩培多克勒开始，存在的球体形式作为不可分割的统一性、同质的不可损坏性和原子性的隐喻发挥作用。在柏拉图那里还补充了一点，即它们是模仿造物主的"可理解有机体"（ζῷον νοητόν）的完满性，柏拉图理想的规范性在球体的最佳体积中得到了表达；但他没有在任何一个地方前后一致地宣称理念的整体性也具有这种形式，这种对《蒂迈欧篇》相关段落的误解，最初来自普罗提诺，他将隐喻的功能简化成了象征的功能。[①] 球体不仅以图像形式表明了造物主以及与其原型相合的作品的最高可理解性，而且代表了"完满与局限"的同一关系。德谟克利特试图将宇宙论建立在作为最合理几何要素的"直线"基础之上，并据此将原初状态看作在无限的虚空中平行运行的原子轨迹，这必然会在希腊人心中唤起使人畏惧的"无限"（ἄπειρον），这无限是敞开着的无边无际的虚空深渊，被假定为有限的形态可能性的"存在"，在其中面临着消失和蒸发掉的处境。只有我们意识到如下情况，才会理解无限性为何对希腊人来说具有消极意义：具象的物质（eidentisch-substantialen）核心基底是有限的，而且，依此在这个世界中现实化的东西已经将其耗尽，所以即便是世界的多重性，也只是在重复这个规则罢了；因此，无限性只能是非存在，就其本身而言，存在无法将其克服。柏拉图宇宙论的球体形式像是一座堡垒，对抗着德谟克利特恢复无限性所造成的威胁。"天体轨道的圆圈形式"是将理性的均质性和时间的无限性结合起来的运动模

167

----

① 关于柏拉图和普罗提诺的段落，在曼克书中的第 229 页及其后的注释中形成对照；但曼克将普罗提诺的误解解释为对柏拉图的超越，其方向是将"无限球体"作为自己的主题。实际上隐喻失去了它的表达内容，单纯成为象征。

式，其中并不需要无止境的空间。值得注意的是，正是宇宙的无限性观念在库萨的尼古拉那里以积极的姿态开始出现时，对圆周运动柏拉图式的承诺才第一次失去了约束力：一旦创世者和他的作品等同于无限性，几何图形的"精确性"就失去了与非存在事物相对应的稳定意义。

但是，这并未穷尽球体和圆形中的隐喻内容。在《蒂迈欧篇》中，宇宙是一个在自身中自我旋转的球体（34A）；球体这种保持在自身位置上的自转，是运动和静止的完美统一，因而，它处于不动的神（这里指的是理念）与内部宇宙的运动之间，并一直延伸到不规则运动。自克塞诺芬尼以来，神是不动的，也是纯粹的思想。不动的活动——如果这不是一个单纯的概念游戏的话，背后必然有某种隐喻的想法，似乎在自身中自我旋转的球体和返回到自身的圆圈都是对神之存在的"模仿"，因为这些特征已经"隐含在"兼具了活动与静止的神的概念中。星体的圆圈运动是神性的标志，并且对人的理性具有规范意义，所以人类被要求去观察天体的运行过程，因为真实理性存在的内在法则就在那里呈现：理性必须模仿神严格有序的旋转，以便恰如其分地赋予自己这样的"形式"（47C；90CD）。① 因而，早在柏拉图那里，原本完全存在

---

① 参见 W. Theiler, *Zur Gechichte der teleologischen Naturbetrachtung bis auf Aristoteles*, Diss. Basel 1924, S. 73f. 威利·泰雷尔（W. Theiler）指出，在《理想国》（463CE）中并未看出如《蒂迈欧篇》（36C 及其后）中那样对循环运动的特殊区分。

于理念中的规范性特征，就已经开始转移到宇宙中，而且首先就体现在天体的运行上；① 它们本身源于模仿，但现在失去了这方面对模仿的诉求。这便为斯多葛学派为"星空"赋予伦理和美学尊严奠定了形而上学基础，也预示了这样的结果。如果考虑到这一点就可以理解为什么从柏拉图开始（按照辛普里丘［Simplicius］的说法）②，古代宇宙论能够按照其理论成就的规定"方案"延续，一直到退出历史舞台（甚至远及开普勒）：把行星的运动追溯到纯粹的圆周运动。基于此，起源于神话的"象征"充盈着如此丰富的意义，如此"意味深长"，以至于它可以成为关于神与人，宇宙与理性，理论与伦理的内在同质结构的"隐喻"。

对亚里士多德而言，起初诉诸天球的纯粹圆周运动实际上是在克服柏拉图式的"分离"（χωρισμός），目的是为了某种理念现实性的可能，这种现实性现在则通过"整体的自然"在形式上复制自己。例如，亚里士多德描述了水的循环，③ 水在温暖中蒸发，在冷却时重新凝结成雾、云

169

---

① 泰雷尔指出了《理想国》500C（对理念的模仿）与《蒂迈欧篇》47C（对天体运行的模仿）在主导思想上的相似性。这种基本方案的转变以立场的改变为前提条件。另请参考《法律篇》898A，《厄庇诺米斯篇》982B。

② *Commentarium in Aristotelis de caelo* 498a46—b3。欧多克索斯（Knidos von Eudoxos）是第一个按照这一原则建立自己假说的人。（［译按］西里西亚的辛普里丘是公元前6世纪的新柏拉图主义哲学家。）

③ *Meteorologica* I，9；346b 16—347a 5。关于圆的完满性，参见 *Metaphysik* V 6；1016b 16f. 。

和雨，太阳或远或近的圆周运动对他来说不仅是这个自足过程的"动力因"（κινοῦσα ἀρχή），而且是这个过程形式上的原型："这种圆环式的生变模仿的是太阳的周年运行。"（B 35/6）[①] 斯多葛学派在这方面迈出了最后一步，将每一种物理事物的内在凝聚力和稳定性都归结为普纽玛的包容循环（SVF II 458）：普纽玛是一种自我循环的凝聚力，就像一束链条一样，不仅仅在有机体身上发挥作用，而且包括石头和木头等；它从中心出发，向物体的轮廓延伸，但当它到达物体的表面时，又再度回到起始点。宇宙的结构与每一种个别事物的结构是同构的（SVF I 497 = II 458），承担着神性的标识与完满的职能——这是一种乐观的形而上学！我们在上文第 147 页及其后的段落中谈到了斯多葛学派的向心运动，这种运动在结果上达到一种循环，因为每一个到达中心的元素，都被所有其他向着中心运动的元素推挤着继续前进，之后被再次推离中心。因此，圆周运动不再是亚里士多德意义上的"自然"运动，而是自然（向心）运动的产物，以及由它所产生的强制运动。尽管亚里士多德曾经承认，除了圆周运动之外，元素也会垂直运动（向上或向下）到其特定的"合适位置上"（τόποι οἰκεῖοι）；但这些只能在强制运动之后从属地出现，因为在一个永恒的宇宙中，如果新的换位不能总是通过

---

① γίνεται δὲ κύκλος οὗτος μιμούμενος τὸν τοῦ ἡλίου κύκλον.

"强制"脱离而发生，那么每个小部分必然早就达到了其确定的位置，而这种强制性只能作为来自球体"自然的"圆周运动偶然的副作用产生。严格来说，只有圆周运动是"自然的"，而为了遵循这种必然性而产生的努力的痕迹，仍然足够清晰可见。[①] 无论如何，在月球之外的领域，只有这种运动方式适合天体，因此，亚里士多德的形而上学作为传统中最具影响力的因素，为天文学的柏拉图式"方案"提供了最有效的翻版和支持。

170

171

在普罗提诺的文章《论天体运动》（Über die Himmelsbewegung）中，偶尔会有对古代圆周隐喻的整体

---

① 正如维尔纳·耶格尔（W. Jaeger）在 *Aristoteles*，S. 157 及其后中所假定的那样，亚里士多德为了"自然运动"概念，放弃他在早期对话中秉持的天体运动具有有意性（Willentlichkeit）的观点；不过哈罗德·切尔尼斯（H. E. Cherniss）在 *Aristotles's Critisicm of Palto* I（Baltomore 1944）S. 598 中已经驳斥了对亚里士多德《尼各马可伦理学》第三卷第五节 1112a21 的引征。同时参阅，弗兰茨·迪尔迈尔（F. Dirlmeier）的评论（Berlin 1956，S. 329 及其后）。在我看来，"自然"运动与"有意"运动的最终区别，以及它对古代宇宙学的影响只是由于托勒密体系后果的顽固性而被掩盖了，这一点可以追溯到柏拉图《蒂迈欧篇》中"机械和有机隐喻的含混性"。"有意运动"（motus voluntarius）的概念属于一种有机的背景隐喻，并因此在斯多葛学派的宇宙学中发挥了自己的作用，而"自然运动"（motus naturalis）的概念则作为经济学机械的公理，它的理性成就只能通过与惯性原理的表现相比。对天体运动做出一种生机—意志论的解释并不能建设地解决这个问题，但却让作为科学的天文学产生了颇为危险的猜测，因为寻找规律的研究者在面对"有意性"时，只能采取听天由命的态度了；克莱奥迈季斯（Kleomedes）和杰米努斯（Geminos）正是在这种猜测中以认命的方式逃避了问题（参见：K. Reinhardt, *Poseidonios*. München 1921. S. 202f. 但该书在处理差异问题时淡化了共同点）。当然，亚里士多德关于特有本质（Sonderessenz）的学说，也为天文学提供了这样一种超越性的公式，即允许它回避终极精确性的要求，这在托勒密（*Syntaxis math*. XIII 2）那里仍然可以看到（参考本人在 *Anm.* 168，S. 75 及其后提到的研究）。

视域的隐晦暗示。[①] 对于天体为何做圆周运动的论题是对亚里士多德的一次再柏拉图化：对理智的模仿（ὅτι νοῦν μιμεῖται）。这一论题影射了亚里士多德《形而上学》第十二卷第七章中的概念，并对其给出了解释，这一点首先可以从充分阐明最初论题的文章结语中看出："理智就是这样被推动的；它既是静止的，又是运动的，因为它围绕着自己运动，所以，宇宙也是如此，既做圆周运动，又静止不动。"[②] 在柏拉图那里，造物主以最高理性要求的方式塑造了宇宙，并因此为天体规定了圆形轨道；而对亚里士多德而言，圆周运动的绝对统一性最终来自对时间概念的分析，它需要一种永恒的同质运动作为基底，如此一来，不动的推动者永恒的纯现实性是通过第一天体的"爱"（Eros）所把握到的规范。普罗提诺不仅调和了这两种立场，而且超越了它们。从对造物主的模仿角度来看，他将第一天体的爱解释为对最高（亚里士多德式）原则的模仿，将不动的推动者解释为纯粹"理智/努斯"（νοῦς）。但是，什么是圆周运动能够模仿的呢？亚里士多德的第一推动者在"物理"运动的标准下是不动的，它的终极原则

---

① *Enn.* II 2. 我引用的是亨利-施韦泽（Henry-Schwyzer）的版本（I 158—163）。个别处我更倾向于选用哈德（R. Harder）的版本（Bd. I Hamburg 1956）。斐奇诺的拉丁译文是按照克鲁泽-摩泽尔（Creuzer-Moser）的 Didot 字体版引用的（Paris 1955）。

② ὁ δὲ νοῦς οὕτω κινεῖται · ἕστηκε γὰρ καὶ κινεῖται · περὶ αὑτὸν γάρ. οὕτως οὖν καὶ τὸ πᾶν τῷ κύκλῳ κινεῖσθαι ἅμα καὶ ἕστηκεν.

就应如此；但它在"理论"活动中又是纯粹的实现（ἐνέργεια），是思维本身，是"对思想的思想"（νόησις νοήσεως）。圆周运动作为对"理智"（νοῦς）的模仿，指的是精神（Geist）与其自身的关系：斐奇诺（Marsilio Ficino）将"περὶ αὐτὸν γάρ"（在自己身上转动）翻译为"reflectitur in se ipsum"（回返/反思自身）。世界灵魂没有能力进行这种纯粹理论上的自我参照；通过模仿，它在自己的水平上进行重复：它把整体囊括到统一之中，并将其带向自身。因此，世界灵魂和理性的区别在于，后者仍然与自身处于同一，而前者在包罗万象的圆周运动中将其他事物带向自身，"这是一种具有专注的自我意识的运动，是理智和生命的运动，它遍及一切，因此没有哪一部分在外面，或者在别处"①。对纯粹理性的直接模仿是有机的，而非机械的。当然，这只是世界灵魂的运动趋向，而天体运动是世界躯体的运动。这里很重要的一点是，普罗提诺完全背离了亚里士多德的"自然"运动，赋予躯体一种自然的直线运动，而灵魂则迫切地将其引向中心；天体的圆周运动是由两种不同的直线运动组成的"混合"运动。初看之下，这近似于牛顿关于行星运动起源的想法，但这一点或许可以从普罗提诺的形而上学需求中得到充分

---

① εἰς αὐτὴν συναισθητικὴ καὶ συννοητικὴ καὶ ζωτικὴ καὶ οὐδαμοῦ ἔξω οὐδ' ἄλλοθι · καὶ τὸ πάντα δεῖν περιλαμβάνειν τοῦ γὰρ ζώου τὸ κύριον περιληπτικὸν καὶ ποιοῦν ἕν.

的解释，即将身体诠释为精神的异质，作为精神的损坏和扭曲的对立面：躯体运动本质上不可能具有适合于精神的形式；自然现象产生于形而上学的对立面的混合。身体和心灵的关系在这里已经在宇宙中预先形成；这一点我们在文中也有所暗示：在人的身体中，灵魂甚至更难施行"它的"模仿圆周运动，因为指向异己目的的驱动力（πρòς ἄλλα αἱ ὁρμαί）与身体的直线运动共同运作。在关于"恶的起源"（Ursprung des Schlechten Ⅰ 8, 4）的文章中，普罗提诺将围绕"努斯"的圆周运动看作宇宙灵魂的原初状态，当灵魂将目光从努斯身上移开，从而在其模仿过程中失去方向时，就会导致它的"堕落"，并且被原始物质压制；灵魂这种一开始的垂直—直线运动是对其纯粹原初状态的背弃，必须通过反方向的逃离运动来解除。通过这种对圆周和直线运动形式的二元归类，几何隐喻与新柏拉图主义形而上学达到了相当程度的融合，正如像曼克所表明的那样，从此它便在传统中占据了一席之地了。

发端于普罗提诺的这一传统在这里对我们具有特殊的意义，因为从宇宙灵魂对纯粹理智的模仿中推导出天空圆周运动的起源，"隐喻的结构本身就已经被形而上学地预设了"。灵魂就其本质而言，就其实质的"语言"而言，既不能把握，也不能"再现"理性；它的模仿只能在错误时切中目标，在不一致的存在状态中为真：就其结构而言，它已经抢在了库萨的尼古拉《论有学识的无知》（这是一本蕴含了丰富形而上学隐喻的著作）之前。因为这是"绝对隐喻"功能的准确表现，它填补了以可领会或概念方式无法填补的空白与间隙，进而以自己的方式进行表达。宇宙灵魂之所以进行圆周运动，是因为它"必须"以爱慕的方式模仿理性，却又不"能"充分做到这一点；它以"图像"代替概念以及概念性的理解，它按照字面意义构建模仿，同时，它的模仿也是对其所模仿之物的隐喻，"以及"对无法达成目标的隐喻："灵魂所围绕的中心就是神，它热烈地拥抱他，尽其所能围绕着他，因为万物都依赖于他；但它无法抵达神，所以只能围绕着它。"① 圆周运动是

---

① εἰ δὴ ψυχῆς ἐστι, περιθέουσα τὸν θεὸν ἀμφαγαπάζεται καὶ περὶ αὐτὸν ὡς οἷόν τε αὐτὴ ἔχει · ἐξήρτηται γὰρ αὐτοῦ πάντα. ἐπεὶ οὖν οὐκ ἔστι πρὸς αὐτόν, περὶ αὐτόν. 在斐奇诺的译本中为："Quodsi ita est, anima rursus revolvitur circa deum affectatque complecti, et, utcunque potest, circa ipsum sese habet; cuncta enim a deo pendent. Quoniam vero non permanet penes ipsum, saltem se versat circa ipsum ..."（因为如果是这样，灵魂就会永远围绕着神转动，并且渴望环绕着他，只要可以，它就会〔按照某个路线〕围绕着它；因为一切都悬浮于神。虽无法在神的掌控下永续，但至少能够围绕着他旋转。）在这里，宇宙灵魂对世界理性狂喜般的切近，显然被一起带入到了文本中解读，但"正常状态"下的宇宙灵魂预设了以圆周运动作为对精神（至少）最低限度的接近，因为在此之前已经表明，超越圆周运动的努力是无法（永久）"持续"的。按照这种解读，理性"自足"（Bei-sich-selbst-sein）的模仿特征被淡化了；圆周运动则被理解为狂喜的去疏远化（Entdistanzierung）之后"次佳"的理论姿态，灵魂想要从四面八方凝视其所爱慕的对象。一旦人们将圆周运动主要视为转向某个对象的理论行为，那么隐喻性就消失了；只剩下一种对形象化（Vergegenwärtigung）"技术"的描述。然而，由于这种细微的差别，与亚里士多德的概念（*Metaph*. XII 7）的联系也就消失了，而这种联系在这里正是通过增加柏拉图式的模仿得到解释的；因为在亚里士多德那里，天体不是围绕着纯粹推动者——理性做圆周运动，而是在它之下；这种圆周运动已经是从理论转化而来的实践（按照普罗提诺的说法：模仿的活动），而斐奇诺的解读（转下页）

尚未实现和无法实现的爱，是在被超越的间隙所隔开的被爱者面前所能达到的最高形式（爱者想要与被爱者相同），"并且"，圆周运动也是一个关于无法实现性的隐喻："因为"灵魂无法达到理性，但又不能放弃它，灵魂围绕着理性旋转，并在此过程中找到了——通过一种恩典式的偶然性，人们也可以说是一种神学的扩展——最精确的"绝对隐喻"，并在其中实现了模仿。我们在这里说的不是"象征"，因为象征为"认—识"（Er-kennen）服务，所以必然是静态和固定的，但这里已经显示出高度复杂的运动，这种运动要以几何表达的形式呈现，而且实际上已经在其中"完成了"。隐喻能够运动，能够展现运动，这一点在库萨的尼古拉具有超越导向的"爆炸/膨胀隐喻"（Spreng-

metaphorik）中得到了最有力的证实，这个隐喻与几何图形共同实施，甚至转化为几何图形。[1]

（接上页）将实践理解为服务于理论整合的活动。这并不符合围绕论题所展开的文章主旨，即圆周运动是对纯粹理性的模仿。

[1] 曼克（同上书，第219页及其后）以"精神球体"（σφαῖρα νοητή）为例，阐述了普罗提诺的隐喻中所特有的可塑性（尽管仍然是在"象征"的标题之下，但在普罗提诺那里多次出现：V1，9；VI5，5. 10；II 9，17）。球体在这里并不像柏拉图的《蒂迈欧篇》和开普勒的《世界和谐》中那样，作为一个具有特定大小和理想体积的几何图形的隐喻发挥作用，其隐喻性功用在于，它完全就是一个"概念"，并且能够被任何一个其他概念所替代；就其"范围"而言，概念"包含了"其定义中的一切；就其"内容"而言，它是内在的构成性原则，确立了这种在概念之下的逻辑基础（形式）。这完全是亚里士多德式的思想，并且成为关于上帝的超验和内在同一性的隐喻："如同人们可以同样正确地说'就球体本身而言'，它的概念范围包含所有特定的球体，无论大小；而它的概念内容基本包含在每一个球体的本质中，那么人们也同样可以说，神'包罗万象'，一如他居于（转下页）

　　古代晚期和基督教时期的否定神学（negative Theologie），在其带有新柏拉图主义痕迹之处，都迫切需要一种新的语言。当然，人们可以说，认为自己根本无法澄清神的神学，基本上不需要任何语言。但在这里，恰恰可以看出哑与沉默的一种根本区别；这也就是《论有学识的无知》所要表达的意思。否定神学并不代表一种学识状态，而是一条路径、实践，一种践行自我行为方式的方法。即使在否定神学并未得到系统阐发之处，如在奥古斯丁那里，我们也能找到那种鲜明的"压制直观的隐喻"。① 而我们这里说的"爆炸隐喻"取得了更多的效果：它将直观引向一个"过程"，在这个过程中，它一开始还可以保持一致（比如思考圆的半径加倍，以及越来越扩

　　（接上页）'深处'"（VI9 18）。这就是为什么普罗提诺一方面将亚里士多德的天球（Himmelssphären）图像（神从最外层的圆周使其保持运动，而它的"第一层天球包裹着所有其他他天球"）转移到精神性的宇宙上；但另一方面，他又同意柏拉图的观点，即"灵魂（Seele）在身体（Leibe）中，精神（Geist）在灵魂中，神作为最内在的中心，在一切事物中。尽管此类表达在直观上相反，但在概念上是刚好等同的（同上书，第220页）。这里的隐喻性并不在于质料（质料只是作为柏拉图式的传统主题而接受），而是在于形式，在于概念本身的内在与超越的成就上；但普罗提诺尚未意识到能够运用隐喻来摆脱质料外衣的技巧，即通过增加"无限性"（infinitum），并将直观（Anschauung）抽离来使可理解表象（Vorstellungsmäßige）膨胀。普罗提诺希望通过无害的"可理知性"（νοητόν）达成同样的目的。曼克在叙述所谓"无限球体"象征意义历史的过程中，忽略的正是这种为了能够在形式上运用隐喻，而在质料上膨胀的倾向性。——保罗·亨利（P. Henry）在为史蒂芬·麦肯纳（St. Mackenna）（London 1956，S. XLV—XLIX）的《九章集》（Enneaden）英译文所作的序言中，特别强调了普罗提诺"象征"的隐喻特征。

① E. R. Curtius, *Europäische Literatur* (vgl. *Anm*. 119, S. 145)：〉die Hand meiner Zunge〈 (Conf. v 1)，〉die Hand des Herzens〈 (x 12)，〉das Haupt der Seele〈 (x 7). 这里的不可行性仍然在于直观元素静态的不兼容性。

大），但到了某一个点时（如思考最大可能性的圆，即圆的无限半径时）又不得不放弃——这也被理解为"自我放弃"。其目的在于使超越性成为理论施行的极限，并以此作为异质的施行模式，即所谓"可感受"模式的要求。这种隐喻的爆炸材料是无限性概念，其中最持久的模式是来自《哲学家之书》（*Liber philosophorum* XXIV）中所谓神秘的表述："神是一个无限的球体，其中心无处不在，圆周无处不在。"[1] 库萨的尼古拉不仅将这一表述运用于神，而且运用到世界的整体性上；[2] 但他也以一种告别中世纪的反思精神，"按照一定的方法"思考和证明了这种表达手段的使用，从传统主题中提取出一道"秘方"。《论有学识的无知》其中一章标题为"数学对于理解各种神圣真理是巨大的帮助"（第一卷第 11 章）。[3] 库萨的尼古拉从古老的论题出发，认为可见的宇宙是那不可见东西的忠实反映（visibilia，invisibilium imagines）；但对他而言，被创造的世界不再主要是不可见的造物主的形象，首选出发点是"数学"（Methematicalia）世界，它是人的精神从其创造性的

---

[1] Deus est sphaera infinita, cuius centrum ubique, circumferentia nusquam est. C. Baeumker, *Das pseudohermetische › Buch der vierundzwanzig Meister ‹*. In: Beiträge z. Gesch. d. Philosophie d. Mittelalters. xxv/1 - 2. Münster 1927. S. 194 ff. prop. 2。在这段被广泛引用的文本中有一个简明扼要的定义，其中可以发现以下球体隐喻（prop. 18）："神是一个有多少圆周就有多少个点的球体。"（Deus est sphaera, cuius tot sunt circumferentiae, quot sunt puncta.）关于这一文本的谱系和影响，完全可以参考曼克的论著。

[2] *Docta ign.* II 2. 5. 11. 12.

[3] Quod mathematica nos iuvet plurimum in diversorum divinorum apprehensione.

力量中产生的。为什么是这种非实在的表达作为新的介质？首先：人的工作契合于形而上学隐喻，就像神的作为适合自然界一样，因为人是以"神的形象和譬喻"而具有创造性的。数学的优势在于其"方法"：数学允许自由的可变操作，允许在自主设置的条件下进行可行性实验。这里的实验意思是说：例如，使一个圆的半径无限小，从而让图形最终成为一个点，进而也就放弃了其"本质"，或者使一个圆无限大，让其周长逐渐变为一条直线，圆形同样不再是其本身。图形处于两种无限性之间，处于伪赫尔墨斯命题（pseudohermetischen Satze）① 模式之间；超越性不仅仅"位于上方"，任何试图逃离它的东西都会流入其中。在这个极限上，人们必须再度离开隐喻，因为就其本身而言，隐喻在"事物本身"可直观的限度方面，已经是一种权宜之计。库萨的尼古拉对该模式过程表述如下："……没有一个我们所知道的客体，或我们对它多少有一点观念的客体，能够是绝对的极大；因为我们打算使用符号来进行对极大的探讨，所以必须寻找某种并非只是简单比较的方法。事实上，我们在数学中始终是在处理有限的事物，因为，如果它们不是有限的，我们就根本无法对它们形成任何观念。那么，如果我们想要通过有限的事物去把握绝对的极大，就必须首先就其本来面目来研究有限的数学形

178

① ［译注］这里指库萨的尼古拉将上帝的伪赫尔墨斯主义特征通过数学转移到宇宙。

体，即潜在与行动的一种混合物；然后我们必须以各自相应的完善条件来描述有关的无限形体，最后，我们必须以更为崇高得多的升华方式用各个无限形体的完善条件来描述单纯的无限，后者不可能有任何一个形体来加以表述。"① 数学对于理解神性的另一方面帮助在于：神圣存在的对立统一（coincidentia oppositorum）在形式上可以通过合适的隐喻方法进行"重构"。从库萨的尼古拉的立场来看，我们的"绝对隐喻"概念对恰当理解其意图并无用处，因为所有的隐喻的投射在具有存在普遍性的结构同一性当中所获得的正当性，比我们给予"绝对隐喻"的更为强烈，它仿佛从某种精神的"恐怖空无"（horror vacui）中迸发出来一样。在存在的普遍同质性这一形而上学预设中，隐喻仍然作为"认知"手段的基础，而库萨的尼古拉将其明确置于《论有学识的无知》前半部分的章节中，对

---

① "... constat maximum simpliciter nihil horum esse posse, quae per nos sciuntur aut concipiuntur, hinc, cum ipsum symbolice investigare proponimus, simplicem similitudinem transilire necesse est. Nam cum omnia mathematicalia sint finita et aliter etiam imaginari nequeant：si finitis uti pro exemplo voluerimus ad maximum simpliciter ascendendi, primo necesse est figuras mathematicas finitas considerare cum suis passionibus et rationibus, et ipsas rationes correspondenter ad infinitas tales figuras transferre, post haec tertio adhuc altius ipsas rationes infinitarum figurarum transsumere ad infinitum simplex absolutissimum etiam ab omni figura."De docta ignorantia I 12；"用数学记号为我们的目的服务的方法"（即数学对神圣真理的理解）（Quomodo signis mathematicalibus sit utendum in proposito ［sc. diversorum divinorum apprehensione］）。正如我们在此阐明的，在这个早期文本中，库萨的尼古拉偏爱数学隐喻的动机仍不清楚；就此而言（第一卷第 11 章末尾），对于偏好"数学符号"（methematicalia signa）他只说它们"具有不可毁灭之确定性"。（propter ipsorum incorruptibilem certitudinem convenientius uti）

此类范例的讨论一直延续到"对立统一"（第一卷第 11 章）："在研究本身超出我们所能及的范围的精神事物时，使用符号的基本理由已经说明。虽然我们既不知觉它，又不理解它，但我们至少知道一个事实，即一切事物都处于某种相互关系；由于这种相互关系，一切个体结合而构成整个宇宙，并且在这独一的绝对中，存在物的众多性就是统一本身。"① 这里的形而上学前提在于，世界作为一种"展开"（explicatio）从"对立统一"的神圣统一性中产生，这使得"爆炸隐喻"成为对创世过程内在结构的合法探索，它从相反方向回退到了本源。

179

《论有学识的无知》第一卷第 21 章处理的就是"无限的圆与'一'的类似"②。圆是统一而单纯的完善代表（象征）。这个隐喻体现了始点与终点的重合，而库萨的尼古拉对"类似"的表述也令人印象深刻："事实上，在他里面，开始就是结束与开始同一的开始。"③ 内在性与超越性的一致是库萨的尼古拉的伟大主题；在无限的圆中也可以证明这一点：尽管圆周和直径在这里是同一回事，但这个"一"吸收了二者的功能，无限的圆作为周长"容量无限"

---

① Hoc autem, quod spiritualia, per se a nobis inattingibilia, symbolice investigentur, radicem habet ex iis …, quoniam omnia ad se invicem quandam—nobis tamen occultam et incomprehensibilem—habent proportionem, ut ex omnibus unum exurgat universum et omnia in uno maximo sint ipsum unum.

② transsumptio circuli infiniti ad unitatem.

③ tantum est in ipso principium, quod et finis est in ipso principium.

(capacissimus)，虽在一切之外，却包罗一切①；作为直径，它"渗透一切"（omnia penetrans）。隐喻要求每一个要素都按照其功能进行解释；如果违反了这一点，隐喻就会降格为"托喻"（Allegorie），在这种情况下，任何女神战车上的四个轮子，都可以指涉四种基本美德，诸如此类。对于隐喻功能的适切性，库萨的尼古拉有时很难辨识，甚至根本察觉不到，比如当他认为可以从无限的圆中得出如下推论时说："因为它是圆心，所以是动力因；因为它是直径，所以是形式因；因为它是圆周，所以是目的因。因为是中心，它产生存在；因为是直径，它起支配作用；因为它是圆周，所以它保持在存在之中。"② 在这一章的最后，作为"无限球体"的圆已经成为关于神的用语的"模型"，现在也被描绘成神学思想和处理方式的关键形象："我想请你特别注意的是，一切神学何以都是循环性的，并处于一个圆之中，其循环性甚至到达这样的程度，说明属性的用语实际上都可以互相转换使用：无限的正义就是无限的真理，无限的真理也就是无限的正义，一切其他用语也都是如此……"③ 这里已经很清楚，正如我们在绝对隐喻中试图

---

① extra omne omnia ambiens.

② Causa efficiens, quia centrum; formalis, quia diameter; finalis, quia circumferentia. Dans esse, quia centrum; gubernans, quia diameter; conservans, quia circumferentia.

③ Hoc tantum notatum esse admoneo, quomodo omnis theologia circularis et in circulo posita existit, adeo etiam quod vocabula attributorum de se invicem verificentur circulariter: ut summa iustitia est summa veritas et summa iustitia et ita de omnibus ...

凸显的那样，爆炸隐喻的"真理"在本质上是"实用性"的：它诱导出一种态度（Hanltung），一种颇为普遍地被归于"神秘"的行为（Verhalten），特别是库萨的尼古拉将其具体表述成"有学识的无知"，那种无知表明自己"知道"其必不可少的对象具有无限广大的特性，他这样做也将自己与经院哲学的科学区分开，因为后者低估了这种对象。隐喻所诱导出的态度在隐喻的使用过程中得以实现，其内涵便是"有学识的无知"；库萨的尼古拉运用隐喻过程中特有的非进步性的生产能力（按照他的隐喻，这种生产能力并不试图"超越"或"超出"自己）确保了此类过程性循环。库萨的尼古拉不再像经院哲学鼎盛时期的思想家那样相信逻辑学处于为形而上学服务的从属地位；他以一种在某种程度上带有防御性的别有用心的方式冷落了逻辑学，因为他认为人的原罪在求知观念对人的蛊惑之中，在于想"经由科学"（in scientia）与上帝相提并论。在圆形隐喻的支配下，一种存在样式的内在统一性和意义形式再次得到把握。①

① 圆形隐喻和"对立统一"的思想或许也可以历史地追溯到一个共同的根源。在《论有学识的无知》十年之后，库萨的尼古拉发表了"Idota"对话集（1450），其中包括"Versuche mit der Waage"。极有可能他已经对此类机械论的思想实验进行了长时间的思考；也可能他在此时偶然发现了亚里士多德的伪作 Quaestiones Mechanica，在 Mechanica 开头部分，圆形就直接被理解为对立面的统一，被说成一种"奇特"，借助杠杆作用，从一个奇特的东西可以得出另一个奇特的结果："所有这些现象的初始原因是圆。其所以如此，是很自然的；因为由更奇特的东西导致某种奇特的结果是不足为奇的，而最奇特的事情莫过于对立面的相互生成了。圆就是由这样的对立面构成（转下页）

181 　　曼克已经表明开普勒受到了库萨的尼古拉几何隐喻的影响，以及这种影响的形式。① 总体而言，开普勒的宇宙论推想存在着强烈的"隐喻实在论"特征，虽然这有时会让他梦游似的获得新见解，但也使其无法通过哥白尼来充分理解人类中心主义目的论的合理化。布鲁诺已经放弃了日心说的思想，转而持一种去中心的宇宙观，但开普勒却从中获得了比哥白尼更强烈的形而上学基调；虽然这帮助他发现了自己的行星运动规律，但也揭露出哥白尼之前对圆形隐喻的依赖。关于这一点的证据，可以在 1618 年初开普勒写给在布拉格的瓦克男爵（Wackher）信中的一段话中找到：开普勒在信中介绍了他关于"世界和谐"研究的进展，并且指出，宇宙和谐的真实效果只能在太阳上感知，作为奇观来体验；"因此可以相信，太阳上有更高贵的生命体，这些"类神"存在的生命体享受着这些景象，

（接上页）的；因为它直接由运动和静止生成，而运动和静止的本性是彼此对立的。"（πάντων δὲ τῶν τοιούτων ἔχει τῆς αἰτίας τὴν ἀρχὴν ὁ κύκλος. καὶ τοῦτο εὐλόγως συμβέβηκεν· ἐκ μὲν γὰρθαυμασιωτέρου συμβαίνειν τι θαυμαστὸν οὐδὲν ἄτοπον, θαυμασιώτατον δὲ τὸ τἀναντία γίνεσθαι μετ᾽ ἀλλήλων. ὁ δὲ κύκλος συνέστηκεν ἐκ τοιούτων· εὐθὺς γὰρ ἐκ κινουμένου τε γεγένηται καὶ μένοντος, ὧν ἡ φύσις ἐστὶν ὑπεναντία ἀλλήλοις ［847b15 - 21].) 杠杆作用——由于能够以较小的力量完成较大的负荷，因而也可以说是对立面的统一——作为一种奇特的现象，被证明是圆周运动这种更为奇特的东西的分支现象，因为圆周运动由静止（圆心）和运动（周长）的"对立统一"组成。机械技术的效果就建立在这个最高的、与自身对立的，因此也是反自然的原则之上，"在自然面前失败的事物，我们靠技术来完成"。（847a20f. 引自 Antiphon 的诗）

① 同上书，第 129 页。

并以自然的方式感受来自它们的刺激。因为绕着我们地球居民运行的只有月球，唯有它顺从我们……但太阳却被我们整个星群围绕，似乎也顺从于它，这实际上构成了太阳的家族及其所占据的状态。"① 开普勒自己也感觉到，这种强烈的隐喻实在论倾向具有某种异教色彩，他继续说："如果我是一个对基督教教义一无所知的异教徒，我会说，我们居住在整个宇宙最卓越的星球上，这里有一个避难所向我们所有如瓦克一样的灵魂敞开……"这种表述在思想上与哥白尼完全不同；因为在人类去中心的世界位置上，天体的外观与存在并不一致，"对它们而言相同的运动，在我们看来并不相同"②，对哥白尼来说，这种情况只存在于较低的和临时的感觉材料范围，这些数据会被理性地回溯到世界大厦充分可理解的构造中。这里涉及感觉领域与理性之间二分的人类学预设，但天文学也与感性从属于理性的伦理模式联系在一起。

开普勒对圆形隐喻的实在化运用，使他赋予太阳一种形而上学属性，这一属性似乎来自亚里士多德不动的推动者，据此，运动因果性与创造之间灾难性的混淆，如今经由鼎盛时期的经院哲学消除了："当太阳位于行星中心，其自身静止不动，却是运动的源头，这彰显的是天父，即

---

① *Johannes Kepler in seinen Briefen*, hrsg. v. M. Caspar und W. v. 35 Dyck, München 1930，II 99.

② aequales illorum motus apparere nobis inaequales.

创世者的形象。可以说，在神那里是创生，在太阳那里即是运动。"① 开普勒以同样的方式设想了太阳的运动功能："在太阳天体周围存在着围绕着它旋转的磁场，这也使受其引力的行星做圆周运动。这种引力并不在于吸引行星，而是确保它们继续在自己的轨道上运动……磁力对我来说是一个类比，而不完全是事情本身。"② 而亚里士多德运动理论的构成方式是，它让运动"从外部"进入世界，依此，第一球体的规则运动形式在沿着因果链降级的过程中，消散成不规则的模式，因此，正如泰奥弗拉斯托斯（Theophrast）所反对的那样，纯粹存在的作用力甚至不再能够抵达世界的中心，而开普勒将"运动的原因"（causa motrix）放在了宇宙的中心，"以太阳的所在地作为循环运动的本源和原则"③，如此运动就向中心辐射。星体运动的这种"自然化"第一次从纯运动天文学（必须让天体世界的所有机械问题听其自然发展），引向了因果性的天体物理学。我们在这里可以非常明确地看到，对于推进理论进程具有决定性意义的观点"替换"（Umschaltung），即实现新的可能性与合理性建构的方法，最初是如何在以隐喻为媒介的过程中获得实在化的。开普勒定律之所以能够成形，至关重要的并非在概念上充分理解引力，而是在于从

---

① Brief an Mästlin vom 3. Oktober 1595（上书，I 19）。

② Brief an Mästlin vom 5 März 1605（上书，I 222）。

③ fons et principium circuli in loco Solis.

中心建构的动力辐射球体的纯粹表征模式，而球体是中心的投影："表面是……中心的影像，它既像来源于中心的明亮闪光，又像朝向中心的路径。"[1] 开普勒最惊人，也是最需要勇气来对抗陈朽制裁的成就，即是放弃将圆形作为行星轨道的构成性原则，而这一点也同样完全蕴含在隐喻的底层之中：将太阳作为行星运动本源的观念，促使他把轨道运动的形式理解为过程的产物，而不再将其视为理念（Eidos）的范例。开普勒写道："你问我为什么要从三角形的面积证明方程式。毫无疑问，你想到的是我在《哥白尼天文学概要》（*Epitome*）中对这个问题的处理。答案是：因为我打算从自然原因的理论中得出计算结果，就像古人从完满的圆形及在其上的匀速运动假设中推导出结果一样。但是现在，行星在穿越缥缈太空时，真正减速或加速的原因是行星与太阳——它们的运动来源——之间的距离是近还是远。"[2] 开普勒此时已经意识到其方法论的主要特点。一条行星轨道并不是在本质上可以作为某种整体形式去建构的构成物，它无法内在地发展起来，而是要经由元素进行"自我构建"，这些元素的常量是每单位时间内太阳—行星半径所覆盖的三角形面积。轨道形式已经成为次要的；非变化性不是在轨道形式中找到的，而是在单位时

184

---

[1] superficies est ... imago centri et quasi fulgor ab eo et via ad id. 转引自曼克，上书第 135 页。更进一步的材料参看曼克的著作。

[2] Brief an Crüger vom 9. September 1624（上书，II 206）。

间内太阳距离与行星路径的比例之中。这种通过隐喻的"调和"而达成的与几何学"具象"（Eidetik）的剥离，正是开普勒成就真正的"现代"之处。对于火星轨道这个棘手问题，开普勒的处理方式是，先将布拉赫（Brahe）观察到的数据纳入圆形，进而放置在一个椭圆形上。当这一方法失败后，他意识到形相的差异只是从一个连续可完成的转化过程中分离出的极限情况，因此，圆形在单一情况下并不被视为基本图形，椭圆也不应被视为特殊的异质图形，相反，应该将圆形看作椭圆焦点距离不断缩小而形成的极限情况。开普勒从中得到了方法论上的启示，即仅仅在圆形—椭圆形之间二选一地试验是不够的，原则上必须要对无限多的椭圆进行试验。此外，与任何一个椭圆假说相比，圆形作为假说而言在方法论上并不享有优先性。克服形相上的对立使开普勒从火星轨道的范式中获得了新的洞见。圆形已经成为最不可能的极限情况，固执地将最不可能的图形视为"自然运动"的图形，已经毫无意义。

开普勒把从隐喻模式中读取出的、经由经验验证的定律回溯到了伽利略力学原则。行星轨道产生自分离的（向心的和离心的）机械因素，这一认识在 18 世纪牛顿的广泛影响过程中，成为一个在多方面"投射"的背景隐喻，而现在则以纯粹理论—数学的形式表述。因此，孟德斯鸠在《论法的精神》（*Esprit des Lois*）中提出的国家权力分立理论是从"力多边形"（Gewaltenteilung）的"模型"中"解

— 242 —

读"出来的。孟德斯鸠早年颇为热衷于自然研究，在他的主要著作中，以隐喻的方式表达出来的机械论思想的痕迹随处可见。[①] 在国家中，自主因素必须各自按照其利益、任务和动机发挥作用，但同时作为一个产品，又要确保整体能够稳定运作；完全静止只是一种理想状态，但历史生活不会允许这种理想，因此，权力的划分必须确定一个轨道，在这个轨道中，运动被同化为静止（在古典隐喻中，圆形是静止与运动的统一！）："这三种权力原本应该形成静止或无为状态。不过，它们受到事物必然运动的制约，被迫一致地行进。"（XI 6）尽管曼德维尔（Mandeville）的《蜜蜂寓言或私人恶习，公共利益》[②] 有一副动物学的外表，但实际上已经由牛顿的结构模式支配，而孟德斯鸠又在其他地方塑造了这个模式："当每个人自以为奔向个人利益的时候，就是走向了公共的利益。"（III 7）同样，康德也试图将牛顿的物理世界内在结构，以最全面的方式"翻译"到道德领域当中，对他而言，力多边形的隐喻背景也颇为明确，他在《世界公民观点之下的普遍历史观念》[③] 一文的"第四个命题"中写道："大自然使人类的全部禀赋得以发展所采用的手段，就是人类在社会中的对抗

---

① 参阅 Maria Ruchti, Raum und Bewegung im *Esprit des Lois*，Versuch einer Deutung des Stils von Montesquieu. Zürcher Diss. 1945。（从材料收集的角度看有一定价值，但在解释方面却没什么帮助。）

② *Fable of the Bees or Private Vices*，*Publick Benefits*，1714.

③ Idee zu einer allgemeinen Geschichte in weltbürgerlicher Absicht.

性，但仅以这种对抗性终将成为人类合法秩序的原因为限。"

带着对精炼公式的偏好（当然，这样做并不是想让此类工作成为共享的原则），我们可以说，现代基本的精神史进程在其结构同质性中可以被理解为对圆形隐喻的剥离。这一点还可以从以下事实中得到证实：对现代精神的反对和对抗会诉诸圆形隐喻，并且重新发挥其效用，这一点在尼采那里当然表现得最为明显。在讨论该问题之前，让我们再看两个其他例子。弗里德里希·克里斯托弗·奥廷格（Friedrich Christoph Oetiger）很好地说明了神学推想对新局势多么具有适应性，他颠转了自然与神的传统角色，从天体的圆状轨道（它的运动"原本"应该是直线）这一事实中得出，神以"超机械重力的力量"（potentia supramechanica gravitatis）任意干预。① 在奥廷格那里，"生命的轮回"（vitae ratatio）也同样作为存在模式出现，② 还

---

① *Inquisitio in sensum communem et rationem.* Tübingen 1753. p. 147. §88. 见于 Quaestiones de liberrimis Dei operationibus in universo，并在第 2 部分提出了以下论证："如果天体做圆周运动，如果不是神，谁会让自然的直线运动进程转变为曲线？……尽管它们来自相反的方向，却仍能保持不变，难道不是上帝完全自由的行动生成了这样的运动？"超机械的一任意的引力干预（第 148 页）随即被意志依赖的实际状况所削弱，因为"这种力量以不断在世界中应用"（constanter in mundo adhibita）为特征。在唯意志论神学的框架之内，这种稳定性的断言要从何处取得充分的依据？相对比较容易的是回答，在 18 世纪，这一问题的"动机"在哪里。

② *Brevissima Theoriae Musicae Analysis*（在前文提到的 Inquisitio 附录中）Ⅱ 2，p. 50："灵魂的纯然……这个中心似乎通常想要被所有生命的轮回轻柔触动。"（animae simplicitas ... centrum illud leniter videatur moveri in generali totius vitae rotatione.）

明显带有反哲学理性的意味："论哲学家的过度和持续退步对生命循环的扰乱，以及被它所干扰"①（§15）是这一章的标题，其中"理性"作为"通常缺少神"（saepe sine deo）而与"意识到神"（sensus cum deo）相对。这种对立被纳入循环的存在模式中，具体如下（§19）："因此，真正的认识不是在生命轮回的某一条切线上进行，而是直接来自中心，从那里，灵魂的感知（其中心在心脏）被认为是神的光芒……"② 这便转向了我们已经充分论证过的光之隐喻。

贺拉斯（Horas）吸收了斯多葛学派将哲人喻为球体的隐喻（Sat. II 7），他把哲人描绘成一种圆润、光滑的存在，所以没有任何东西能从外部接近并使其失去平衡，尼古拉·尚福尔（Nicolas Chamfort）这样刻画："社交达人、幸福爱好者、荣耀追随者，这些人为自己画了一条通往不确定性的直线。而哲人，只与自己为友的人，选择了一条最终回到自身的圆周线。"③ 他是贺拉斯所说的"圆融完满之人"（totusteres atque rotundus）。这似乎完全受到古代模式的启发，在大革命的浪潮中纯粹是人文主义的。不过斯

---

① De nimia philosophorum continua abstractione cyclum vitae turbante et ab eodem turbata.

② vera igitur cognitio non in linea cycli vitae tangentiali abstractiva sed in directa ex centro progreditur, unde intelligitur sensum animi, qui centrum habet in corde, esse lucernam dei ...

③ 引自：Schalk, *Die französischen Moralisten* I, 262。

多葛学派对哲人完满灵魂的球形隐喻是静态的：圆润、光滑，自成一体，它排斥来自外部的一切，不提供任何入口和弱点。这个隐喻此时被动态化，更确切地说，在被迫与无限直线的对峙中，它刻画了一种无法完成也永远不会达成自我确证的生存规划。如此一来，球体就被压扁为一个圆形的轨道：重要的不是实质性的充盈，而是要在图形上保持一致。哲人捍卫了因无限空间和惯性原理而丧失的东西，他属于前哥白尼和前牛顿主义者，因为他将自己的存在构划成一个圆圈，而未曾得到宏大宇宙前景的确认和强化（这个前景正是斯多葛哲学的智慧理念积淀下来的）。

188

尼采将前文引用的尚福尔算作六位作家之一，"古老纪元最后几个世纪的精神通过这些作家得以复活，倘若他们的著作用希腊语写就，希腊人也会理解"[1]。尼采以敏锐的洞察力，不仅将圆形隐喻与现代科学的自然概念对立，而且与作为其前提条件的唯意志论的上帝概念对立："谁不相信宇宙的轮回过程，谁就必须相信专断的上帝——我所考虑的是与以前所有的有神论形成鲜明对比！"[2] 在"变成圆圈"这个标题之下，是一场针对牛顿天体力学作为自然科学世界解释的理想形式的论争："我们要注意避免按

---

[1] Menschliches, Allzumenschliches II, 2 (Musarion-Ausg. IX, 295). 以尚福尔为结尾的这一行人还包括：蒙田、拉罗什富科、拉布吕耶尔（Labruyère）、丰特内尔和沃维纳格侯爵。

[2] 来自《快乐的科学》时期：»Fröhlichen Wissenschaft« 1881/2（引自：Ausg. XI 178）。

照环内圆周运动的错误类比，将此类圆形的规律设想为发展出来的东西……圆周运动不是发展出来的，而是原始规则……因此，我们在描述永恒轮回时，不应通过错误的类比，将发展成为和已经过去的周期，如天体运动或潮汐、昼夜、季节更替等作为永恒轮回的特征。"（XI 181）在亚里士多德那里，圆周运动是"自然运动"的说法仍然具有一种隐喻—理性的整体背景支撑；[①] 对尼采而言，它意味着一个最终不再具有合理性的原则："……合乎理性或非理性都不是宇宙的谓词，圆是一种非理性的必然性，它没有任何形式、伦理或美学的理由。"我们看到，绝对隐喻跃入到了一个虚空当中，并将自己铭刻在无法在理论上得以实现的"白板"（*tabula rasa*）；在这里，它占据了已然失去生命力的绝对意志的位置。形而上学常常向我们表明，它用语词占据了隐喻的位置；而形而上学的衰退又使隐喻复归到它原来的位置。

189

[①] *Metaphysik* V6；1016b 16f.

参考文献

d'Alembert, Jean Le Rond, *Einleitung zur Enzyklopädie* (fr. -dt.),
hg. von Erich Köhler, Annemarie Heins, Hamburg 1955.

Anselm von Canterbury, *Opera omnia*, hg. von Franciscus Salesius
Schmitt, 4 Bde., Stuttgart 1968.

—, *Proslogion* (lat. -dt.), übersetzt von Franciscus Salesius
Schmitt, Stuttgart 1962.

Ambrosius von Mailand, »De officiis ministrorum/Von den Pflichten
der Kirchendiener«, übersetzt von Joh. Ev. Niederhuber, in: *Des
heiligen Kirchenlehrers Ambrosius von Mailand ausgewählte
Schriften*, Bd. III, München 1917.

Aristoteles, *Opera* (gr.), hg. von Immanuel Bekker, Berlin
1831, 1970.

—, *Werke in deutscher Übersetzung*, hg. von Ernst Grumach,
Hellmut Flashar, 20 Bde., Berlin 1956ff.

—, Bd. 4, *Rhetorik*, übersetzt von und erläutert von Christof Rapp,
Berlin 2002.

—, Bd. 5, *Poetik*, übersetzt und erläutert von Arbogast Schmitt,
Berlin 2008.

—, Bd. 6, *Die Nikomachische Ethik*, übersetzt von Franz Dirlmeier,
Berlin 1959.

—, *Poetik* (gr. -dt.), übers. und hg. von Manfred Fuhrmann,

Stuttgart 1982, 1994, 2003.

—, *Physik* (gr. -dt.), übersetzt von Hans Günter Zekl, Hamburg 1986/88.

—, *De caelo*/Vom Himmel (gr. -dt.), übersetzt von Olof Gigon, Zürich, München 1950, 1983.

—, *Metaphysica* (gr.), with introduction and commentary by William D. Ross, Oxford 1924.

—, *Metaphysik*, übersetzt von Hermann Bonitz, hg. von Héctor Carvallo, Reinbek 1966.

—, *Metaphysik* (gr. -dt.), Neubearbeitung der Übersetzung von Hermann Bonitz, bearb. Eduard Wellmann, hg. von Horst Seidl, 2 Bde., Hamburg 1989.

—, *Nikomachische Ethik*, übersetzt von Olof Gigon, hg. von Rainer Nickel, Düsseldorf 2001.

—, *The Rhetoric of Aristotle* (gr.), Commentary by Edward Meredith Cope, 3 Bde., Cambridge 1877.

Augustinus, *Œuvres de Saint Augustin* (lat. -fr.), hg. vom Institut d'Études Augustiniennes, 74 Bde., Paris.

—, Bde. 13-14, *Les Confessions* (lat. -fr.), hg. von A. Solignac, Paris 1962.

—, *Confessiones*/Bekenntnisse (lat. -dt.), übersetzt von Joseph Bernhart, München 1955, 1960.

—, *Contra academicos*, *De beata vita*, *De ordine*, *De magistro*, *De libero arbitrio*, hg. von W. M. Green, K. D. Daur (CCSL 29), Turnhout 1970.

—, *Libiri contra Academicos*/Des Aurelius Augustinus drei Bücher gegen die Akademiker (lat. -dt.), übersetzt von K. Emmel, Paderborn 1927.

—, *Selbstgespräche über Gott und die Unsterblichkeit der Seele*, übersetzt von Hanspeter Müller, Zürich 1954.

—, *De civitate Dei*/Der Gottesstaat (lat. -dt.), übersetzt von Carl

Johann Perl, Paderborn 1979.

Bacon, Francis, The Works, hg. von J. Spedding, R. L. Ellis, D. D. Heath, 7 Bde., London 1857 – 1874.

—, *Über die Würde und den Fortgang der Wissenschaften*, übersetzt von Johann Hermann Pfingsten, Pest 1783.

—, *Über die Würde und Förderung der Wissenschaften*, übersetzt von Jutta Haufe, Freiburg i. B. 2006.

—, *Neues Organon* (lat. -dt.), hg. von Wolfgang Krohn, 2 Bde., Hamburg 1990.

—, *Essays oder praktische und moralische Ratschläge*, übersetzt von Elisabeth Schücking, Stuttgart 1970.

Baumgarten, Alexander Gottlieb, *Aesthetica*, 2 Bde., Frankfurt an der Oder 1750 – 1758.

—, *Aesthetica* (lat. -dt.), übersetzt von Dagmar Mirbach (2 Bde.), Hamburg 2007.

Bernoulli, Jakob, Ars conjectandi, in: *Die Werke von Jakob Bernoulli*, hg. von Die Naturforschende Gesellschaft in Basel, Basel 1975, Bd. III, S. 107 – 286.

Bodmer, Johann Jacob, *Critische Betrachtungen über die poetischen Gemählde der Dichter*, Zürich 1741.

Johann Jakob Breitinger, *Critische Dichtkunst*, Zürich 1740. — *Critische Abhandlung von der Natur, den Absichten und dem Gebrauche der Gleichnisse*, Zürich 1740.

Thomas Browne, *The Works of Thomas Browne*, hg. von Geoffrey Keynes, 6 Bde., London 1928 – 31.

— *Pseudodoxia Epidemica*, hg. von Robbin H. Robbins, 2 Bde., Oxford 1981.

— *Religio Medici and Urne-Buriall*, hg. von Stephen Greenblatt und Ramie Targoff, New York 2012.

Cicero, *De oratore/Über den Redner* (lat. -dt.), übersetzt von Harald Merklin, Stuttgart 1976.

—, *De natura deorum/Vom Wesen der Götter* (lat. -dt.), übersetzt von Wolfgang Gerlach, Karl Bayer, München 1978.

—, *De re publica/Der Staat* (lat. -dt.), übersetzt von Karl Büchner, Zürich 1960, 5. Aufl. München 1993.

—, *De officiis/Vom pflichtgemäßen Handeln* (lat. -dt.), übersetzt von Rainer Nickel, Berlin 2011.

—, *De finibus bonorum et malorum/Über das höchste Gut und das größte Übel* (lat. -dt.), übersetzt von Harald Merklin, Stuttgart 1996.

—, *Hortensius, Lucullus, Academici Libri* (lat. -dt.), übersetzt von Laila Straume-Zimmermann, München 1990.

—, *De inventione/Über die Auffindung des Stoffes* (lat. -dt.), übersetzt von Theodor Nüßlein, Düsseldorf/Zürich 1998.

Copernicus, Nikolaus, *De revolutionibus orbium coelestium/Das neue Weltbild* (lat. -dt.), hg. von Hans Günter Zekl, Hamburg 1993.

Descartes, René, *Œuvres des Descartes*, hg. von Charles Adam, Paul Tannery, Paris 1897 – 1913.

—, *Meditationes de prima philosophia/Meditationen über die Grundlagen der Philosophie* (lat. -dt.), hg. von Lüder Gäbe, Hamburg 1959.

—, *Discours de la méthode/Von der Methode des richtigen Vernunftgebrauchs* (fr. -dt.), hg. von Lüder Gäbe, Hamburg 1960.

—, *Regulae ad directionem ingenii/Regeln zur Ausrichtung der Erkenntniskraft* (lat. -dt.), hg. von Lüder Gäbe, Hamburg 1973.

—, *Principia philosophiae/Die Prinzipien der Philosophie* (lat. -dt.), hg. von Artur Buchenau, Hamburg 1908, 1955.

Diderot, Denis, *Œuvres complètes*, éd. J. Assézat, M. Tourneux, 20 Bde., Paris 1875 – 1877.

—, *Philosophische Schriften*, 2 Bde., übersetzt von Theodor Lücke, Berlin 1961.

Diogenes Laertius, *Vitae philosophorum/Leben und Meinungen berühmter Philosophen* (gr. -dt.), übersetzt von Otto Apelt, Berlin 1955.

Epikur, *Von der Überwindung der Furcht. Katechismus*, *Lehrbriefe*, *Spruchsammlung*, *Fragment* (dt.), übersetzt von Olof Gigon, Zürich 1949.

Ficino, Marsilio, *Plotini Enneades cum Marsilii Ficini interpretatione castigata*, éd. Friedrich Creuzer, Georg Heinrich Moser, Paris 1855.

—, *Über die Liebe oder Platons Gastmahl* (lat. -dt.), übersetzt von Karl Paul Hasse (1914), hg. von Paul Richard Blum, Hamburg 1984.

Fontenelle, Bernard le Bovier de, *Œuvres complètes*, 11 Bde. , Paris 1758 – 1866.

—, *Entretiens sur la pluralité des mondes* (1686), Nouvelle édition, Paris 1724; Œuvres complètes, Bd. II (1758).

—, »Digression sur les anciens et les modernes« (1688), in: *Poésies pastorales de M. de Fontenelle*, Paris 1688, S. 224 – 282; *Œuvres complètes*, Bd. V (1766), S. 280 – 290. Robert Shackleton (Hg.), *Entretiens sur la pluralité des mondes et Digression sur les anciens et les modernes*, Oxford 1955, S. 161 – 176.

Galilei, Galileo, *Opere*, a cura di Fernando Flora (Classici Ricciardi), Milano 1953.

—, *Opere complete di Galileo Galilei*, hg. von Eugenio Albèri (15 Bde.), Florenz 1842 – 1856.

—, *Le opere di Galileo Galilei*, *Edizione nazionale*, hg. von Antonio Favaro, Isidoro del Lungo (20 Bde.), Florenz 1890 – 1909.

—, *Sidereus Nuncius. Nachricht von den neuen Sternen*, übersetzt von Malte Hossenfelder, hg. von Hans Blumenberg, Frankfurt am

Main 1961.

Georgias von Leontinoi, *Reden*, *Fragmente und Testimonien* (gr. - dt.), übersetzt von Thomas Buchheim, Hamburg 1989.

Hegel, Georg Wilhelm Friedrich, *Wissenschaft der Logik*, hg. von Georg Lasson, 2 Bde., Hamburg 1934.

—, *Vorlesungen über die Geschichte der Philosophie*, hg. von Pierre Garniron, Walter Jaeschke (Vorlesungen, Bde. 6 - 10), Hamburg 1986 - 1994.

Heidegger, Martin, *Gesamtausgabe. Ausgabe letzter Hand*, 102 Bde., Frankfurt am Main 1975 ff.

—, Bd. 3, *Kant und das Problem der Metaphysik* (1929), hg. von Friedrich-Wilhelm von Herrmann, Frankfurt am Main 1991.

—, Bd. 9, *Wegmarken*, hg. von Friedrich-Wilhelm von Herrmann, Frankfurt am Main 1976.

—, Bd. 19, *Platon: Sophistes* (Vorlesung 1924/25), hg. von Ingeborg Schüßler, Frankfurt am Main 1992.

—, Bd. 29/30, *Grundbegriffe der Metaphysik* (Vorlesung 1929/30), hg. von Friedrich-Wilhelm von Herrmann, Frankfurt am Main 1983.

—, Bd. 61, *Phänomenologische Interpretationen zu Aristoteles. Einführung in die phänomenologische Forschung* (Vorlesung 1921/22), hg. von Walter Bröcker, Käte Bröcker-Oltmann, Frankfurt am Main 1985.

—, Bd. 65, *Beiträge zur Philosophie* (Vom Ereignis), hg. von Friedrich-Wilhelm von Herrmann, Frankfurt am Main 1989.

—, *Platons Lehre von der Wahrheit*, Bern 1947.

—, *Sein und Zeit*, Tübingen 1928, 10. Aufl. 1963.

—, *Holzwege*, Frankfurt am Main 1950, 3. Aufl. 1957.

—, *Vorträge und Aufsätze*, Pfullingen 1954.

—, *Was ist das, die Philosophie?*, Pfullingen 1956.

—, *Der Satz vom Grund*, Pfullingen 1957.

—, *Nietzsche* (2 Bde.), Pfullingen 1959.

Hobbes, Thomas, *The Works of Thomas Hobbes of Malmesbury*, hg. von William Molesworth, 11 Bde. , London 1839 – 1845.

Horaz, Oden und Epoden, Satiren, Briefe (lat.), kommentiert von Adolf Kiessling, Richard Heinze (3 Bde.), 4. Aufl. Berlin 1921.

—, *Sämtliche Werke* (lat. -dt.), übersetzt von Hans Färber, Wilhelm Schöne (2 Bde.), München 1960.

Hume, David, *A Treatise of Human Nature*, ed. L. A. Selby Bigge (1886), 2nd ed. revised P. H. Nidditch, Oxford 1975.

—, *Ein Traktat über die menschliche Natur*, übersetzt von Theodor Lipps, Hamburg 1989.

—, *Eine Untersuchung über den menschlichen Verstand*, übersetzt von Raoul Richter, Kommentar von Lambert Wiesing, Frankfurt am Main 2007.

Husserl, Edmund, *Husserliana. Gesammelte Werke*. Aufgrund des Nachlasses veröffentlicht vom Husserl-Archiv Leuven, The Hague 1950ff.

—, *Erfahrung und Urteil*, hg. von Ludwig Landgrebe (1939, 1948), 4. Aufl. Hamburg 1972.

James, William, *Pragmatism* (1906/7), hg. von Fredson Bowers, Frederick H. Burckhardt, Ignas K. Skrupskelis, in: The Works of William James, Bd. I, Cambridge MA 1975.

—, *Pragmatism*, New York 1907.

—, *The Meaning of Truth* , New York 1909.

Jean Paul, *Sämtliche Werke*, hg. von Norbert Miller, 9 Bde. in 2 Abt. , München 1961 – 1985.

Kant, Immanuel, *Gesammelte Schriften* (Akademie-Ausgabe), Berlin 1910ff.

—, *Kritik der Urteilskraft*, hg. von Karl Vorländer, Hamburg 1954.

Kepler, Johannes, *Die Zusammenhänge der Welten*, übersetzt von

Otto Bryk, Jena 1918.

Laktanz, *Divinae Institutiones*, in: Opera omnia, emendata et illustrata a Christoph Avgvsto Hevmanno; adiectae svnt annotationes criticae Mich. Thomasii et Christoph Cellarii, Göttingen 1736, S. 1 - 691.

—, *Divinae Institutiones*. ⟩Constantino dedicationes⟨ et ⟩dualistici loci ⟨ secundae editionis Eberhard Heck (CSEL 19) /Die dualistischen Zusätze und Kaiseranreden bei Lactantius, Heidelberg 1972.

—, *De ira dei/Vom Zorne Gottes* (lat. -dt.), übersetzt von H. Kraft, A. Wlosok, Darmstadt 1957.

Lessing, Gotthold Ephraim, *Gesammelte Werke*, hg. von Paul Rilla (10 Bde.), Berlin 1954 - 1958.

Leibniz, Gottfried Wilhelm, *Essais de théodicée sur la bonté de dieu, la liberté de l'homme et l'origine du mal/Die Theodizee von der Güte Gottes, der Freiheit des Menschen und dem Ursprung des Übels*, hg. und übersetzt von Herbert Herring, in: ders. Philosophische Schriften, Frankfurt am Main 1986.

—, Herrn Gottfried Wilhelms Freiherrn von Leibnitz Theodicee: das ist, Versuch von der Güte Gottes, Freiheit des Menschen, und vom Ursprunge des Bösen, Hannover, Leipzig 1744, 4. Ausgabe, mit Zusätzen und Anmerkungen von Johann Christoph Gottsched, hg. von Hubert Horstmann, Berlin 1996.

Liber viginti quattuor philosophorum (CCCM 143a), hg. von Françoise Hudry, Turnhout 1997.

Locke, John, *The Clarendon Edition of the Works of John Locke*, ed. Peter H. Nidditch, John W. Yolton, 30 Bde. , Oxford 1975ff.

—, *Versuch über den menschlichen Verstand*, übersetzt von Carl Winckler (1911/13), Hamburg 1968.

Lukrez, *De rerum natura* (lat. -engl.), 3 Bde. , hg. von Cyril Bailey, Oxford 1947.

—, *De rerum natura/Welt aus Atomen* (lat. -dt.), übersetzt von Karl Büchner (Bibliothek der Alten Welt), Zürich 1956.

Luther, Martin, *Luther deutsch. Die Werke Martin Luthers in neuer Auswahl für die Gegenwart*, 20 Bde. , hg. von Kurt Aland, Berlin 1949 – 1959.

Maupertuis, Pierre-Louis, » Essai de Cosmologie «, in: *Œuvres de Maupertuis*, nouvelle édition, Lyon 1768, Bd. I, S. 1 – 78.

Melanchthon, *Werke in Auswahl* (7 Bde.), hg. von Robert Stupperich, Gütersloh 1951 – 1975.

Milton, John, *Complete Prose Works* (8 Bde.), hg. von Don M. Wolfe, New Haven CT 1953 – 1982.

Montesquieu, Charles de Secondat de, *Œuvres complètes*, éd. Roger Caillois (2 Bde.), Paris 1949.

Montaigne, Michel de, *Œuvres complètes*, éd. Albert Thibaudet, Maurice Rat, Paris 1962.

—, *Essais*, Auswahl und Übersetzung Herbert Lüthy, Zürich 1953.

—, *Essais*, Gesamtübersetzung Hans Stilett (1998), 3 Bde. , Frankfurt am Main 2002, 2005, 2011.

Nietzsche, Friedrich, *Gesammelte Werke* (Musarion-Ausgabe), München 1920ff.

—, *Sämtliche Werke* (Kritische Studienausgabe), hg. von Giorgio Colli, Mazzino Montinari, Berlin 1967 – 1977.

Nikolaus von Cues, *Philosophisch-theologische Werke* (lat. -dt.), hg. von Karl Bormann, übers. von Paul Wilbert, Hans Gerhard Senger, (4 Bde.), Hamburg 2002.

—, *Die Kunst der Vermutung*, Auswahl aus den Schriften, übersetzt von Günter Gawlick, hg. von Hans Blumenberg, Bremen 1957.

Oetinger, Friedrich Christoph, *Inquisitio in sensum communem et rationem* (1753), Einleitung von Hans-Georg Gada-mer, Stuttgart 1964; dt. *Die Wahrheit des sensus communis oder des allgemeinen Sinnes*, Stuttgart 1961.

Pascal, Blaise, *Œuvres complètes* (14 Bde.), hg. von Léon Brunschvicg, Paris 1904–1914.

—, *Œuvres complètes*, hg. und kommentiert von Louis Lafuma, Paris 1963.

Eine Auswahl aus seinen Schriften, übers. und hg. von Walter Warnach, Düsseldorf 1947.

—, *Über die Religion* (*Pensées*), übersetzt von Ewald Wasmuth, Heidelberg 1954, 5. Aufl. 1963.

Petty, William, *Essay concerning the multiplication of mankind*, in: *The Petty Papers. Some unpublished writings of Sir William Petty*, London 1927.

Perrault, Charles, *Parallèle des anciens et des modernes en ce qui regarde les arts et les sciences* (1688–1696), hg. von Hans Robert Jauß, München 1964.

Petrarca, Francesco, *Familiaria*, übers. und hg. von Berthe Widmer, 2 Bde. , Berlin 2005–2009.

Platon, *Opera quæ extant omnia*, hg. von Henri Estienne, Henricus Stephanus, 3 Bde. , Genf 1578.

—, *Sämtliche Werke* (gr. -dt.), nach der Übersetzung Friedrich Schleiermachers, ergänzt durch Übersetzungen von Franz Susemihl und anderen, hg. von Karlheinz Hülser, 10 Bde. , Frankfurt am Main 1991.

—, *Sophistes* (gr. -dt.), Kommentar von Christian Iber, Frankfurt am Main 2007.

Plotin, *Plotini Opera*. Kritische Ausgabe von Paul Henry, Hans-Rudolf Schwyzer, 3 Bde. , Paris 1951–1973.

—, *Schriften* (gr. -dt.), hg. von Richard Harder, Rudolf Beutler, Willy Theiler, 6 Bde. , chronologisch geordnet, Hamburg 1956–1971.

—, »Du mouvement du ciel ou mouvement circulaire«, *Ennéades* II (gr. -fr.), hg. von Émile Bréhier (Les Belles Lettres),

Paris 1924.

Quintilian, *Institutio oratoria* (lat. -dt.), 2 Bde. , übersetzt von Helmut Rahn, Darmstadt 1972 - 1975.

Rüdiger, Andreas, *De sensu veri et falsi*, Editio altera Leipzig 1722.

Schlegel, *Kritische Ausgabe* [*Werke*], hg. von Ernst Behler, Jean-Jacques Anstett, Hans Eichner (35 Bde.), Paderborn 1958ff. Seneca, Philosophische Schriften (lat. -dt.), 5 Bde. , hg. von Manfred Rosenbach, Darmstadt. 1967, 1995.

—, *De otio/Über die Muße* (lat. -dt.), übersetzt und hg. von Gerhard Krüger, Stuttgart 1996.

Sextus Empiricus, »Adversus Dogmaticos« (»Adversus mathematicos« VII - XI), in: *Opera*, Bd. II, hg. von Hermann Mutschmann, Leipzig 1914.

[Stoa] *Stoicorum veterum fragmenta*, hg. von Hans von Arnim, Leipzig 1923.

—, *Die Fragmente zur Dialektik der Stoiker* (gr. -dt.), hg. von Karlheinz Hülser, Stuttgart 1987.

Tertullian, *Apologeticum* (lat. -dt.), übers. von Carl Becher, München 1952.

Thomas von Aquin, *Opera omnia* (Editio Leonina), Rom 1882ff.

—, *Summa theologica/Summe der Theologie* (dt.), 3 Bde. , zusammengefaßt von Joseph Bernhart, Leipzig/Stuttgart 1934 - 1938.

—, *Quaestiones Disputatae de Veritate*, *Opera Omnia* XXII, Rom 1975.

—, *Des hl. Thomas von Aquino Untersuchungen über die Wahrheit*, deutsche Übertragung von Edith Stein (2 Bde.), Breslau 1931 - 1934, Louvain/Freiburg 1952 - 1955.

Vico, Giambattista, *Opere*, hg. von Giuseppe Ferrari, 6 Bde. , Milano 1852 - 1854.

—, *Opere di G. B. Vico*, hg. von Fausto Nicolini, 8 in 11 Bdn. ,

Bari 1911 – 1941.

—, *Opere*, hg. von Fausto Nicolini (Classici Ricciardi), Milano 1953.

—, *Institutiones oratoriae* (lat. -it.), hg. von Giuliano Crifò (Istituto Suor Orsola Benincasa), Napoli 1989.

—, *Liber metaphysicus / De antiquissima Italorum sapientia liber primus* (lat. -dt.), übersetzt von Stephan Otto, Helmut Viechtbauer, München 1979.

—, *De nostri temporis studiorum ratione / Vom Wesen und Weg der geistigen Bildung* (lat. -dt.), hg. von Fritz Schalk, Godesberg 1947, Darmstadt 1963.

—, *Die neue Wissenschaft über die gemeinschaftliche Natur der Völker*, übersetzt von Erich Auerbach (1924), hg. von Eginhard Hora, Reinbek 1966.

[Vorsokratiker] Hermann Diels, Walter Kranz, *Fragmente der Vorsokratiker* (gr. -dt.), Berlin 1912, Zürich 1996.

—, Geoffrey Stephen Kirk, John E. Raven, Malcolm Schofield, *Die vorsokratischen Philosophen*, übersetzt von Karlheinz Hülser, Stuttgart 2001.

Wittgenstein, Ludwig, *Schriften*, 8 Bde. , Frankfurt am Main 1960ff.

— *Vortrag über Ethik und andere kleine Schriften*, hg. und übers. von Joachim Schulte, Frankfurt am Main 1989.

— *Über Gewissheit*, hg. von Gertrud E. M. Anscombeu. G. H. von Wright, Frankfurt am Main 1970.

Wolff, Christian, *Gesammelte Werke*, Hildesheim/Zürich/New York 1983.

人名索引 *

---

* 此处页码均指德文原书页码，即本书边码。

术语索引 *

182

— 273 —